Karl Marx | Das Kapital 1.5

Die Wertform

Karl Marx
Das Kapital 1.5
Die Wertform

Drucke • Manuskripte

Karl Dietz Verlag Berlin

Gefördert durch die Rosa-Luxemburg-Stiftung Berlin

Editorische Bearbeitung und Kommentierung:
Rolf Hecker und Ingo Stützle
Digitalisierung von Texten: Ulrich Leicht
Weitere Hinweise zur Edition S. 25

ISBN 978-3-320-02334-8

2. Auflage 2018

Einband: Heike Schmelter, MediaService
Typographie/Satz: Anna-Maria Roch
Druck- und Bindearbeit: Interpress Budapest
Printed in Hungary

Inhalt

Vorwort

Am 12. April 1867 kam Karl Marx mit dem Schiff »John Bull« in Hamburg an, um den Verleger Otto Meißner zu treffen. In seiner Reisetasche befand sich der letzte Teil des von ihm selbst abgeschriebenen Manuskripts des ersten Bandes des »Kapitals«. Einen ersten Teil hatte er bereits im November 1866 per Post gesandt. Er traf Meißner jedoch nicht im Büro an, so daß er in Zingg's Hotel – fünf Gehminuten von dort entfernt – auf ihn wartete. Erst am Abend fand ein erstes Gespräch statt: »Manuskript sofort in sein Verlagshaus gebracht, dort in einen safe gesteckt. Der Druck wird in few days [einigen Tagen] beginnen und rasch vonstatten gehen. Wir kneipten dann, und er erklärte sein großes ›Entzücken‹, meine werte Bekanntschaft gemacht zu haben.« (Marx an Engels, 13. April 1867, in: MEW, Bd. 31, S. 288.) Meißner leitete das Manuskript drei Tage später an seine Hausdruckerei von Otto Wigand nach Leipzig weiter. Marx hoffte, daß der Band Ende Mai erscheinen würde, hatte aber nicht mit der Reaktion der ersten beiden Leser, nämlich Louis Kugelmann und Friedrich Engels, sowie der »Langsamkeit« der Druckerei gerechnet.

Nach seinem etwa fünftägigen Aufenthalt in Hamburg reiste Marx zu seinem Freund, dem Arzt Dr. Louis Kugelmann, nach Hannover, einerseits um Hotelkosten zu sparen, andererseits um die ersten Druckbogen abzuwarten. Kugelmann hatte ihn eingeladen, und er hatte Gelegenheit, nicht nur dessen Familie näher kennenzulernen, sondern auch einige Freunde und Bekannte zu treffen. So vermittelte Kugelmann ein Gespräch mit dem Assistenten des örtlichen Statistischen Büros, einem Herrn Georg Merkel. Außerdem hatte Marx die Möglichkeit, sich eine Fabrik von innen anzuschauen, nämlich die Eisengießerei und Maschinenfabrik AG von Georg Egestorff (ab 1871 Hanomag), die sich seit Anfang der 1860er Jahre neben dem Lokomotivbau für die Preußischen Staatseisenbahnen auf die Produktion von Rohren aller Art spezialisiert hatte – er war von der modernen Technologie beeindruckt. Des weiteren folgte Marx einer Einladung des Präsidenten der dortigen Eisenbahndirektion Herrn Albert Maybach.

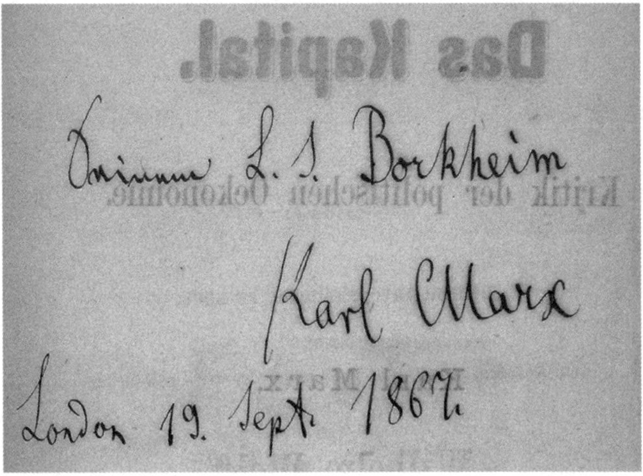

Widmung für Sigismund Ludwig Borkheim
(Exemplar in der Bibliothek der Tohoku Universität Sendai/Japan)

Zu Marx' Geburtstag am 5. Mai trafen in Hannover die ersten Druckbogen ein und nicht nur Marx, sondern auch Kugelmann machten sich an's Korrekturlesen. Kugelmann war von der stringenten Darstellung der kapitalistischen Produktionsweise und ihrer Ausbeutungsmechanismen begeistert, haderte jedoch mit dem Anfang – der Darstellung von Ware und Geld. Er schlug Marx vor, in einem Anhang übersichtlicher die Entwicklung der Wertform nachzuzeichnen. Später bedankte sich Marx bei ihm für diese »Suggestion« (13. Juli 1867, ebenda, S. 552); ja, er würdigte nochmals im Nachwort zur 2. Auflage dessen »Vorschlag« (MEW, Bd. 23, S. 18). Auch Engels erhielt die Druckbogen, hatte jedoch wenig Zeit, sich ins Studium zu vertiefen. In einer ersten Reaktion hob er den »Fortschritt in der Schärfe der dialektischen Entwicklung« als »sehr bedeutend« hervor, meinte jedoch, daß der zweite Druckbogen unter »Karbunkeldruck« – schmerzhafte Eiterbeulen, die Marx lange Zeit plagten – leiden würde (16. Juni 1867, ebenda, Bd. 31, S. 303 f.).

Engels begründete seinen Einwand gegen die vorliegende Darstellung der Wertform:

»Du hast den großen Fehler begangen, den Gedankengang dieser abstrakteren Entwicklungen nicht durch mehr kleine Unterabteilungen und Separatüberschriften anschaulich zu machen. Diesen Teil hättest Du behandeln sollen in der Art, wie die Hegelsche Enzyklopädie, mit kurzen Paragraphen, jeden dialektischen Übergang durch besondre Überschrift hervorgehoben und womöglich alle Exkurse und bloßen Illustrationen mit besondrer Schrift gedruckt. Das Ding würde etwas schulmeisterlich ausgesehen haben, das Verständnis für eine sehr große Klasse Leser aber wesentlich erleichtert worden sein.« (Ebenda)

Er ging damit auf Marx' Anregung ein, einen »Nachtrag« über die Wertform zu verfassen (3. Juni 1867, ebenda, S. 301). Engels meinte, daß »dem Philister auf historischem Wege die Notwendigkeit der Geldbildung und den dabei stattfindenden Prozeß« nachgewiesen werden sollte (16. Juni 1867, ebenda, S. 303).

Marx hatte also den ersten Vorschlag von Kugelmann akzeptiert und nachdem auch Engels diesen Punkt monierte – denn seine »Satisfaktion ist mir wichtiger als anything die übrige Welt may say of it [alles, was die übrige Welt darüber sagen mag]« (22. Juni 1867, ebenda, S. 305) –, machte er sich an die Ausarbeitung eines Anhangs. Diesmal ging ihm die Arbeit offenbar flott von der Hand, denn schon etwa zehn Tage später übermittelte er Engels die Gliederungsübersicht (27. Juni 1867, ebenda, S. 314–316), hatte ihm aber zuvor schon gewarnt:

»Was die Entwicklung der *Wertform* betrifft, so habe ich Deinen Rat befolgt und *nicht* befolgt, um mich auch in dieser Hinsicht dialektisch zu verhalten. D. h., ich habe 1. einen *Anhang* geschrieben, worin ich *dieselbe Sache* so einfach als möglich und so schulmeisterlich als möglich darstelle, und 2. nach Deinem Rat jeden Fortschrittssatz in §§ etc., *mit eignen Überschriften* eingeteilt. In der *Vorrede* sage ich dann dem *›nichtdialektischen‹* Leser, daß er Seite x–y überschlagen und statt dessen den Anhang lesen soll. Es handelt sich hier nicht nur um Philister, sondern um die wissenslustige Jugend usw.« (22. Juni 1867, ebenda, S. 306.)

Das Erscheinen des ersten Bandes wurde am 14. September 1867 durch das »Börsenblatt des deutschen Buchhandels« gemeldet, die Auslieferung durch die Druckerei hatte am 11. September begonnen, am 17. September trafen die Belegexemplare in London ein und schon am 18. und 19. September versandte Marx Widmungsexemplare an enge Freunde, wie z. B. Wilhelm Strohn, der den Vertrag mit Meißner über die Veröffentlichung des »Kapitals« vorbereitet hatte, Friedrich Leßner, einem Freund seit der 1848er Revolution und Sigismund Ludwig Borkheim, der ihm seit vielen Jahren als »Rußland«-Experte zur Seite stand.

Nun gingen 1000 Exemplare in die Welt und Marx fieberten den Reaktionen entgegen, die jedoch auf sich warten ließen. Einen knappen Monat nach der Auslieferung des Bandes wandte sich Marx ungeduldig an Engels: »…nun [ist] die Zeit zur action gekommen. Du kannst besser über mein Buch [...] schreiben als ich selbst« (10. Oktober 1867, ebenda, S. 360). Engels kam der Bitte nach und sandte zwei Rezensionen an Kugelmann, der für eine anonyme Veröffentlichung in Deutschland sorgen sollte. Nach Meinung von Engels würden sie in »jede bürgerliche Zeitung passen« (Engels an Kugelmann, 12. Oktober 1867, ebenda, S. 563). Es ging darum, auf »Das Kapital« aufmerksam zu machen, damit die Vulgärökonomen »*gezwungen* werden, sich darüber zu äußern«, und den Kampf gegen deren »Verwässerung« der Ökonomie aufzunehmen (siehe »Kapital 1.4«).

*

Nun lag der erste Band des »Kapitals« vor, mit unterschiedlichen Fassungen der Wertform im »Haupttext« und im »Anhang«, die im vorliegenden Band veröffentlicht werden. Marx hat den Anhang für die »wissenslustige Jugend« nicht nur deshalb geschrieben, weil Kugelmann und Engels ihn gedrängelt haben, sondern auch, weil es sich um eine höchst wissenschaftliche Angelegenheit handelte, die Marx – fast beiläufig, aber grundsätzlich – in der Fußnote 24 erklärt:

»Es ist einer der Grundmängel der klassischen politischen Ökonomie, daß es ihr nie gelang, aus der Analyse der Ware und spezieller des Waren*werts* die *Form* des Werts, die ihn eben zum *Tauschwert* macht, herauszufinden. Grade in ihren besten Repräsentanten, wie A. Smith und Ricardo, behandelt sie die Wert*form* als etwas ganz Gleichgültiges oder der Natur der Ware selbst Äußerliches. Der Grund ist nicht allein, daß die Analyse der *Wertgröße* ihre Aufmerksamkeit ganz absorbiert. Er liegt tiefer. Die *Wertform des Arbeitsprodukts* ist die abstrakteste, aber auch allgemeinste *Form* der bürgerlichen Produktionsweise, die hierdurch als eine *besondere* Art *gesellschaftlicher* Produktion und damit zugleich *historisch* charakterisiert wird. Versieht man sie daher für die ewige Naturform gesellschaftlicher Produktion, so übersieht man notwendig auch das Spezifische der Wert*form*, also der *Waren*form, weiter entwickelt der *Geld*form, *Kapital*form usw.« (S. 122.[1])

Diese in der Erstausgabe analysierte Wertform ist also *ein* Kernergebnis von Marx' langjährigem Forschungsprozeß. Er hatte um dessen Darstellung lange gerungen und wird sie auch in der Folgezeit verteidigen. Das kann in den in diesem Band versammelten sechs Texten nachvollzogen werden.

Im bereits zitierten Brief an Engels vom 22. Juni 1867 hatte Marx – was selten vorkam – selbstkritisch geäußert:

»Die Schwierigkeit der Entwicklung habe ich in der ersten Darstellung (Duncker [»Zur Kritik«]) dadurch vermieden, daß ich die eigentliche Analyse des *Wertausdrucks* erst gebe, sobald er entwickelt, als Geldausdruck, erscheint.«

Damit hob Marx hervor, daß in der Erstausgabe des »Kapitals« erstmals eine umfassende Analyse der Wertform erfolgt. Allerdings gab es in den »Grundrissen« (1857/58) Hinweise auf das Problem des Wertausdrucks,

[1] Seitenzahlen ohne weitere Angaben beziehen sich auf den vorliegenden Band.

ohne daß Marx den Begriff der Wertform gebrauchte. Es erfolgte ein Herantasten an die Wertformanalyse:

> »Als Wert ist jede Ware gleichmäßig teilbar, in ihrem natürlichen Dasein ist sie es nicht. Als Wert bleibt sie dieselbe, wie viele Metamorphosen und Existenzformen sie auch durchläuft.« (MEW, Bd. 42, S. 76.)

Damit drückte Marx bereits 1857 aus, daß zwischen der Wertform und der Naturalform einer Ware zu unterscheiden ist, wobei der Wert verschiedene Existenzformen durchlaufen kann. Während Marx in den »Grundrissen« überzeugt war, unmittelbar von einer einzelnen Ware und ihrem Wert ausgehen zu können, wurde in »Zur Kritik« (1859) deutlich, daß die Analyse der Wertform mit mehreren Waren, einer »ungeheuren Warensammlung« beginnen muß. Darin resümierte er das Wertformproblem deshalb wie folgt:

> »Der Tauschwert *dieser einzelnen Ware* drückt sich daher nur erschöpfend aus in den unendlich vielen Gleichungen, worin die Gebrauchswerte aller andern Waren ihr Äquivalent bilden. Nur in der Summe dieser Gleichungen oder in der Gesamtheit der verschiedenen Proportionen, worin eine Ware mit jeder andern Ware austauschbar ist, ist sie erschöpfend ausgedrückt als *allgemeines Äquivalent.*« (S. 32.)

Bereits in »Zur Kritik« hatte Marx Samuel Bailey zitiert (MEW, Bd. 13, S. 55), der das Austauschverhältnis zweier Waren durch den Gebrauchswert und nicht den Wert begründete und deshalb Ricardo kritisierte: Dieser mache aus etwas Relativem (Verhältnis zweier Waren im Austausch) etwas Absolutes, nämlich den Wert zu einer Eigenschaft der Waren. Marx war in »Zur Kritik« noch nicht klar, daß es Ricardo tatsächlich nicht gelungen war, zu zeigen, warum es der Wert ist, der eine spezifische Wertform benötigt – und schließlich das Geld. Dieses Problemverständnis bahnte sich im ökonomischen Manuskript von 1861–1863 an, als Marx die ökonomischen Ansichten von Samuel Bailey ausführlicher kritisierte. Die Auseinandersetzung mit Bailey, wie sie im vorliegenden Band dokumentiert wird, war Teil von Marx' Analyse der »Auflösung der Ricardoschen Schule«.[21] Marx hatte sich 1862 unter dieser Überschrift bekannten englischen Autoren, wie Richard Torrens, James Mill, John Ramsay MacCulloch, Edward Gibbon Wakefield, Patrick James Stirling und John Stuart Mill zugewandt. Außerdem exerpierte er vier Streitschriften gegen Ricardo, darunter die von Bailey 1825 veröffentlichte Schrift, die er sogar als »Hauptschrift« (S. 47) gegen Ricardo bezeichnete. Bailey hatte erkannt, daß sich in Ricardos Begriffsbestimmung des Werts Widersprüche finden lassen. Marx erklärte Baileys Vorwurf nunmehr folgendermaßen:

> »Der letzte Vorwurf geht aus Ricardos mangelhafter Darstellung hervor, weil er den Wert der Form nach gar nicht untersucht – die bestimmte Form, die die Arbeit als Substanz des Werts annimmt –, sondern nur die Wertgrößen, die Quantitäten dieser abstrakt-allgemeinen und in dieser Form gesellschaftlichen Arbeit, die den Unterschied in den *Wertgrößen* der Waren hervorbringen.« (MEW, Bd. 26.2, S. 169.)

Dabei wurde Marx offenbar klar: Er mußte eine präzisere Begriffsbestimmung der *Wertsubstanz*, der *Wertgröße* und der *Wertform* vornehmen, worin er sich dann auch inhaltlich von seinen Vorgängern und Zeitgenossen unterscheiden würde. Und er betonte dies dann ausdrücklich im Vorwort zur Erstausgabe:

> »Aller Anfang ist schwer, gilt in jeder Wissenschaft. Das Verständnis des ersten Kapitels, namentlich des Abschnitts, der die Analyse der Ware enthält, wird daher die meiste Schwierigkeit machen. Was nun näher die Analyse der Wertsubstanz und der Wertgröße betrifft, so habe ich sie möglichst popularisiert. Die Wertform, deren fertige Gestalt die Geldform, ist sehr inhaltslos und einfach. Dennoch hat der Menschengeist sie seit mehr als 2000 Jahren vergeblich zu ergründen gesucht, während andrerseits die Analyse viel inhaltsvollerer und komplizierterer Formen wenigstens annähernd gelang.« (MEW, Bd. 23, S. 11/12.)

Marx unterstellte Leser, »die etwas Neues lernen« wollen, deshalb machte er deutlich: »Für die bürgerliche Gesellschaft ist aber die Warenform des Arbeitsprodukts oder die Wertform der Ware die ökonomische Zellenform.« (Ebenda, S. 12.) Das wiederum bedeutete, daß es einen systematischen Zusammenhang zwischen Ware und Geld gibt, einen der nicht nur »vergeblich zu ergründen gesucht« wurde. Vielmehr muß sich die politische Ökonomie bis heute – sei es die Neoklassik oder eine an Keynes orientierte Theorie – den Vorwurf machen lassen, daß sie zwar viel über Geld redet, aber keinen Begriff von Geld hat.

Es war klar, daß die doppelte Darstellung der Wertform in der Erstausgabe eine Überarbeitung für die zweite Auflage notwendig machte. Als vier Jahre später Otto Meißner erklärte, kurzfristig eine solche drucken zu wollen (28. November 1871, in: MEGA² II/6, S. 1116), setzte sich Marx sofort an die Ausarbeitung – überliefert ist das 42 Handschriftenseiten umfassende Manuskript »Ergänzungen und Veränderungen«, dessen Teil über die Wertform hier erstmals in einer MEW-gerechten Bearbeitung außerhalb der MEGA² veröffentlicht wird. Es widerspiegelt die Marxsche Arbeitsweise, seine Gedanken mehrmals zu Papier zu bringen, Formulierungen zu verwerfen und nach der besten Ausdrucksform zu suchen. Letztlich ist daraus der dritte Unterpunkt »Die Wertform oder der Tauschwert« des ersten Kapitels »Die Ware« entstanden und der gesamte erste Abschnitt »Ware und Geld« gewann an präzisierten Formulierungen. Die zweite Auflage präsentierte sich insgesamt in einer weitaus gefälligeren Form: aus sechs Kapiteln waren sieben Abschnitte mit 25 Kapiteln und zahlreichen Unterabschnitten geworden, was die Orientierung im Werk wesentlich erleichtern sollte.

*

Marx beginnt die Darstellung im »Kapital« mit der einzelnen Ware, die ein Element der »ungeheuren Warensammlung« und als Elementarform der kapitalistischen Produktionsweise gekennzeichnet ist. Dabei kommt er zu dem Schluß, daß die Ware Gebrauchswert ist und Tauschwert hat. Die Gebrauchswerte bilden die stofflichen Träger des Tauschwerts. Der Tauschwert zeigt immer ein bestimmtes quantitatives Verhältnis zweier

Waren an. Die Tauschwerte einer Ware drücken Marx zufolge ein Gleiches aus, sind Erscheinungsform eines von ihm verschiedenen Gehalts, dem Wert. Später schreibt Marx in seiner Kritik an Wagners »Lehrbuch der politischen Ökonomie«, »daß der Tauschwert nur eine ›*Erscheinungsform*‹, selbständige Darstellungsweise des in der Ware enthaltnen *Werts* ist« (MEW, Bd. 19, S. 369).

Im weiteren analysiert Marx den Doppelcharakter der in den Waren dargestellten Arbeit, für ihn der »Springpunkt«, »um den sich das Verständnis der politischen Ökonomie dreht« (MEW, Bd. 23, S. 56). Den Doppelcharakter der Arbeit entdeckt er auf Grund seiner Analyse des Doppelcharakters der Ware – und nicht umgekehrt. Während die konkret-nützliche Arbeit Gebrauchswerte hervorbringt, ist die abstrakt-menschliche Arbeit die *Wertsubstanz*. Die *Größe des Werts* wird »durch das Quantum der in ihm enthaltenen ›wertbildenden Substanz‹« (ebenda, S. 53) bestimmt. Nach dieser Analyse wendet er sich der *Form* zu: der Wertform oder dem Tauschwert.

Was versteht Marx unter *Form* – und warum ist diese so wichtig? Zum einen ist für Marx die Unterscheidung von Form und Inhalt zentral. Der Inhalt (etwa Gebrauchswerte oder Arbeit) kann unterschiedliche gesellschaftliche Formen annehmen (etwa Ware oder Lohnarbeit). Darüber hinaus stellt Marx heraus, daß es unterschiedliche Formen gibt – die Wertform, Warenform, Geldform oder Kapitalform – sowie verschiedene Formbestimmungen des Geldes (»Geldfunktionen«).

Im Fall des ersten Kapitels des »Kapitals« geht es Marx um die Zuordnung einer Ware zu einer Warenmenge, wobei unter Form sowohl die Struktur des Untersuchungsgegenstands als auch das Äußere, die Erscheinungsform des Werts zu verstehen ist. Marx will im § 3 »Die Wertform oder der Tauschwert« »die Genesis der Geldform« nachweisen (S. 161). Geld ist eine verselbständigte »gemeinsame Wertform« der Waren, es vermittelt als Tauschmittel die Zuordnung von Elementen (Waren) in einem Zusammenhang (Warensammlung). Zu Beginn der Darstellung schreibt Marx im Haupttext, daß die erste oder einfache Wertform schwierig ist zu analysieren, weil sie einfach ist. In der Fußnote dazu unterstreicht er: »Sie ist gewissermaßen die Zellenform oder, wie Hegel sagen würde, das Ansich des Geldes.«[14] (S. 102.) Daraus wird ersichtlich, daß Marx in diesem Abschnitt nicht verschiedene Formen, sondern *die Wertform* untersucht, d. h. vom Tauschwert der Ware ausgehend zum Geld kommt. »Geld ist kein Ding, sondern eine bestimmte Form des Werts, unterstellt also wieder den Wert.« (MEW, Bd. 25, S. 870.) Im Anhang nimmt Marx zum Verhältnis von Wertform und Warenform deutlich Stellung:

> »Die Form eines Gebrauchswerts bringt das Arbeitsprodukt in seiner Naturalform mit auf die Welt. Es bedarf also nur noch der Wertform, damit es die Warenform besitze, d. h. damit es erscheine als Einheit der Gegensätze Gebrauchswert und Tauschwert. Die Entwicklung der Wertform ist daher identisch mit der Entwicklung der Warenform.« (S. 148)

Während also das Arbeitsprodukt die Waren-Form annimmt, ist die Wertform die Form des Werts. Deshalb spricht Marx von *Wertform*, wenn er die Entwicklung des Werts darstellt; geht es aber um die Gegenüberstellung zur Geldform, so ist es die *Warenform*. Damit wird der naturelle Unterschied zwischen Ware und Geld sowie ihr wertmäßiger Zusammenhang deutlich.

Marx geht es weiter darum, die »Entwicklung des im Wertverhältnis der Waren enthaltenen Wertausdrucks von seiner einfachsten unscheinbarsten Gestalt bis zur blendenden Geldform zu verfolgen« ($MEGA^2$ II/6, S. 81).

Ein Vergleich der vorliegenden zwei Texte aus der 1. Auflage zeigt folgendes: Erstens, im Haupttext wird die Wertform stärker aus dem inneren Widerspruch der Ware heraus entwickelt und die Methode prägt stärker die Darstellung. Das läßt sich anhand einer Passage aus dem 2. Kapitel »Der Austauschprozeß« illustrieren: Marx argumentiert in der 1. Auflage mit dem »immanente[n] Widerspruch der Ware«, der nicht »ruht und rastet«, bis aus Ware Ware und Geld geworden ist ($MEGA^2$ II/5, S. 54). In der 2. Auflage heißt es hingegen, daß die »historische Ausweitung und Vertiefung des Austausches [...] den in der Warennatur schlummernden Gegensatz von Gebrauchswert und Wert« und das »Bedürfnis, diesen Gegensatz für den Verkehr äußerlich darzustellen« zu einer »selbständigen Form des Warenwerts« treibe, dem Geld. (MEGA^2 II/6, S. 116; MEW, Bd. 23, S. 102.)

Zweitens, obwohl Engels Marx geraten hatte, den Anhang historischer anzulegen, fällt auf, daß Marx keine Beispiele aus der Geschichte der Warenproduktion oder des Geldes anführt. Weiterhin hat er im Anhang im wesentlichen alle Hinweise auf Hegel, die sich mehrfach im Haupttext befinden, weggelassen (im Haupttext kritisiert er ihn sogar – obwohl er kokettiert, siehe MEGA^2 II/5, S. 31 bzw. MEGA^2 II/6, S. 709) und hat die Wertform »didaktisch« dargestellt. Das Vorwort zur 1. Auflage modifiziert Marx für die 2. Auflage auch minimal: Er streicht den Verweis auf den weggefallenen Anhang und zudem den Satz, daß im Vergleich zu 1859 die »Dialektik viel schärfer« sei. Es könnte vermutet werden, daß Marx seine »dialektische« Argumentation der 1. Auflage zugunsten besserer Nachvollziehbarkeit (»Popularisierung«) aufgegeben habe.

Drittens fehlt im Haupttext ein Hinweis auf die »Geldform«, Marx spricht von der »Form IV« und bezeichnet die allgemeine Wertform als die »dritte, umgekehrte oder rückbezogene zweite Form des relativen Werts« (S. 112). Die Analyse der Wertform endet im Haupttext mit einer paradoxen Konstellation, denn es gibt auf der Ebene der Darstellung kein Kriterium dafür, welche Ware dauerhaft als allgemeines Äquivalent bzw. Geld in Frage kommt. Im Anhang der 1. Auflage und in der 2. Auflage hat Marx das verändert und bezeichnet die Form IV als Geldform und behandelt im Austauschprozeß das Geld.

Die weitere Entwicklung der Darstellung der Wertform zur 2. Auflage verdeutlicht, daß Marx diese grundlegend verändert hat. Ein Textvergleich mit der 1. Auflage überzeugt davon, daß Marx in vollständigerer Form den Rat von Engels verwirklicht und die mehr didaktische Darstellungsweise vorzieht, um dem Leser bei der Überwindung der Anfangsschwierigkeiten zu helfen. Dabei akzentuiert er nicht vorrangig auf den dialektischen Charakter der Übergänge und auf die »Hegelsche Manier der Darstellung«. Das Manuskript »Veränderungen und Ergänzungen« belegt, wie stark Marx bei der Neuformulierung des Wertform-Abschnitts mit den Formulierungen ringt, wenn er in erster Linie von der logisch-systematischen Darstellung des Anhangs ausgeht.

Das Manuskript stellt zudem eine Form der Selbstkommentierung dar, in dem er *sich selbst* noch mal deutlich macht, daß die Wertgegenständlichkeit der Waren eine ihnen *gemeinsame* Gegenständlichkeit ist, die ihnen nur als ein Exemplar einer Warensammlung zukommt. Der Wert einer Ware könne als gesellschaftliche Eigenschaft deshalb nur im gesellschaftlichen Verhältnis zu einer anderen Ware erscheinen (S. 132 und 159; vgl. MEGA² II/5, S. 626 und MEGA² II/6, S. 80).

Des weiteren wird deutlich, daß zwischen Wert und Tauschwert streng unterschieden werden muß, was in einer Veränderung der Überschrift deutlich wird. Heißt es im Manuskript »Die beiden Faktoren der Ware: Gebrauchswert und Tauschwert«, überschreibt er den Unterabschnitt in der 2. Auflage mit: »Die zwei Faktoren der Ware: Gebrauchswert und Wert (Wertsubstanz, Wertgröße)« (siehe MEGA² II/6, S. 69, 92).

Diese und andere Unterschiede zwischen Haupttext und Anhang in der 1. Auflage sowie der 2. Auflage zeigen, daß man der Marxschen Überarbeitung des »Kapitals« nicht gerecht wird, wenn man darin einseitig entweder eine »Vervollkommnung« *oder* »Reduktion« *bzw.* eine »Popularisierung« der Darstellung erkennt.

*

Die Rezeption des »Kapitals« nahm in den 1870er Jahren sprunghaft zu. Zu den Faktoren, die dies begünstigten, gehörte die Gründung der Sozialdemokratischen Arbeiterpartei Deutschlands (SDAP) 1869 in Eisenach, die sich 1875 in Gotha mit dem Allgemeinen Deutschen Arbeiterverein (ADAV) vereinigte. Allein im Jahr der Pariser Kommune 1871 wurden 200 Exemplare des »Kapitals« verkauft. 1872 erfolgte die Neuherausgabe des »Manifests der Kommunistischen Partei« unter Nennung der Autoren – es war als Auftragsschrift des Bundes der Kommunisten 1848 anonym erschienen. Die führenden Vertreter der Arbeiterbewegung August Bebel, Wilhelm Bracke, Joseph Dietzgen, August Geib, Wilhelm Liebknecht, Johann Most, Carl August Schramm

u. a. beriefen sich nicht nur auf das »Manifest«, sondern zunehmend auch auf das »Kapital«. Die Vertreter der bürgerlichen jüngeren Historischen Schule der Nationalökonomie erkannten dies und warnten vor dem wachsenden Einfluß sozialistischer Ideen.

Ende 1871 wandte sich Otto Meißner an Marx mit der Bitte, eine neue und möglichst billige Auflage (das hieß vor allem, möglichst wenige Hervorhebungen – also kursiv – im Text setzen zu lassen) vorzubereiten. Marx begann sogleich mit der Umarbeitung des ersten Kapitels und gliederte das gesamte Buch neu, um die Lesbarkeit und Verständlichkeit des Werkes zu verbessern. Damit war er bis März 1872 beschäftigt, der Druck erfolgte wiederum in Leipzig. Die 2. Auflage erschien zunächst in neun Heftlieferungen von Ende Juli 1872 bis Mitte Mai 1873. Um das Werk sachkundig anzukündigen, erbat Meißner von Marx eine kurze inhaltliche Darstellung des »Kapitals« für einen Prospekt, der im Juli 1872 in Umlauf – vor allem innerhalb der SDAP – gebracht wurde (siehe MEGA^2 II/6, S. 55). Das Nachwort zur 2. Auflage unterschrieb Marx am 24. Januar 1873; im Mai erschien dann die Buchausgabe, insgesamt wurden 3000 Exemplare gedruckt.

Zu den eifrigsten Propagandisten des »Kapitals« gehörte der verantwortliche Redakteur der »Chemnitzer Freien Presse« Johann Most.[60] Während einer zweimonatigen Haftstrafe im Sommer 1872 las er die 1. Auflage des »Kapitals« und veröffentlichte – anonym – kurz darauf in seiner Zeitung einen Leitartikel »Die politische Oekonomik des Karl Marx«, in dem er deren Quintessenz erläuterte. Im September 1872 organisierte Most eine gewaltige Antikriegsdemonstration in Chemnitz, die ihm eine erneute Haftstrafe einbrachte, die er 1873 in der Zwickauer Strafanstalt absaß. Dabei griff er nun zur 2. Auflage des »Kapitals« und fertigte die Schrift »Kapital und Arbeit. Ein populärer Auszug aus ›Das Kapital‹ von Karl Marx« an.[61] Nach seiner Haftentlassung sprach er vor Glauchauer Arbeitern zum Thema der Broschüre, deren Erscheinen am 18. März 1874 – dem dritten Jahrestag der Pariser Kommune – in der »Chemnitzer Freien Presse« vermeldet wurde. Most war zuvor nach Berlin übergesiedelt, da er im Januar 1874 als Abgeordneter der SDAP in den Deutschen Reichstag gewählt worden war. Im Berliner Handwerkervereinshaus (Sophiensäle) hielt er einen großen öffentlichen Vortrag über die Pariser Kommune, der den preußischen Behörden den Vorwand gab, ihn erneut – diesmal für 26 Monate – einzusperren. Nach seiner Entlassung im Juli 1876 übernahm er als Redakteur die »Berliner Freie Presse«, das Organ der Berliner Sozialdemokratie.

Während Mosts Inhaftierung im Gefängnis Plötzensee wandten sich die Führer der vereinten Sozialistischen Arbeiterpartei Deutschlands (SAPD) Wilhelm Liebknecht und Julius Vahlteich im Sommer 1875 an Marx, um ihm die Überarbeitung von »Kapital und Arbeit« anzutragen. Marx wollte zunächst Bemerkungen in Notenform hinzufügen, änderte dann seinen Entschluß und nahm eine Neufassung einzelner Absätze vor, insbesondere formulierte er das erste Kapitel »Ware und Geld« neu und redigierte das Kapitel »Der Arbeitslohn« (siehe Marx an Sorge vom 14. Juni 1876, in: MEW, Bd. 34, S. 183; die Änderungen sind detailliert aufgelistet in: MEGA^2 II/8, S. 1373–1394). Gleichzeitig hatte Marx gegenüber Vahlteich deutlich gemacht, daß er es nicht wünsche, wenn sein Name im Zusammenhang mit der neuen Auflage genannt wird. Am 11. April 1876 erschien in Chemnitz die zweite Auflage. Nach seiner Haftentlassung sprach Most wiederholt zum Thema »Kapital und Arbeit« vor Berliner Arbeitern – er war ein rhetorisch begnadeter Redner und rief Begeisterung hervor – und er veröffentlichte mehrere Artikel in der »Berliner Freien Presse«. Nach dem Erlaß des »Sozialistengesetzes« wurde die Verbreitung der Broschüre am 3. Dezember 1878 verboten.

Die Textänderungen von Marx betrafen vor allem den Nachweis des engen Zusammenhangs zwischen dem Warenwert, der Mehrwertbildung und dem Arbeitslohn. Er achtete dabei besonders auf die exakte Verwendung der Kategorien wie z. B. Wert und Tauschwert, Arbeit und Arbeitskraft sowie Wert und Preis der Arbeitskraft.

Die Darstellung der Wertform erhielt in wenigen Absätzen eine neue Fassung. Marx resümierte hier in prägnanter Weise die vier Entwicklungsstufen der Wertform, und zwar ohne die Terminologie des »Kapitals« zu verwenden. Er betrachtete die historische Genesis der Wertform als

Abfolge von qualitativ verschiedenen Tauschformen. Die Entwicklung des Widerspruchs zwischen Wert und Gebrauchswert wurde in der historischen Entwicklung durch die Verwandlung des Produktenaustausches in Warenaustausch vollzogen. Er stellte fest: »Diese Wertform entwickelt sich nach und nach aus und mit dem Produktenaustausch.« (S. 206.)

Im ersten Band des »Kapitals« bemerkte Marx in der 2. Auflage, während der Behandlung des Austauschprozesses der Waren, nicht aber bei der Analyse der Wertform, zur Geschichte des Produktenaustauschs in einer Fußnote folgendes: »So lange noch nicht zwei verschiedne Gebrauchsgegenstände ausgetauscht, sondern, wie wir das bei Wilden oft finden, eine chaotische Masse von Dingen als Aequivalent für ein Drittes angeboten wird, steht der unmittelbare Produktenaustausch selbst erst in seiner Vorhalle.« (MEGA[2] II/6, S. 116.) Weiterhin bestimmte Marx den Moment, wo sich die Verwandlung des Produktenaustauschs in Warenaustausch vollzog, nämlich da, »wo die Gemeinwesen enden, an den Punkten ihres Kontakts mit fremden Gemeinwesen« (ebenda).

Durch Marx' Redaktion wird in der 2. Auflage von »Kapital und Arbeit« die historische Genesis der Wertform in der Abfolge qualitativ verschiedener Tauschformen dargestellt. Sie erschienen als eine quantitative Vergrößerung ihrer Verbreitungssphären: Der Austausch fand zunächst selten und nur von Dingen des Überschusses statt. Dann vollzog sich der Austausch regulär und blieb auf ein bestimmtes Gebiet beschränkt. Und zuletzt war der Austausch überall verbreitet und trug allgemeinen Charakter. Die Warenform der Arbeitsprodukte, so Marx in einer späteren Fußnote, verallgemeinert sich zudem erst dann, wenn die Arbeitskraft selbst zur Ware wird, Arbeit die Form der Lohnarbeit annimmt. Erst das charakterisiere die »kapitalistische Epoche« (ebenda, S. 186; siehe MEW, Bd. 23, S. 184). Die historische Skizze der Entwicklung des Produktenaustauschs in Mosts Broschüre ist somit etwas anderes als die Analyse der Wertform im ersten Band des »Kapitals«. Sie ist eher mit den historischen Bemerkungen in der 2. Auflage vergleichbar (MEGA[2] II/6, S. 97), die Marx *nach* der Analyse der Form macht – so wie er generell davon ausging, daß erst die durchgeführte Formanalyse Hinweise darauf gibt, was bei der historischen Untersuchung wichtig ist. So stellte er im Manuskript zum dritten Buch des »Kapitals« den historischen Abschnitten zu kaufmännischem (MEGA^2 II/4.2, S. 394–410) und zinstragendem (ebenda, S. 646–664) Kapital sowie zur Grundrente (ebenda, S. 723–753) die Analyse der kapitalistischen Formen voraus.

Zu seinen Lebzeiten wurde Marx noch mit weiteren »populären« Kurzfassungen des »Kapitals« konfrontiert. Er schrieb 1879 an Carlo Cafiero über diese folgendes:

> »Vor einiger Zeit erhielt ich zwei ähnliche Arbeiten, eine serbisch, die andere englisch geschrieben [...], aber beide machen den Fehler, daß sie einen kurzgefaßten und populären Abriß des ›Kapital‹ geben wollen, sich aber gleichzeitig zu pedantisch an die wissenschaftliche *Form* der Darstellung halten.« (29. Juli 1879, in: MEW, Bd. 34, S. 384.)

Der italienische Sozialist Cafiero hatte während seines Gefängnisaufenthalts 1877/78 einen 126seitigen Auszug aus Marx' »Kapital« verfaßt: »Il Capitale di Carlo Marx. Brevemente compendiato da Carlo Cafiero. Libro primo. Sviluppo della produzione capitalista«, Milano 1879. Als Textgrundlage diente ihm die 1875 erschienene und von Marx redigierte französische Ausgabe »Le Capital« (siehe MEGA^2 II/7). Nach Erhalt der Broschüre hob Marx ihre »Überlegenheit« hervor, die in der Form der Darstellung das Ziel erreiche, »auf die Öffentlichkeit einzuwirken, für die diese Abrisse bestimmt sind«. Cafiero habe jedoch nicht bewiesen, »daß die zur Emanzipation des Proletariats notwendigen *materiellen Bedingungen* spontan hervorgebracht werden durch den Gang der kapitalistischen Produktion«. Marx gab der Hoffnung Ausdruck, daß Cafiero bei einer Neuauflage der Schrift, die »materialistische Basis« des »Kapital« mehr hervorheben werde (ebenda).

Die erwähnte serbische Arbeit konnte bisher nicht genau identifiziert werden, möglicherweise sind Auszüge aus dem »Kapital« gemeint, die Svetozar Markovič 1872 unter dem Titel »Was ist ein Arbeitstag« in der Zeitung »Radenik« [dt. »Arbeiter«] erstmals veröffentlicht hatte. Otto

Weydemeyer übersetzte den Text von Johann Most ins Englische und veröffentlichte ihn im US-amerikanischen Wochenblatt »The Labor Standard« 1877/78 sowie als Broschüre »Extracts from the ›Capital‹ of Karl Marx«, Hoboken 1878. Weiterhin sind die Schriften von Ferdinand Domela Nieuwenhuis »Karl Marx. Kapitaal en Arbeid«, 's Gravenhage 1881, und von Gabriel Deville »Le Capital de Karl Marx résumé ...«, Paris 1883, zu erwähnen.

*

In der zweiten Hälfte der 1870er Jahre ergriffen Marx und Engels mehrfach die Gelegenheit, ihre theoretischen Auffassungen in der Auseinandersetzung mit ihren Kritikern zu verteidigen. Als die Angriffe auf Marx' »Kapital« seitens des Berliner Privatgelehrten Eugen Dühring immer unerträglicher wurden und seine Anhänger in der SAPD sich für ein Publikationsverbot von Engels' Aufsätzen im »Vorwärts« einsetzten, sahen Engels und Marx, unterstützt von Wilhelm Liebknecht, die Notwendigkeit, eine ausführliche Anti-Kritik zu verfassen – den »Anti-Dühring«, genauer die hauptsächlich von Engels verfaßte Schrift »Herrn Eugen Dührings Umwälzung der Wissenschaft« (Leipzig 1878; siehe MEGA² I/27, MEW, Bd. 20). Dühring hatte mehrere umfangreiche Publikationen zur Philosophie und Nationalökonomie veröffentlicht und trat in der Berliner Friedrich-Wilhelms-Universität gegen herrschende Lehrmeinungen auf sowie gegen die überkommenen Zustände an deutschen Universitäten und im preußischen Staat. Diese Konflikte führten 1877 zum Entzug der Lehrbefugnis. All dies ließ seine Popularität unter oppositionellen Kräften, einschließlich den Anhängern der SAPD, ansteigen.

Im »Anti-Dühring« übernahm Engels im Abschnitt »V. Werttheorie« ihre Verteidigung (siehe MEW, Bd. 20, S. 171–182), während Marx seine Wertkritik in den von ihm ausgearbeiteten Abschnitt »X. Aus der ›Kritischen Geschichte‹« (ebenda, S. 210–238) einordnete.

Neben Dühring gab es andere Professoren, die an Universitäten eine »Versittlichung« der ökonomischen Beziehungen zwischen Kapitalisten und Arbeitern und staatliche Reformen zur Hebung des Lebensstandards der Arbeiter propagierten. Zu den Katherdersozialisten – also den

Akademikern, die vom Pult eine staatliche Sozialpolitik predigten – gehörte u. a. Adolph Wagner, der es in Berlin seit 1870 zu beträchtlichen Einfluß brachte.

Sowohl die neueste wirtschaftliche Entwicklung nach dem »Gründerkrach« von 1873 – Ausdruck der vollen Entfaltung des Kapitalismus der freien Konkurrenz –, als auch die geistigen Auseinandersetzungen, nicht nur innerhalb der Sozialdemokratie, sondern auch seitens der Vulgärökonomie[31] führten dazu, entweder Zweifel an der Marxschen Wert- und Mehrwerttheorie zu säen oder sie direkt abzulehnen und durch subjektive Wertlehren, wie die Grenznutzentheorie, abzulösen. Dafür stand z. B. Adolph Wagners Buch »Allgemeine oder theoretische Volkswirthschaftslehre. Erster Theil. Grundlegung«, 2. verbesserte und vermehrte Ausgabe, Leipzig und Heidelberg 1879, das als Band 1 eines »Lehrbuches der politischen Ökonomie« erschien. So ist es nicht verwunderlich, daß sich Marx, nach seiner Kritik an Dühring (siehe seine Vorarbeiten dazu in: MEGA² I/27, S. 129–216), etwa 1881 auch dem genannten, auflagenstarken Lehrbuch zuwandte. Sein Exzerpt – später als »Randglossen zu Adolph Wagners ›Lehrbuch der politischen Ökonomie‹« veröffentlicht[1] – weitete sich zu einer kritischen Selbstverteidigung »für sich« aus, die er – wie schon so oft – nicht beabsichtigte, an die Öffentlichkeit zu bringen.

Mit dieser Auseinandersetzung enden Marx' vielfältige Bestrebungen, seine Werttheorie auszuarbeiten, darzulegen, zu diskutieren und gegen jedwede Form der »Verdrehung« zu verteidigen. Mit der Veröffentlichung des zweiten und dritten Bandes des »Kapitals« nach seinem Tod durch Friedrich Engels gewannen jedoch diese Diskussionen neue Nahrung und es gab zum Teil erbitterte Auseinandersetzungen, die sich mehr oder weniger intensiv bis in die Gegenwart fortsetzen.

[1] Karl Marx: [Randglossen zu Adolph Wagners »Lehrbuch der politischen Ökonomie«]. In: MEW, Bd. 19, Berlin 1962 (1. Auflage), S. 355–383. Erstveröffentlichung (vollständig) in russischer Sprache in: Archiv Marksa i Engelsa, Bd. V, Moskau, Leningrad 1930, S. 380–408. Erste deutsche Veröffentlichung (teilweise): Karl Marx: Das Kapital. Erster Band. Ungekürzte Volksausgabe besorgt vom Marx-Engels-Lenin-Institut, Wien/Berlin 1932, S. 841–853. Unveränderter Nachdruck dieser Ausgabe: Berlin 1947–1953 (vier Auflagen).

Editorische Hinweise

Die Texte werden nach den Marx-Engels-Werken (MEW) und der Marx-Engels-Gesamtausgabe (MEGA^2) wiedergegeben. Über die MEW, ihren Charakter und ihre Entstehungsgeschichte gibt das Vorwort zu Band 1, 16., überarbeitete Auflage, Berlin 2006, S. IX–XVIII, Auskunft. Zur Edition und Kommentierung von vier Texten werden die Bände der Zweiten Abteilung (»Das Kapital« und Vorarbeiten) der MEGA^2 (Bände II/5, II/6 und II/8) – siehe Quellenangabe für die Texte, S. 30 – herangezogen. Einzelne Texte wurden auch in anderen Ausgaben veröffentlicht (siehe Literatur/Ausgaben). Erstmals außerhalb der MEGA^2 werden – nach unserem Kenntnisstand – zwei Texte im MEW-Format veröffentlicht: der Anhang aus der 1. Auflage (MEGA^2 II/5) und ein Teil des Manuskripts »Ergänzungen und Veränderungen« (MEGA^2 II/6).

Der Ausgabe liegen folgende Editionsprinzipien zugrunde: Rechtschreibung und Zeichensetzung sind, soweit vertretbar, modernisiert. Der Lautstand und die Silbenzahl der Wörter wurden nicht verändert. Allgemein gültige Abkürzungen wurden beibehalten. Alle in eckigen Klammern stehenden Wörter und Wortteile stammen von der Redaktion. Geschweifte Klammern geben die von Marx benutzten eckigen Klammern wieder. Offensichtliche Schreibfehler wurden stillschweigend korrigiert. Für die adäquate Benutzung und Zitierweise werden die Seitenwechsel und die Paginierung nach der entsprechenden Vorlage (MEW oder MEGA^2) wie folgt wiedergegeben: ||xxx|. Fußnoten von Marx sind durch hochgestellte * (Sternchen) bzw. Ziffern gekennzeichnet, wobei die fortlaufende Numerierung der entsprechenden Vorlage entspricht. Fußnoten der Redaktion sind durch hochgestellte Ziffern, deren Numerierung auf jeder Seite neu beginnt, ausgewiesen. Auf Anmerkungen der Redaktion wird durch hochstehende Ziffern in eckigen Klammern[xx] verwiesen. Der Anhang (Anmerkungen, Personenverzeichnis, Abkürzungen) wurde nach dem neuesten Forschungsstand erarbeitet.

Berlin, Februar 2017
Rolf Hecker, Ingo Stützle

Literatur

Ausgaben

Marx, Karl: Zur Kritik der Politischen Ökonomie. In: MEGA² II/2, Berlin 1980, S. 95–245; MEW, Bd. 13, 12. überarbeitete Aufl., Berlin 2015.

Marx, Karl: Zur Kritik der Politischen Ökonomie. (Manuskript 1861–1863). In: MEGA² II/3, 2. unveränderte Aufl. der 6 Teile in 3 Bänden, Berlin 2013.

Marx, Karl: Theorien über den Mehrwert (Vierter Band des »Kapitals«). In: MEW, Bd. 26.2, Berlin 2000, und Bd. 26.3, Berlin 1993.

Marx, Karl: Das Kapital. Erster Band. Hamburg 1867. In: MEGA² II/5, Berlin 1983.

Marx, Karl: Das Kapital. Erster Band. Hamburg 1872. In: MEGA² II/6, Berlin 1987.

Marx, Karl: Das Kapital. Erster Band. Hamburg 1883. In: MEGA² II/8, Berlin 1989.

Marx, Karl: Das Kapital. Erster Band. In: MEW, Bd. 23, Berlin 2013.

Marx, Karl: Ware und Geld (Das Kapital, 1. Auflage 1867, 1. Buch, Kapitel 1). In: Karl Marx, Friedrich Engels: Studienausgabe Band II. Politische Ökonomie, hrsg. v. Iring Fetscher, Berlin 2004, S. 227–259.

Most, Johann: Kapital und Arbeit. Ein populärer Auszug aus »Das Kapital« von Karl Marx. In: Rolf Dlubek, Hannes Skambraks: »Das Kapital« von Karl Marx in der deutschen Arbeiterbewegung (1867 bis 1878). Abriß und Zeugnisse der Wirkungsgeschichte, Berlin 1967, S. 268–324. – Reprint der Originalausgabe von 1876. Kommentar v. Richard Kumpf und Winfried Schwarz, hrsg. v. der Marx-Engels-Stiftung Wuppertal, Frankfurt/M. 1985.

Forschungsliteratur (Auswahl)

Althusser, Louis u. a.: Das Kapital lesen. Vollständige und ergänzte Ausgabe mit Retraktionen zum Kapital, hrsg. v. Frieder O. Wolf, Münster 2015.

Altvater, Elmar u. a.: Kapital.doc. Das Kapital (Bd. I) von Marx in Schaubildern mit Kommentaren, Münster 1999.

– Marx neu entdecken. Das hellblaue Bändchen zur Einführung in die Kritik der Politischen Ökonomie, Hamburg 2012.
Backhaus, Hans-Georg: Dialektik der Wertform. Untersuchungen zur marxschen Ökonomiekritik, Freiburg 1997.
Brentel, Helmut: Soziale Form und ökonomisches Objekt. Studien zum Gegenstands- und Methodenverständnis der Kritik der politischen Ökonomie, Opladen 1989.
Göhler, Gerhard: Die Reduktion der Dialektik durch Marx. Strukturveränderungen der dialektischen Entwicklung in der Kritik der politischen Ökonomie, Stuttgart 1980.
Harvey, David: Marx' »Kapital« lesen. Ein Begleiter für Fortgeschrittene und Einsteiger, Hamburg 2011.
Haug, Wolfgang Fritz: Vorlesungen zur Einführung ins »Kapital«, Hamburg 2005 (Neufassung); 2. korrigierte Aufl., 2013.
– Neue Vorlesungen zur Einführung ins »Kapital«, Hamburg 2006.
– Das »Kapital« lesen, aber wie? Materialien zur Philosophie und Epistemologie der marxschen Kapitalismuskritik, Hamburg, 2013; 2. verbesserte Aufl., 2014.
Hecker, Rolf: Zur Entwicklung der Werttheorie von der 1. zur 3. Auflage des ersten Bandes des »Kapitals« von K. Marx (1867–1883). In: Marx-Engels-Jahrbuch 10, Berlin 1987, S. 146–196.
– Einfache Warenproduktion. In: Historisch-kritisches Wörterbuch des Marxismus, Bd. 3, hrsg. v. Wolfgang F. Haug, Hamburg 1997, Sp. 119–126.
– Die Popularisierung des »Kapitals« durch Johann Most. In: Internationale wissenschaftliche Korrespondenz zur Geschichte der Arbeiterbewegung [IWK], 41. Jg., H. 1/2, März 2005, S. 115–125.
Heinrich, Michael: Kritik der politischen Ökonomie. Eine Einführung, 2., durchgesehene u. erweiterte Auflage, Stuttgart 2004.
– Wie das Marxsche »Kapital« lesen? Teil 1: Leseanleitung und Kommentar zum Anfang des »Kapital«, 2. durchgesehene Aufl., Stuttgart 2009.
Hoff, Jan: Karl Marx und die »ricardianischen Sozialisten«. Ein Beitrag zur Geschichte der politischen Ökonomie, der Sozialphilosophie und des Sozialismus, Köln 2008.

– Die Anfänge der Arbeitswerttheorie bei William Petty und Benjamin Franklin im Spiegel der Marx'schen Exzerpthefte und ökonomischen Manuskripte. In: »Das Kapital« und Vorarbeiten, Entwürfe und Exzerpte, hrsg. v. Rolf Hecker u. a., Hamburg 2011, S. 33–40 (Beiträge zur Marx-Engels-Forschung. Neue Folge 2010).

Iber, Christian: Grundzüge der Marx'schen Kapitalismustheorie, Berlin 2005.

Iljenkow, E. W.: Die Dialektik des Abstrakten und Konkreten im »Kapital« von Karl Marx, Moskau 1979.

Knolle-Grothusen, Ansgar, Stephan Krüger, Dieter Wolf: Geldware, Geld und Währung. Grundlagen zur Lösung des Problems der Geldware, Hamburg 2009.

Kopf, Eike: Frühe Polemiken gegen »Das Kapital«. Zur Kritik am Hauptwerk von Karl Marx im 19. Jahrhundert sowie Anmerkungen zur materialistischen Geschichtsauffassung, Köln 2013.

– Ein Buch geht um die Welt. Zur Wirkungsgeschichte von »Das Kapital«, Köln 2016.

Marxhausen, Thomas: Marx' Untersuchung der »Auflösung der Ricardoschen Schule«. In: Arbeitsblätter zur Marx-Engels Forschung, Nr. 17, Halle (Saale) 1984, S. 5–116.

Postone, Moishe: Zeit, Arbeit und gesellschaftliche Herrschaft. Eine neue Interpretation der kritischen Theorie von Marx, Freiburg 2003.

Rakowitz, Nadja: Einfache Warenproduktion. Ideal und Ideologie, Freiburg 2000.

Reichelt, Helmut: Neue Marx-Lektüre. Zur Kritik sozialwissenschaftlicher Logik. 2. durchgesehne Aufl., Freiburg 2013.

Schlaudt, Oliver: Marx als Messtheoretiker. In: Kapital & Kritik. Nach der »neuen« Marx-Lektüre, hrsg. v. Werner Bonefeld u. Michael Heinrich, Hamburg 2011, S. 258–280.

Schrader, Fred E.: Restauration und Revolution. Die Vorarbeiten zum »Kapital« von Karl Marx in seinen Studienheften 1850–1858, Hildesheim 1980.

Stützle, Ingo: Der Gott der Waren. Die ökonomische Theorie und ihr Geld. In: PROKLA 179, 45. Jg., 2015, H. 2, S. 177–198.

Vazjulin, Viktor A.: Die Logik des »Kapital« von Karl Marx, Norderstedt 2006.

Wheen, Francis: Über Karl Marx. Das Kapital, München 2008.

Wolf, Dieter: Der dialektische Widerspruch im Kapital. Ein Beitrag zur Marxschen Werttheorie, Hamburg 2002.

– (mit Heinz Paragenings): Zur Konfusion des Wertbegriffs. Beiträge zur »Kapital«-Diskussion, Hamburg 2004 (Wissenschaftliche Mitteilungen, H. 4, hrsg. v. Berliner Verein zur Förderung der MEGA-Edition e.V.)

– Zur Methode in Marx' Kapital unter besonderer Berücksichtigung ihres logisch-systematischen Charakters. Zum »Methodenstreit« zwischen Wolfgang Fritz Haug und Michael Heinrich. In: Gesellschaftliche Praxis und ihre wissenschaftliche Darstellung. Beiträge zur *Kapital*-Diskussion, hrsg. v. Ingo Elbe u. a., Hamburg 2008, S. 7–186 (Wissenschaftliche Mitteilungen, H. 6, hrsg. v. Berliner Verein zur Förderung der MEGA-Edition e.V.).

Wygodski, Witali Solomonowitsch: Die Geschichte einer großen Entdeckung. Über die Entstehung des Werkes »Das Kapital« von Karl Marx, Berlin 1967.

Zelený, Jindřich: Die Wissenschaftslogik bei Marx und »Das Kapital«, Berlin 1968.

Quellenangaben für die Texte

Siehe editorische Hinweise, S. 25.

S. 32–46:

Der Tauschwert im Austauschprozeß

Der Text folgt MEW, Bd. 13, S. 25–37 (siehe auch MEGA² II/2, S. 117–130).

S. 47–86:

Wert in der Polemik. Kritik an Samuel Bailey

Der Text folgt MEW, Bd. 26.3., S. 122–145, S. 153–155, S. 159–163 (siehe auch MEGA² II/3, S. 822–825, S. 1313–1332, S. 1336–1338).

S. 87–131:

Die Analyse der Wertform

Der Text folgt MEGA² II/5, S. 17–51.

S. 132–158:

Die Wertform

Der Text folgt MEGA² II/5, S. 626–649.

S. 159–201:

3. Die Wertform

Der Text folgt MEGA² II/6, S. 7–36.

S. 202–209:

Die Wertform. Redaktion durch Marx

Der Text folgt MEGA² II/8, S. 739–743.

Das Kapital 1.5
Die Wertform

Drucke • Manuskripte

Der Tauschwert im Austauschprozeß[1]

Zur Kritik der Politischen Ökonomie
Erstes Kapitel: Die Ware
(1859)

|25| Der Tauschwert einer Ware kommt nicht in ihrem eignen Gebrauchswert zur Erscheinung. Als Vergegenständlichung der allgemeinen gesellschaftlichen Arbeitszeit jedoch ist der Gebrauchswert einer Ware in Verhältnisse gesetzt zu den Gebrauchswerten anderer Waren. Der Tauschwert der einen Ware manifestiert sich so in den Gebrauchswerten der anderen Waren. Äquivalent ist in der Tat der Tauschwert einer Ware ausgedrückt im Gebrauchswert einer andern Ware. Sage ich z. B. eine Elle Leinwand ist wert zwei Pfund Kaffee, so ist der Tauschwert der Leinwand in dem Gebrauchswert Kaffee, und zwar in einem bestimmten Quantum dieses Gebrauchswerts ausgedrückt. Diese Proportion gegeben, kann ich den Wert jedes Quantums Leinwand in Kaffee ausdrücken. Es ist klar, daß der Tauschwert einer Ware, z. B. der Leinwand, nicht erschöpft ist in der Proportion, worin eine andere besondre Ware, z. B. Kaffee, ihr Äquivalent bildet. Das Quantum allgemeiner Arbeitszeit, dessen Darstellung die Elle Leinwand ist, ||26| ist gleichzeitig in unendlich verschiedenen Volumen von Gebrauchswerten aller andern Waren realisiert. In der Proportion, worin der Gebrauchswert jeder andern Ware gleich große Arbeitszeit darstellt, bildet er ein Äquivalent für die Elle Leinwand. Der Tauschwert *dieser einzelnen Ware* drückt sich daher nur erschöpfend aus in den unendlich vielen Gleichungen, worin die Gebrauchswerte aller andern Waren ihr Äquivalent bilden. Nur in der Summe dieser Gleichungen oder in der Gesamtheit der verschiedenen Proportionen, worin eine Ware mit jeder andern Ware austauschbar ist, ist sie erschöpfend ausgedrückt als *allgemeines Äquivalent.* Z. B. die Reihe der Gleichungen

1 Elle Leinwand	=	½ Pfund Tee,
1 Elle Leinwand	=	2 Pfund Kaffee,
1 Elle Leinwand	=	8 Pfund Brot,
1 Elle Leinwand	=	6 Ellen Kattun[2],

kann dargestellt werden als

1 Elle Leinwand = ⅛ Pfund Tee + ½ Pfund Kaffee + 2 Pfund Brot + 1½ Ellen Kattun.

Wenn wir daher die ganze Summe von Gleichungen vor uns hätten, worin sich der Wert einer Elle Leinwand erschöpfend ausdrückt, könnten wir ihren Tauschwert darstellen in der Form einer Reihe. In der Tat ist diese Reihe unendlich, da der Umkreis der Waren nie definitiv abgeschlossen ist, sondern sich stets ausdehnt. Indem aber so die eine Ware ihren Tauschwert mißt in den Gebrauchswerten aller andern Waren, messen sich umgekehrt die Tauschwerte aller andern Waren in dem Gebrauchswert dieser einen sich in ihnen messenden Ware.* Wenn der Tauschwert 1 Elle Leinwand sich ausdrückt in ½ Pfund Tee oder 2 Pfund Kaffee oder 6 Ellen Kattun oder 8 Pfund Brot usw., so folgt, daß Kaffee, Tee, Kattun, Brot usw. in dem Verhältnis, worin sie einem dritten, der Leinwand, gleich sind, untereinander gleich sind, also Leinwand als gemeinschaftliches Maß ihrer Tauschwerte dient. Jede Ware als vergegenständlichte allgemeine Arbeitszeit, d. h. bestimmtes Quantum allgemeiner Arbeitszeit, drückt ihren Tauschwert der Reihe nach aus in bestimmten Quantitäten der Gebrauchswerte aller andern Waren, und die Tauschwerte aller andern Waren messen sich umgekehrt in dem Gebrauchswert dieser einen ausschließlichen Ware. Als Tauschwert aber ist jede Ware ||27| sowohl die eine ausschließliche Ware, die als gemeinsames Maß der Tauschwerte aller andern Waren dient, wie sie andrerseits nur eine der vielen Waren ist, in deren Gesamtumkreis jede andre Ware ihren Tauschwert unmittelbar darstellt.

* »Es ist auch eine Eigentümlichkeit der Maße, ein solches Verhältnis mit dem gemessenen Ding zu haben, daß in gewisser Art das Gemessene das Maß des Messenden wird.« Montanari, »Della Moneta«, [Milano 1804,] p. 48 in Custodis Sammlung, vol. III., Parte Antica.

Die *Wertgröße* einer Ware wird nicht davon berührt, ob wenig oder viel Waren anderer Art außer ihre existieren. Ob aber die Reihe der Gleichungen, worin ihr Tauschwert sich realisiert, größer oder kleiner ist, hängt ab von der größern oder kleinern Mannigfaltigkeit von andern Waren. Die Reihe von Gleichungen, worin sich z. B. der Wert des Kaffees darstellt, drückt die Sphäre seiner Austauschbarkeit aus, die Grenzen, worin er als Tauschwert funktioniert. Dem Tauschwert einer Ware als Vergegenständlichung der allgemeinen gesellschaftlichen Arbeitszeit entspricht der Ausdruck ihrer Äquivalenz in unendlich verschiedenen Gebrauchswerten.

Wir haben gesehen, daß der Tauschwert einer Ware wechselt mit der Quantität der unmittelbar in ihr selbst enthaltenen Arbeitszeit. Ihr realisierter, d. h. in den Gebrauchswerten anderer Waren ausgedrückter Tauschwert muß ebenso abhängen von dem Verhältnis, worin die auf die Produktion aller andern Waren verwandte Arbeitszeit wechselt. Bliebe z. B. die zur Produktion eines Scheffels Weizen erforderliche Arbeitszeit dieselbe, während die zur Produktion aller andern Waren erheischte Arbeitszeit sich verdoppelte, so wäre der Tauschwert des Scheffels Weizen, ausgedrückt in seinen Äquivalenten, um die Hälfte gesunken. Das Resultat wäre praktisch dasselbe, als ob die zur Herstellung des Scheffels Weizen erforderliche Arbeitszeit um die Hälfte gefallen und die zur Herstellung aller andern Waren erforderliche Arbeitszeit unverändert geblieben wäre. Der Wert der Waren ist bestimmt durch die Proportion, worin sie in derselben Arbeitszeit produziert werden können. Um zu sehen, welchen möglichen Wechseln diese Proportion ausgesetzt ist, unterstellen wir zwei Waren A und B. *Erstens:* Die zur Produktion von B erforderte Arbeitszeit bleibe unverändert. In diesem Falle fällt oder steigt der Tauschwert von A, in B ausgedrückt, direkt wie die zur Produktion von A erheischte Arbeitszeit fällt oder steigt. *Zweitens:* Die zur Produktion von A erforderliche Arbeitszeit bleibe unverändert. Der Tauschwert von A in B ausgedrückt, fällt oder steigt in umgekehrtem Verhältnisse, wie die zur Produktion von B erheischte Arbeitszeit fällt oder steigt. *Drittens:* Die zur Produktion von A und B erheischte Arbeitszeit falle oder steige in gleicher Proportion. Der Ausdruck der Äquivalenz von A in B bleibt dann unverändert. Nähme durch irgendeinen Umstand die Produktivkraft aller Arbeiten in demselben Maße ab, so daß alle Waren in gleicher Proportion mehr Arbeitszeit zu ihrer Produktion erheischten, so wäre der Wert *aller* Waren gestiegen, der ||28| reale Ausdruck ihres Tauschwerts wäre unverändert geblieben, und der wirkliche Reichtum der Gesellschaft hätte abgenommen, da sie mehr Arbeitszeit brauchte, um dieselbe Masse von Gebrauchswerten zu schaffen. *Viertens:* Die zur Produktion von A und B erforderte Arbeitszeit mag für beide steigen oder fallen, aber in ungleichem Grade, oder die für A erforderte Arbeitszeit mag steigen, während die für B fällt, oder umgekehrt. Alle diese Fälle können einfach darauf reduziert werden, daß die zur Produktion einer Ware erheischte Arbeitszeit unverändert bleibt, während die der andern steigt oder fällt.

Der Tauschwert jeder Ware drückt sich in dem Gebrauchswert jeder andern Ware aus, sei es in ganzen Größen oder in Brüchen dieses Gebrauchswerts. Als Tauschwert ist jede Ware ebenso teilbar wie die Arbeitszeit selbst, die in ihr vergegenständlicht ist. Die Äquivalenz der Waren ist ebenso unabhängig von ihrer physischen Teilbarkeit als Gebrauchswerte, wie die Addition der Tauschwerte der Waren gleichgültig dagegen ist, welchen realen Formwechsel die Gebrauchswerte dieser Waren in ihrer Umschmelzung zu einer neuen Ware durchlaufen.

Bisher wurde die Ware unter doppeltem Gesichtspunkt betrachtet, als Gebrauchswert und als Tauschwert, jedesmal einseitig. Als Ware jedoch ist sie unmittelbar *Einheit* von Gebrauchswert und Tauschwert; zugleich ist sie Ware nur in Beziehung auf die anderen Waren. Die *wirkliche* Beziehung der Waren aufeinander ist ihr *Austauschprozeß*. Es ist dies gesellschaftlicher Prozeß, den die voneinander unabhängigen Individuen eingehen, aber sie gehen ihn nur ein als Warenbesitzer; ihr wechselseitiges Dasein füreinander ist das Dasein ihrer Waren, und so erscheinen sie in der Tat nur als bewußte Träger des Austauschprozesses.

Die Ware *ist* Gebrauchswert, Weizen, Leinwand, Diamant, Maschine etc., aber als Ware ist sie zugleich *nicht* Gebrauchswert. Wäre sie

Gebrauchswert für ihren Besitzer, d. h. unmittelbar Mittel zur Befriedigung seiner eignen Bedürfnisse, so wäre sie nicht Ware. Für ihn ist sie vielmehr *Nicht-Gebrauchswert*, nämlich bloß stofflicher Träger des Tauschwerts, oder bloßes *Tauschmittel*; als aktiver Träger des Tauschwerts wird der Gebrauchswert Tauschmittel. Für ihn ist sie Gebrauchswert nur noch als Tauschwert.* Als Gebrauchswert muß sie daher erst *werden*, zunächst für andere. Da sie nicht Gebrauchswert für ihren eigenen Besitzer, ist sie Gebrauchswert für Besitzer anderer Ware. Wenn nicht, war seine Arbeit nutzlose Arbeit, ihr Resultat also nicht Ware. Andererseits muß sie Gebrauchswert *für ihn selbst* werden, denn ||29| außer ihr, in den Gebrauchswerten fremder Waren, existieren seine Lebensmittel. Um als Gebrauchswert zu *werden*, muß die Ware dem besonderen Bedürfnis gegenübertreten, wofür sie Gegenstand der Befriedigung ist. Die Gebrauchswerte der Waren *werden* also als Gebrauchswerte, indem sie allseitig die Stellen wechseln, aus der Hand, worin sie Tauschmittel, übergehen in die Hand, worin sie Gebrauchsgegenstände. Nur durch diese allseitige *Entäußerung* der Waren wird die in ihnen enthaltene Arbeit nützliche Arbeit. In dieser *prozessierenden* Beziehung der Waren aufeinander als Gebrauchswerte erhalten sie keine neue ökonomische Formbestimmtheit. Vielmehr verschwindet die Formbestimmtheit, die sie als Ware charakterisierte. Brot z. B. in dem Übergang aus der Hand des Bäckers in die Hand des Konsumenten ändert nicht sein Dasein als Brot. Umgekehrt, erst der Konsument bezieht sich auf es als Gebrauchswert, als dies bestimmte Nahrungsmittel, während es in der Hand des Bäckers Träger eines ökonomischen Verhältnisses, ein sinnlich übersinnliches Ding war. Der einzige Formwechsel, den die Waren in ihrem Werden als Gebrauchswerte eingehen, ist also die Aufhebung ihres formellen Daseins, worin sie Nicht-Gebrauchswert für ihren Besitzer, Gebrauchswert für ihren Nichtbesitzer waren. Das Werden der Waren als Gebrauchswerte unterstellt ihre allseitige Entäußerung, ihr Eingehen in den Austauschprozeß, aber ihr

* Es ist in dieser Bestimmtheit, daß Aristoteles (siehe die im Eingang des Kapitels zitierte Stelle) [siehe MEW, Bd. 13, S. 15, Anm.] den Tauschwert auffaßt.

Dasein für den Austausch ist ihr Dasein als Tauschwerte. Um sich daher als Gebrauchswerte zu verwirklichen, müssen sie sich als Tauschwerte verwirklichen.

Erschien die einzelne Ware unter dem Gesichtspunkt des Gebrauchswertes ursprünglich als selbständiges Ding, so war sie dagegen als Tauschwert von vornherein in Beziehung auf alle andern Waren betrachtet. Diese Beziehung jedoch war nur eine theoretische, gedachte. Betätigt wird sie nur im Austauschprozeß. Andrerseits *ist* die Ware zwar Tauschwert, sofern ein bestimmtes Quantum Arbeitszeit in ihr aufgearbeitet und sie daher *vergegenständlichte Arbeitszeit* ist. Aber, wie sie unmittelbar ist, ist sie nur vergegenständlichte individuelle Arbeitszeit von besonderem Inhalt, nicht *allgemeine* Arbeitszeit. Sie ist daher *nicht* unmittelbar Tauschwert, sondern muß erst solcher *werden*. Zunächst kann sie nur Vergegenständlichung der allgemeinen Arbeitszeit sein, soweit sie Arbeitszeit in bestimmter nützlicher Anwendung, also in einem Gebrauchswert darstellt. Dies war die stoffliche Bedingung, unter der allein die in den Waren enthaltene Arbeitszeit als allgemeine, gesellschaftliche vorausgesetzt war. Wenn die Ware daher nur als Gebrauchswert werden kann, indem sie sich als Tauschwert verwirklicht, kann sie sich andrerseits nur als Tauschwert verwirklichen, indem sie sich in ihrer Entäußerung als Gebrauchswert bewährt. Eine Ware kann als Gebrauchswert nur an den ||30| veräußert werden, für den sie Gebrauchswert ist, d. h. Gegenstand besondern Bedürfnisses. Andrerseits wird sie nur veräußert gegen eine andre Ware, oder, wenn wir uns auf die Seite des Besitzers der andern Ware stellen, kann er seine Ware ebenfalls nur veräußern, d. h. verwirklichen, indem er sie in Kontakt mit dem besondern Bedürfnis bringt, dessen Gegenstand sie ist. In der allseitigen Entäußerung der Waren als *Gebrauchswerte* werden sie daher aufeinander bezogen nach ihrer stofflichen Verschiedenheit als besondre Dinge, die durch ihre spezifischen Eigenschaften besondre Bedürfnisse befriedigen. Aber als solche bloße Gebrauchswerte sind sie gleichgültige Existenzen füreinander und vielmehr beziehungslos. Als Gebrauchswerte können sie nur ausgetauscht werden in Beziehung auf besondre Bedürfnisse. Austauschbar aber sind sie nur als Äquivalente, und Äquivalente sind sie nur als gleiche Quanta vergegenständlichter Arbeitszeit, so daß alle Rücksicht auf ihre natürlichen Eigenschaften als Gebrauchswerte und daher auf das Verhältnis der Waren zu besondern Bedürfnissen ausgelöscht ist. Als Tauschwert betätigt sich eine Ware vielmehr, indem sie als Äquivalent beliebig bestimmtes Quantum jeder andern Ware ersetzt, gleichgültig, ob sie für den Besitzer der andern Ware Gebrauchswert ist oder nicht ist. Aber für den Besitzer der andern Ware wird sie nur Ware, sofern sie Gebrauchswert für ihn ist, und für ihren eignen Besitzer wird sie nur Tauschwert, soweit sie Ware für den andern ist. Dieselbe Beziehung also soll Beziehung der Waren als wesentlich gleicher, nur quantitativ verschiedener Größen, soll ihre Gleichsetzung als Materiatur der allgemeinen Arbeitszeit und soll gleichzeitig ihre Beziehung als qualitativ verschiedene Dinge, als besondre Gebrauchswerte für besondre Bedürfnisse, kurz, sie als wirkliche Gebrauchswerte unterscheidende Beziehung sein. Aber diese Gleichsetzung und Ungleichsetzung schließen sich wechselseitig aus. So stellt sich nicht nur ein fehlerhafter Zirkel von Problemen dar, indem die Lösung des einen die Lösung des andern voraussetzt, sondern ein Ganzes widersprechender Forderungen, indem die Erfüllung einer Bedingung unmittelbar gebunden ist an die Erfüllung ihres Gegenteils.

Der Austauschprozeß der Waren muß sowohl die Entfaltung wie die Lösung dieser Widersprüche sein, die sich in ihm jedoch nicht in dieser einfachen Weise darstellen können. Wir haben nur zugesehen, wie die Waren selbst wechselseitig aufeinander als Gebrauchswerte bezogen werden, d. h., wie die Waren als Gebrauchswerte *innerhalb* des Austauschprozesses auftreten. Der Tauschwert dagegen, wie wir ihn bisher betrachtet, war bloß da in unsrer Abstraktion oder, wenn man will, in der Abstraktion des einzelnen Warenbesitzers, dem die Ware als Gebrauchswert auf dem Speicher und als ||31| Tauschwert auf dem Gewissen liegt. Die Waren selbst müssen aber innerhalb des Austauschprozesses nicht nur als Gebrauchswerte, sondern als Tauschwerte füreinander da sein, und dies ihr Dasein als ihre eigene Beziehung aufeinander erscheinen. Die Schwierigkeit, an der wir zunächst stockten, war, daß, um sich als Tauschwert, als vergegenständlichte Arbeit darzustellen, die Ware zuvor als Gebrauchswert entäußert, an den Mann gebracht sein muß, während ihre Entäußerung als Gebrauchswert umgekehrt ihr Dasein als Tauschwert voraussetzt. Aber gesetzt, diese Schwierigkeit sei gelöst. Die Ware habe ihren besondern Gebrauchswert abgestreift und durch dessen Entäußerung die stoffliche Bedingung erfüllt, gesellschaftlich nützliche Arbeit zu sein, statt besondre Arbeit des einzelnen für sich selbst. So muß sie dann im Austauschprozeß als Tauschwert, allgemeines Äquivalent, vergegenständlichte allgemeine Arbeitszeit für die andern Waren werden und so nicht mehr die beschränkte Wirkung eines besonderen Gebrauchswerts, sondern die unmittelbare Darstellungsfähigkeit in allen Gebrauchswerten als ihren Äquivalenten erhalten. Jede Ware aber ist *die* Ware, die so durch Entäußerung ihres besonderen Gebrauchswerts als direkte Materiatur der allgemeinen Arbeitszeit erscheinen muß. Andrerseits aber stehen sich im Austauschprozeß nur besondere Waren gegenüber, in besonderen Gebrauchswerten verkörperte Arbeiten von Privatindividuen. Die allgemeine Arbeitszeit selbst ist eine Abstraktion, die als solche für die Waren nicht existiert.

Betrachten wir die Summe von Gleichungen, worin der Tauschwert einer Ware seinen realen Ausdruck findet, z. B.:

1 Elle Leinwand = 2 Pfund Kaffee,
1 Elle Leinwand = ½ Pfund Tee,
1 Elle Leinwand = 8 Pfund Brot usw.,

so besagen diese Gleichungen zwar nur, daß allgemeine, gesellschaftliche Arbeitszeit von gleicher Größe sich in 1 Elle Leinwand, 2 Pfund Kaffee, ½ Pfund Tee usw. vergegenständlicht. Aber in der Tat werden die individuellen Arbeiten, die sich in diesen besondern Gebrauchswerten darstellen, nur zu allgemeiner und in dieser Form zu gesellschaftlicher Arbeit, indem sie sich wirklich gegeneinander austauschen im Verhältnis der Zeitdauer[1] der in ihnen enthaltenen Arbeit. Die gesellschaftliche

[1] Nach dem Handexemplar korrigiert; in der Druckfassung: ihrer Zeitdauer.

Arbeitszeit existiert sozusagen nur latent in diesen Waren und offenbart sich erst in ihrem Austauschprozeß. Es wird nicht ausgegangen von der Arbeit der Individuen als gemeinschaftlicher, sondern umgekehrt von besondern Arbeiten von Privatindividuen, ||32| Arbeiten, die sich erst im Austauschprozeß durch Aufhebung ihres ursprünglichen Charakters, als allgemeine gesellschaftliche Arbeit beweisen. Die allgemein gesellschaftliche Arbeit ist daher nicht fertige Voraussetzung, sondern werdendes Resultat. Und so ergibt sich die neue Schwierigkeit, daß die Waren einerseits als vergegenständlichte allgemeine Arbeitszeit in den Austauschprozeß eingehen müssen, andrerseits die Vergegenständlichung der Arbeitszeit der Individuen als allgemeiner selbst nur Produkt des Austauschprozesses ist.

Jede Ware soll durch Entäußerung ihres Gebrauchswerts, also ihrer ursprünglichen Existenz, ihre entsprechende Existenz als Tauschwert erhalten. Die Ware muß daher im Austauschprozeß ihre Existenz verdoppeln. Andrerseits kann ihre zweite Existenz als Tauschwert selbst nur eine andre Ware sein, denn im Austauschprozeß stehen sich nur Waren gegenüber. Wie eine besondere Ware unmittelbar darstellen als *vergegenständlichte allgemeine* Arbeitszeit, oder, was dasselbe ist, wie der individuellen Arbeitszeit, die in einer besonderen Ware vergegenständlicht ist, unmittelbar den Charakter der Allgemeinheit geben? Der reale Ausdruck des Tauschwerts einer Ware, d. h. jeder Ware als allgemeinen Äquivalents, stellt sich dar in einer unendlichen Summe von Gleichungen wie:

1 Elle Leinwand	=	2 Pfund Kaffee,
1 Elle Leinwand	=	½ Pfund Tee,
1 Elle Leinwand	=	8 Pfund Brot,
1 Elle Leinwand	=	6 Ellen Kattun,
1 Elle Leinwand	=	usw.

Diese Darstellung war theoretisch, soweit die Ware als bestimmtes Quantum vergegenständlichter allgemeiner Arbeitszeit nur *gedacht* war. Das Dasein einer besonderen Ware als allgemeines Äquivalent wird aus bloßer Abstraktion *gesellschaftliches* Resultat des Austauschprozesses selbst durch einfache Umkehrung der obigen Reihe von Gleichungen. Also z. B.:

2 Pfund Kaffee	=	1 Elle Leinwand,
½ Pfund Tee	=	1 Elle Leinwand,
8 Pfund Brot	=	1 Elle Leinwand,
6 Ellen Kattun	=	1 Elle Leinwand.

Indem Kaffee, Tee, Brot, Kattun, kurz alle Waren, die in ihnen selbst enthaltene Arbeitszeit in Leinwand ausdrücken, entfaltet sich der Tauschwert der Leinwand umgekehrt in allen andern Waren als ihren Äquivalenten und wird die in ihr selbst vergegenständlichte Arbeitszeit unmittelbar die all||33|gemeine Arbeitszeit, die sich gleichmäßig in verschiedenen Volumen aller andern Waren darstellt. Die Leinwand wird hier *allgemeines Äquivalent* durch die *allseitige Aktion* aller andern Waren auf sie. Als Tauschwert wurde jede Ware zum Maß der Werte aller andern Waren. Hier umgekehrt, indem alle Waren ihren Tauschwert in einer besondern Ware messen, wird die ausgeschlossene Ware adäquates Dasein des Tauschwerts, sein Dasein als allgemeines Äquivalent. Dagegen schrumpfen die eine unendliche Reihe oder die unendlich vielen Gleichungen, worin der Tauschwert jeder Ware sich darstellte, in eine einzige Gleichung von nur 2 Gliedern zusammen. 2 Pfund Kaffee = 1 Elle Leinwand ist jetzt der erschöpfende Ausdruck des Tauschwerts von Kaffee, da er in diesem Ausdruck unmittelbar als Äquivalent für bestimmtes Quantum jeder andern Ware erscheint. Innerhalb des Austauschprozesses sind also jetzt die Waren füreinander da oder erscheinen einander als Tauschwerte in der Form Leinwand. Daß alle Waren als Tauschwerte aufeinander bezogen sind, als nur verschiedene Quanta vergegenständlichter allgemeiner Arbeitszeit, erscheint jetzt so, daß sie als Tauschwerte nur verschiedene Quanta *desselben* Gegenstandes, der Leinwand, darstellen. Die allgemeine Arbeitszeit stellt sich daher ihrerseits dar als ein besonderes Ding, eine Ware neben und außer allen andern Waren. Zugleich aber ist die Gleichung, worin sich Ware für Ware als Tauschwert darstellt, z. B. 2 Pfund Kaffee = 1 Elle Leinwand, noch zu verwirklichende Gleichsetzung. Nur durch ihre Veräußerung als Gebrauchswert, die davon abhängt, ob sie sich als Gegenstand eines Bedürfnisses im Austauschprozeß bewährt, verwandelt sie sich wirklich aus ihrem Dasein Kaffee in ihr Dasein Leinwand, nimmt so die Form des allgemeinen Äquivalents an und wird wirklich Tauschwert für alle andern Waren. Umgekehrt dadurch, daß alle Waren durch ihre Entäußerung als Gebrauchswerte sich in Leinwand verwandeln, wird die Leinwand das verwandelte Dasein aller andern Waren und nur als Resultat dieser Verwandlung aller andern Waren in sie unmittelbar *Vergegenständlichung der allgemeinen Arbeitszeit*, d. h. Produkt der allseitigen Entäußerung, Aufhebung der individuellen Arbeiten. Verdoppeln die Waren so, um als Tauschwerte füreinander zu erscheinen, ihre Existenz, so verdoppelt die als allgemeines Äquivalent ausgeschlossene Ware ihren Gebrauchswert. Außer ihrem besondern Gebrauchswert als besondere Ware erhält sie einen allgemeinen Gebrauchswert. Dieser ihr Gebrauchswert ist selbst Formbestimmtheit, d. h. geht aus der spezifischen Rolle hervor, die sie durch die allseitige Aktion der andern Waren auf sie im Austauschprozeß spielt. Der Gebrauchswert jeder Ware als Gegenstand eines besondern Bedürfnisses hat verschiedenen Wert in verschiedener Hand, z. B. andern Wert in der Hand dessen, der sie ver||34|äußert, als in der Hand dessen, der sie aneignet. Die als allgemeines Äquivalent ausgeschlossene Ware ist jetzt Gegenstand eines aus dem Austauschprozeß selbst hervorwachsenden allgemeinen Bedürfnisses und hat für jeden denselben Gebrauchswert, Träger des Tauschwerts zu sein, allgemeines Tauschmittel. So ist in der einen Ware der Widerspruch gelöst, den die Ware als solche einschließt, als besonderer Gebrauchswert zugleich allgemeines Äquivalent und daher Gebrauchswert für jeden, allgemeiner Gebrauchswert zu sein. Während also alle andern Waren jetzt zunächst ihren Tauschwert als ideelle, erst zu realisierende Gleichung mit der ausschließlichen Ware darstellen, erscheint bei dieser ausschließlichen Ware ihr Gebrauchswert, obgleich reell, in dem Prozeß selbst als bloßes Formdasein, das erst durch Verwandlung in wirkliche Gebrauchswerte zu realisieren ist. Ursprünglich stellte sich die Ware dar als Ware überhaupt, allgemeine Arbeitszeit vergegenständlicht in einem besondern Gebrauchswert. Im Austauschprozeß beziehen sich alle Waren auf die ausschließliche Ware als Ware überhaupt, *die* Ware, Dasein der allgemeinen Arbeitszeit in einem besondern Gebrauchswert. Als *besondere* Waren verhalten sie sich daher gegensätzlich zu einer besondern Ware als der *allgemeinen* Ware.* Daß also die Warenbesitzer wechselseitig sich auf ihre Arbeiten als allgemeine gesellschaftliche Arbeit beziehen, stellt sich so dar, daß sie sich auf ihre Waren als Tauschwerte beziehen, die wechselseitige Beziehung der Waren aufeinander als Tauschwerte im Austauschprozeß als ihre allseitige Beziehung auf eine besondere Ware als adäquaten Ausdruck ihres Tauschwerts, was umgekehrt wieder erscheint als spezifische Beziehung dieser besondern Ware zu allen andern Waren und darum als bestimmter gleichsam naturwüchsig gesellschaftlicher Charakter eines Dings. Die besondere Ware, die so das adäquate Dasein des Tauschwerts aller Waren darstellt, oder der Tauschwert der Waren als eine besondere, ausschließliche Ware, ist – *Geld*. Es ist eine Kristallisation des Tauschwerts der Waren, die sie im Austauschprozeß selbst bilden. Während daher die Waren innerhalb des Austauschprozesses als *Gebrauchswerte* füreinander werden, indem sie alle Formbestimmtheit abstreifen und sich aufeinander in ihrer unmittelbaren stofflichen Gestalt beziehen, müssen sie, um einander als *Tauschwerte* zu erscheinen, neue Formbestimmtheit annehmen, zur Geldbildung fortgehen. Das Geld ist nicht Symbol, so wenig wie das Dasein eines Gebrauchswerts als Ware Symbol ist. Daß ein gesellschaftliches Produktionsverhältnis sich als ein außer den Individuen vorhandener Gegenstand und die bestimmten Beziehungen, die sie im Produktionsprozeß ihres ||35| gesellschaftlichen Lebens eingehen, sich als spezifische Eigenschaften eines Dings darstellen, diese Verkehrung und nicht eingebildete, sondern prosaisch reelle Mystifikation charakterisiert alle gesellschaftlichen Formen der Tauschwert setzenden Arbeit. Im Geld erscheint sie nur frappanter als in der Ware.

* Derselbe Ausdruck findet sich bei Genovesi.[1]

[1] Die Note wurde im Handexemplar eingefügt.

Die notwendigen physischen Eigenschaften der besondern Ware, worin sich das Geldsein aller Waren kristallisieren soll, soweit sie aus der Natur des Tauschwerts unmittelbar hervorgehen, sind beliebige Teilbarkeit, Gleichförmigkeit der Teile und Unterschiedslosigkeit aller Exemplare dieser Ware. Als Materiatur der allgemeinen Arbeitszeit muß sie gleichartige Materiatur sein und fähig, bloß quantitative Unterschiede darzustellen. Die andre notwendige Eigenschaft ist Dauerbarkeit ihres Gebrauchswerts, da sie innerhalb des Austauschprozesses ausdauern muß. Die edeln Metalle besitzen diese Eigenschaften in vorzüglichem Grade. Da das Geld nicht Produkt der Reflexion oder der Verabredung ist, sondern instinktartig im Austauschprozeß gebildet wird, haben sehr verschiedene, mehr oder minder unpassende Waren abwechselnd die Funktion des Geldes verrichtet. Die Notwendigkeit, auf einer gewissen Stufe der Entwicklung des Austauschprozesses, die Bestimmungen von Tauschwert und Gebrauchswert polarisch an die Waren zu verteilen, so daß eine Ware z. B. als Tauschmittel figuriert, während die andere als Gebrauchswert veräußert wird, bringt es mit sich, daß überall die Ware oder auch mehrere Waren vom allgemeinsten Gebrauchswert zunächst zufällig die Rolle des Geldes spielen. Wenn nicht Gegenstand eines unmittelbar vorhandenen Bedürfnisses, sichert ihr Dasein als stofflich bedeutendster Bestandteil des Reichtums ihnen einen allgemeinem Charakter als den übrigen Gebrauchswerten.

Der unmittelbare Tauschhandel, die naturwüchsige Form des Austauschprozesses, stellt vielmehr die beginnende Umwandlung der Gebrauchswerte in Waren als die der Waren in Geld dar. Der Tauschwert erhält keine freie Gestalt, sondern ist noch unmittelbar an den Gebrauchswert gebunden. Es zeigt sich dies doppelt. Die Produktion selbst in ihrer ganzen Konstruktion ist gerichtet auf Gebrauchswert, nicht auf Tauschwert, und es ist daher nur durch ihren Überschuß über das Maß, worin sie für die Konsumtion erheischt sind, daß die Gebrauchswerte hier aufhören Gebrauchswerte zu sein und Mittel des Austausches werden, Ware. Andrerseits werden sie Waren selbst nur innerhalb der Grenzen des unmittelbaren Gebrauchswerts, wenn auch polarisch verteilt, so daß die von den Warenbesitzern auszutauschenden Waren für beide Gebrauchswerte sein müssen, aber jede Gebrauchswert für ihren Nichtbesitzer. In der Tat erscheint der Austauschprozeß von Waren ||36| ursprünglich nicht im Schoß der naturwüchsigen Gemeinwesen*, sondern da, wo sie aufhören, an ihren Grenzen, den wenigen Punkten, wo sie in Kontakt mit andern Gemeinwesen treten. Hier beginnt der Tauschhandel und schlägt von da ins innere des Gemeinwesens zurück, auf das er zersetzend wirkt. Die besondern Gebrauchswerte, die im Tauschhandel zwischen verschiedenen Gemeinwesen Waren werden, wie Sklave, Vieh, Metalle, bilden daher meist das erste Geld innerhalb der Gemeinwesen selbst. Wir haben gesehen, wie sich der Tauschwert einer Ware in um so höherm Grade als Tauschwert darstellt, je länger die Reihe seiner Äquivalente oder je *größer* die Sphäre des Austausches für die Ware ist. Die allmähliche Erweiterung des Tauschhandels, Vermehrung der Austausche und Vervielfältigung der in den Tauschhandel kommenden Waren, entwickelt daher die Ware als Tauschwert, drängt zur Geldbildung und wirkt damit auflösend auf den unmittelbaren Tauschhandel. Die Ökonomen pflegen das Geld aus den äußern Schwierigkeiten abzuleiten, worauf der erweiterte Tauschhandel stößt, vergessen aber dabei, daß diese Schwierigkeiten aus der Entwicklung des Tauschwerts und daher der gesellschaftlichen Arbeit als allgemeiner Arbeit entspringen. Z. B.: Die Waren sind als Gebrauchswerte nicht beliebig teilbar, was sie als Tauschwerte sein sollen. Oder die Ware von A mag Gebrauchswert für B sein, während die Ware von B nicht Gebrauchswert für A ist. Oder die Warenbesitzer mögen ihre wechselseitig auszutauschenden unteilbaren Waren in ungleichen Wertproportionen bedürfen. In andern Worten, unter dem Vorwand, den einfachen Tauschhandel zu betrachten, veranschaulichen sich die Ökonomen gewisse Seiten des Widerspruchs, den das Dasein der Ware als unmittelbare Einheit von Gebrauchswert und Tauschwert einhüllt. Andrerseits

* Aristoteles bemerkt dasselbe von der Privatfamilie als dem ursprünglichen Gemeinwesen. Aber die ursprüngliche Form der Familie ist selbst Stammfamilie, aus deren historischer Analyse sich erst die Privatfamilie entwickelt. »Denn in der ursprünglichen Gemeinschaft (dies aber ist die Familie) bestand offenbar keinerlei Notwendigkeit für diesen (nämlich den Tausch).« (l. c.)[3]

halten sie dann konsequent am Tauschhandel als adäquater Form des Austauschprozesses der Waren fest, der nur mit gewissen technischen Unbequemlichkeiten verknüpft sei, wofür Geld ein pfiffig ausgedachtes Auskunftsmittel. Von diesem ganz flachen Standpunkt aus hat ein geistreicher englischer Ökonom daher richtig behauptet, Geld sei ein bloß materielles Instrument, wie ein Schiff oder eine Dampfmaschine, aber nicht die Darstellung eines gesellschaftlichen Produktionsverhältnisses und folglich keine ökonomische Kategorie. Es werde daher nur mißbräuchlich in der poli||37|tischen Ökonomie, die in der Tat nichts mit der Technologie gemein hat, abgehandelt.*

In der Warenwelt ist eine entwickelte Teilung der Arbeit vorausgesetzt, oder stellt sich vielmehr unmittelbar in der Mannigfaltigkeit der Gebrauchswerte dar, die sich als besondere Waren gegenübertreten und in denen ebenso mannigfaltige Arbeitsweisen stecken. Die *Teilung der Arbeit*, als Totalität aller besondern produktiven Beschäftigungsweisen, ist die Gesamtgestalt der gesellschaftlichen Arbeit nach ihrer stofflichen Seite, als Gebrauchswerte produzierende Arbeit betrachtet. Als solche aber existiert sie, vom Standpunkt der Waren aus und innerhalb des Austauschprozesses, nur in ihrem Resultat, in der Besonderung der Waren selbst.

Der Austausch der Waren ist der Prozeß, worin der gesellschaftliche Stoffwechsel, d. h. der Austausch der besonderen Produkte der Privatindividuen, zugleich Erzeugung bestimmter gesellschaftlicher Produktionsverhältnisse ist, welche die Individuen in diesem Stoffwechsel eingehen. Die prozessierenden Beziehungen der Waren aufeinander kristallisieren sich als unterschiedene Bestimmungen des allgemeinen Äquivalents, und so ist der Austauschprozeß zugleich Bildungsprozeß des Geldes. Das Ganze dieses Prozesses, der sich als ein Verlauf verschiedener Prozesse darstellt, ist die *Zirkulation*. |

* »Geld ist in Wirklichkeit nur das Instrument zur Tätigung von Kauf und Verkauf« (aber was verstehen Sie, bitte, unter Kauf und Verkauf?) »und seine Betrachtung bildet ebensowenig einen Teil der Wissenschaft der politischen Ökonomie wie die Betrachtung von Schiffen oder Dampfmaschinen, oder irgendeines anderen Instruments, das zur Erleichterung der Produktion und Verteilung des Reichtums angewandt wird.« (Th. Hodgskin, »Popular Political Economy etc.«, London 1827, pag. 178, 179.)

Wert in der Polemik. Kritik an Samuel Bailey[4]

Theorien über den Mehrwert

Auflösung der Ricardoschen Schule[21]

Manuskript (1862)

|122| *d) [Samuel Bailey]*

»A Critical Dissertation on the Nature, Measures and Causes of Value; chiefly in Reference to the Writings of Mr Ricardo and his Followers. By the Author of Essays on the Formation and Publication of Opinions« (Samuel Bailey), London 1825.

Dies die Hauptschrift gegen Ric[ardo]. (Auch gegen Malthus gerichtet.[6]) Sucht die Grundlage der Doktrin – *value* – umzuwerfen. Positiv ohne allen Wert, mit Ausnahme der Bestimmung der *»measure of value«*[1] oder rather[2] des Gelds in dieser Funktion. Vgl. auch vom selben Verfasser: *»A Letter to a Political Economist*; occasioned by an Article in the Westminster Review on the Subject of Value etc.« *London 1826.*

Da diese Schrift, wie schon früher bemerkt,[3] der Grundlage nach an die *»Observations on certain Verbal Disputes in Pol. Ec.«* sich anschließt, so das Betreffende dieser »Observations« hier nachzuholen.

Der Verfasser der *»Observations«* wirft R[icardo] vor, daß er *value* aus einer relativen Eigenschaft der Waren in ihrem Verhältnis zu einander in etwas Absolutes verwandelt.

Das, was Ric[ardo] in dieser Hinsicht vorzuwerfen ist, ist bloß, daß er nicht die verschiednen Momente in der Entwicklung des Wertbegriffs streng sondiert; der Tauschwert der Ware, wie er sich *darstellt, erscheint* im Austauschprozeß der Waren, von dem Dasein der Ware als *Wert* in ihrem Unterschied von ihrem Dasein als Ding, Produkt, Gebrauchswert.

1 des »Wertmaßes«

2 vielmehr

3 Siehe MEW, Bd. 26.3, S. 107.

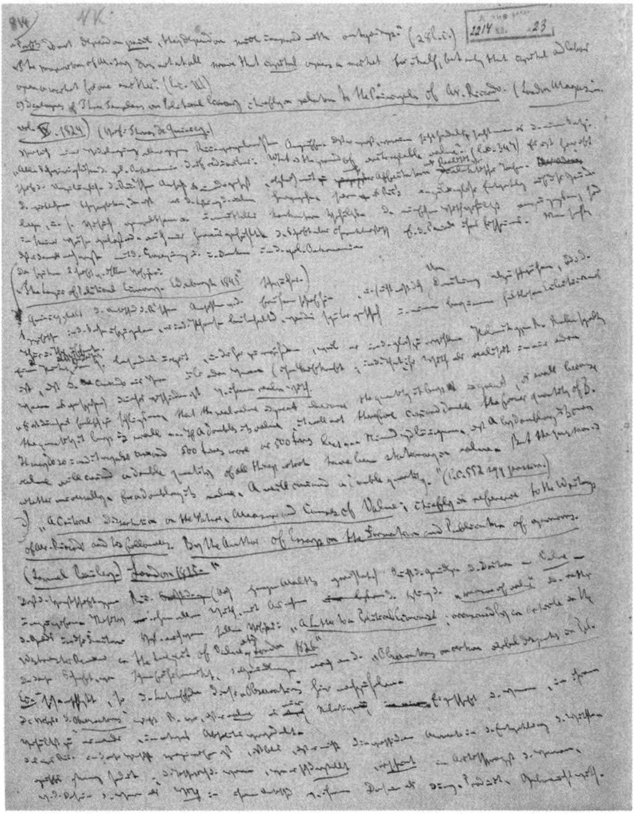

Manuskriptseite Bailey-Kritik (RGASPI, f.1, op. 1, d. 1647, Heft 14, S. 814)

Es heißt in den »Observations«:

»Wenn die absolute Menge Arbeit wächst, durch die der größere Teil der Waren oder alle, eine ausgenommen, produziert wird, würde man dann sagen, daß der Wert der einen unverändert bleibe? [In welchem Sinne?] da sie sich überdies für weniger von jeder anderen Ware austauschen wird. Wenn behauptet werden soll, daß unter dem Wachstum oder der Verminderung des Werts das Wachstum oder die Verminderung der Menge Arbeit *zu verstehen sei*, die die in Rede stehende Ware produziert, könnte der Schluß, gegen den ich mich eben wendete, einigermaßen richtig sein. Aber zu sagen, wie es Herr Ricardo tut, daß die relativen Mengen Arbeit, durch die zwei Waren produziert werden, die Ursache des Verhältnisses sind, in dem sich die beiden Waren austauschen, d. h. die Ursache des Tauschwerts einer jeden, ist sehr verschieden davon, zu sagen, daß *der Tauschwert einer jeden* die Menge Arbeit *bedeutet*, die sie produzierte, ||123| wohlgemerkt, ohne irgendwelche Beziehung auf die andere oder auf die Existenz der anderen.« (»*Observations* etc.«, p. 13.)

»Herr R[icardo] erzählt uns tatsächlich, daß ›die Untersuchung, auf die er des Lesers Aufmerksamkeit hinzulenken wünsche, sich auf die Wirkung der Variationen im *relativen* Wert der Waren bezieht und nicht in ihrem *absoluten* Wert' als ob er hier meint, daß es da ein solches Ding wie den Tauschwert *gäbe*, der nicht relativ ist.« (l. c. p. 9, 10.)

»Daß Herr Ricardo von seinem ursprünglichen Gebrauch des Terminus Wert abgewichen ist und *daraus etwas Absolutes statt Relatives gemacht hat*, tritt noch augenscheinlicher in seinem ›Die unterschiedlichen Eigenschaften von Wert und Reichtum‹ betitelten Kapitel hervor. Die dort diskutierte Frage wurde auch von anderen diskutiert und ist eine pure Wortklauberei und nutzlos.« (l. c. p. 15 sq.)

Bevor wir auf den Mann eingehn, noch dies über Ricardo. In seinem chapter on »Value and Riches«[1] setzt er auseinander[41], daß der gesellschaftliche Reichtum nicht vom Wert der produzierten Waren abhängt, obgleich der letztre Punkt entscheidend für every individual producer[2]. Um so mehr hätte er einsehn müssen, daß eine Produktionsform, die bloß auf surplus value gerichtet ist, d. h. auf der relativen Armut der

1 Kapitel über »Wert und Reichtum«

2 jeden individuellen Produzenten

Masse der producers basiert, unmöglich die absolute Form der Produktion des Reichtums sein kann, wie er sie beständig darstellt.

Nun zu den »Observations« des »verbal«[1] Klugscheißers.

Wenn alle Waren mit Ausnahme einer im Wert wachsen, weil sie mehr Arbeitszeit als früher kosten, tauscht sich die eine, deren Arbeitszeit keine Variation untergangen, mit weniger von allen andren Waren aus. Ihr *Tauschwert*, soweit er sich in andren Waren realisiert, hat sich vermindert; d. h. ihr Tauschwert, ausgedrückt in den *Gebrauchswerten* aller andren Waren. »Soll man dennoch sagen, daß ihr Tauschwert *unverändert* geblieben?« Dies ist nur eine Stellung der Frage, um die es sich handelt, und spricht weder für bejahende noch verneinende Antwort. Dasselbe Resultat fände statt, wenn sich die zur Produktion der einen Ware erheischte Arbeitszeit vermindert und die aller andren unverändert geblieben wäre. Ein bestimmtes Quantum dieser einen Ware würde sich gegen geringre Quantität aller andren Waren austauschen. Wir haben hier beidemal dasselbe Phänomen, obgleich aus direkt entgegengesetzten Ursachen. Wäre umgekehrt die zur Produktion der einen Ware A erheischte Arbeitszeit unverändert geblieben, während die aller andren Waren sich verringert hätte, so würde sie sich gegen mehr von allen andren Waren austauschen. Dasselbe fände ||124| statt aus dem umgekehrten Grund, wenn die zur Produktion von A erheischte Arbeitszeit sich vermehrt und die aller andren Waren unverändert geblieben wäre. Die Ware A tauscht [sich] also das eine Mal gegen weniger von allen Waren aus, und zwar aus doppelten und entgegengesetzten Gründen. Sie tauscht sich das andre Mal gegen mehr von allen andren Waren aus und wieder aus doppelten und entgegengesetzten Gründen. Aber, notabene[2], sie tauscht sich jedesmal, nach der Voraussetzung, zu *ihrem Wert* aus, daher gegen ein *Äquivalent*. Sie realisiert jedesmal ihren Wert in dem Quantum der andren Gebrauchswerte, wogegen sie sich austauscht, wie auch das Quantum dieser Gebrauchswerte wechsle.

1 »Bemerkungen« des »wortklaubenden«

2 wohlgemerkt

Daraus folgt offenbar: Daß das quantitative Verhältnis, worin sich Waren als Gebrauchswerte gegeneinander austauschen, zwar der *Ausdruck* ihres Werts, ihr *realisierter* Wert, aber nicht ihr Wert selbst ist, indem sich dasselbe Wertverhältnis in ganz verschiednen Quantis von Gebrauchswerten darstellt. Ihr Dasein als Wert ist nicht in ihrem eignen Gebrauchswert – ihrem Dasein als Gebrauchswert ausgedrückt. Er *erscheint* in ihrem Ausdruck in andren Gebrauchswerten, d. h. in dem Verhältnis, worin sich diese andren Gebrauchswerte gegen sie austauschen. Wenn 1 Unze Gold = 1 Tonne Eisen, also kleine Quantität von Gold gegen große Quantität von Eisen sich austauscht, ist darum der Wert der Unze Gold in Eisen ausgedrückt größer als der Wert des Eisens in Gold ausgedrückt? Daß sich Waren austauschen im Verhältnis der in ihnen enthaltnen Arbeit, heißt, daß sie gleich sind, dasselbe sind, soweit sie dasselbe Quantum Arbeit darstellen. Es heißt also zugleich, daß jede Ware, für sich betrachtet, ein von ihrem eignen Gebrauchswert, ihrem eignen Dasein als Gebrauchswert *Unterschiednes* ist.

Der *Wert* derselben Ware, ohne sich zu ändern, kann in unendlich *verschiednen* Quantis von Gebrauchswerten dargestellt werden, je nachdem ich ihn in dem Gebrauchswert dieser oder jener Ware darstelle. Dies ändert den Wert nicht, obgleich es seine Darstellung ändert. Ebenso sind alle die verschiednen Quanta verschiedner Gebrauchswerte, in denen sich der Wert der Ware A darstellen läßt, Äquivalente und verhalten sich zueinander nicht nur als Werte, sondern als gleich große Werte, so daß, wenn sich diese sehr verschiednen Quanta Gebrauchswerte ersetzen, der Wert ebenso unverändert bleibt, als hätte er nicht Darstellung in ganz verschiednen Gebrauchswerten gewonnen.

Wenn die Waren sich austauschen in dem Verhältnis, worin sie gleich viel Arbeitszeit darstellen, so ist ihr Dasein als vergegenständlichte Arbeitszeit, ihr Dasein als verkörperte Arbeitszeit ihre *Einheit*, ihr *identisches* ||125| *Element*. Als solche sind sie *qualitativ* dasselbe und unterscheiden sie sich nur noch *quantitativ*, je nachdem sie mehr oder weniger von *demselben*, der Arbeitszeit, darstellen. *Werte* sind sie als Darstellung dieses Identischen, und gleich große Werte, *Äquivalente*, soweit sie gleich viel Arbeitszeit darstellen. Um sie als Größen zu vergleichen, müssen sie vorher gleichnamige Größen sein, qualitativ identische.

Es ist als Darstellungen dieser Einheit, daß diese verschiednen Dinge *Werte* sind und sich als Werte zueinander verhalten, womit auch der Unterschied ihrer *Wertgrößen*, ihr immanentes Wertmaß gegeben ist. Und nur *darum* kann der Wert einer Ware in Gebrauchswerten andrer Waren als seinen Äquivalenten dargestellt, ausgedrückt werden. Also ist auch die *einzelne Ware* selbst als *Wert*, als *Dasein dieser Einheit*, von sich selbst als Gebrauchswert, als Ding verschieden – ganz abgesehn von dem Ausdruck ihres Werts in andren Waren. Als Dasein der Arbeitszeit ist sie *Wert* überhaupt, als Dasein einer quantitativ bestimmten Arbeitszeit bestimmte *Wertgröße*.

Es ist also charakteristisch für unsren Klugscheißer, wenn er sagt:

> /Wenn wir das *meinen*, *meinen* wir n i c h t das und umgekehrt. Unser »Meinen« hat nicht das mindeste mit den wesentlichen Merkmalen der Sache zu tun, von der wir sprechen. Wenn wir von dem *Tauschwert* eines Dinges sprechen, *meinen* wir darunter zunächst freilich die *relativen Mengen* aller anderen Waren, die gegen die erste Ware ausgetauscht werden können. Aber bei näherer Betrachtung werden wir folgendes finden: Soll das Verhältnis, in dem ein Ding mit einer unzähligen Menge anderer Dinge ausgetauscht wird, die gar nichts mit ihm gemein haben – und auch wenn es natürliche oder andere Ähnlichkeiten zwischen ihnen gibt, werden sie beim Austausch nicht in Betracht gezogen –, soll dies *Verhältnis* ein *bestimmtes* sein, dann müssen alle die verschiedenen heterogenen Dinge als verhältnismäßige Darstellungen, Ausdrücke *derselben gemeinsamen Einheit* betrachtet werden, eines Elements, das vollständig verschieden ist von ihrer natürlichen Existenz oder Erscheinung. Wir werden dann weiterhin finden, daß, wenn unsere Anschauung einen Sinn hat, der Wert einer Ware etwas ist, wodurch sie nicht bloß

> von anderen Waren unterschieden oder mit ihnen verbunden ist, sondern daß er eine Eigenschaft ist, wodurch sie sich von ihrer eigenen Existenz als ein Ding, ein Gebrauchswert unterscheidet.|
>
> |126| »Das Steigen des Wertes des Artikels A bedeutet nur *Wert, gemessen* in den Artikeln B, C usw., das heißt Tauschwert für die Artikel B, C usw.« (l. c. p. 16.)
>
> Um den Wert von A, zum Beispiel eines Buches, zu *messen* in B, Kohlen, und C, Wein, müssen A, B, C als *Werte* verschieden sein von ihren Existenzen als Buch, Kohlen oder Wein. Um den Wert von A in B zu messen, muß A einen Wert haben, unabhängig von der Messung dieses Werts in B, und beide müssen gleich sein einem dritten Dinge, das in beiden ausgedrückt wird.//[1]

Es ist durchaus falsch zu sagen, daß dadurch der Wert der Ware aus etwas *Relativem* in etwas *Absolutes* verwandelt werde. Umgekehrt. Als Gebrauchswert erscheint die Ware als etwas Selbständiges. Als Wert dagegen als bloß *Gesetztes*, bloß bestimmt durch ihr Verhältnis zur gesellschaftlich notwendigen, gleichen, einfachen Arbeitszeit. So sehr relativ, daß, wenn die zur Reproduktion erheischte Arbeitszeit [sich] ändert, ihr Wert [sich] ändert, obgleich die in ihr wirklich enthaltne Arbeitszeit unverändert geblieben ist.

In welchem tiefen *Fetischismus* unser Klugscheißer steckt und wie er das Relative in etwas Positives verwandelt, zeigt am schlagendsten der folgende Satz:

> »*Wert* ist *Eigenschaft der Dinge, Reichtum* der *Menschen*. Wert in diesem Sinn schließt notwendig Austausch ein, Reichtum nicht.« (l. c. p. 16.)

Riches[2] sind hier Gebrauchswerte. Diese sind allerdings in bezug für die Menschen riches, aber es ist durch seine *eigne property*, seine eignen Eigenschaften, daß ein Ding Gebrauchswert und daher ein Element des

[1] Der Text in /xx// ist Englisch verfaßt.

[2] Reichtum

Reichtums für die Menschen ist. Nimm der Traube die Eigenschaften, die sie zur Traube machen, so hört der Gebrauchswert, den sie als Traube für die Menschen hat, auf; und sie hat aufgehört als Traube ein Element des Reichtums zu sein. Riches als identisch mit Gebrauchswerten sind *properties* ||127| *of things* that are made use of by men and which express a relation to their wants[1]. Dagegen soll »value« die »*property of things*« sein!

Als Werte sind die Waren *gesellschaftliche* Größen, also etwas von ihren »properties« as »things«[2] absolut Verschiednes. Sie stellen als values nur Verhältnisse der Menschen in ihrer productive activity[3] dar. Value »implies«[4] in der Tat »exchanges«, aber exchanges sind exchanges of things between men[5]; exchanges, die die Dinge als solche absolut nichts angehn. Das Ding behält dieselben »properties«, ob in der Hand von A oder B. In der Tat unterstellt der Begriff der »value« »exchanges« der Produkte. Wo die Arbeit gemeinschaftlich ist, stellen sich die Verhältnisse der Menschen in ihrer gesellschaftlichen Produktion nicht als »values« of »things« dar. Austausch von Produkten als Waren ist eine bestimmte Methode, Arbeit auszutauschen, und der Abhängigkeit der Arbeit eines jeden von der Arbeit des anderen, eine bestimmte Art gesellschaftlicher Arbeit oder gesellschaftlicher Produktion.

Ich habe in dem 1. Teil meiner Schrift[6] erwähnt, wie es die auf dem Privataustausch beruhende Arbeit charakterisiert, daß sich der gesellschaftliche Charakter der Arbeit als »property« der Dinge »darstellt« – verkehrt; daß ein gesellschaftliches Verhältnis als Verhältnis der Dinge unter sich erscheint (der products, values in use, commodities[7]). Diesen *Schein* nimmt unser Fetischdiener als etwas Wirkliches und glaubt in der Tat, daß der Tauschwert der Dinge durch ihre properties as things bestimmt ist, über-

[1] *Eigenschaften von Dingen*, die sich die Menschen zunutze machen und die ein Verhältnis zu ihren Bedürfnissen ausdrücken

[2] Eigenschaften als Dinge

[3] produktiven Tätigkeit

[4] Wert »schließt ein«

[5] Austausche von Dingen zwischen Menschen

[6] Siehe Zur Kritik, in: MEW, Bd. 13, S. 21 f., 34–45.

[7] Produkte, Gebrauchswerte, Waren

haupt a natural property[1] derselben ist. Bisher hat noch kein Naturforscher entdeckt, durch welche natürlichen Eigenschaften Schnupftabak und Gemälde in bestimmter Proportion »Äquivalente« füreinander sind.

Er, der wiseacre[2], verwandelt also den Wert in etwas Absolutes, »a property of things«, statt darin nur etwas Relatives, die Relation der Dinge zur gesellschaftlichen Arbeit zu sehn, der auf Privataustausch beruhenden gesellschaftlichen Arbeit, in welcher die Dinge als nichts Selbständiges, sondern als bloße Ausdrücke der gesellschaftlichen Produktion bestimmt sind.

Daß aber die »value« nichts Absolutes ist, nicht als an entity[3] aufgefaßt wird, ist ganz verschieden davon, daß die Waren ihrer value of exchange[4] einen *selbständigen*, von ihrer value of use[5] oder ihrem Dasein als reales ||128| Produkt *verschiednen* und *unabhängig* von ihm existierenden Ausdruck geben müssen, d. h. die Warenzirkulation zur Geldbildung fortgehn muß. Sie geben ihrem Tauschwert diesen Ausdruck im Geld, zunächst im *Preis*, worin sie sich alle als Materiatur *derselben* Arbeit, nur quantitativ verschiedne Ausdrücke *derselben* Substanz darstellen. Die *Verselbständigung des Tauschwerts* der Ware in Geld ist selbst das Produkt des Austauschprozesses, der Entwicklung der in der Ware enthaltnen Widersprüche von Gebrauchswert und Tauschwert und des nicht minder in ihr enthaltnen Widerspruchs, daß die bestimmte, besondre Arbeit des Privatindividuums sich als ihr Gegenteil, gleiche, notwendige, allgemeine und in dieser Form gesellschaftliche Arbeit darstellen muß. In der Darstellung der Ware als Geld ist nicht nur das enthalten, daß die verschiednen Wertgrößen der Waren durch Darstellung ihrer Werte in dem Gebrauchswert einer ausschließlichen Ware gemessen sind; sondern zugleich, daß sie sich alle in einer Form darstellen, worin sie als Verkörperung der *gesellschaftlichen Arbeit* existieren und daher gegen jede andre Ware austauschbar, beliebig in jeden beliebigen Gebrauchswert

1 eine natürliche Eigenschaft
2 Neunmalkluge
3 eine Wesenheit
4 Tauschwert
5 Gebrauchswert

übersetzbar sind. Es erscheint ihre Darstellung als Geld – im Preise – daher zuerst nur ideell; eine Darstellung, die sie erst durch den wirklichen Verkauf realisieren. Was bei *Ricardo* der Fehler ist, ist, daß er bloß mit der *Wertgröße* beschäftigt ist. Daher nur sein Augenmerk richtet auf das *relative Quantum Arbeit*, das die verschiednen Waren darstellen, als Werte verkörpert in sich enthalten. Aber die in ihnen enthaltne Arbeit muß als *gesellschaftliche* Arbeit dargestellt werden, als entäußerte individuelle Arbeit. Im Preis ist diese Darstellung ideell. Erst im Verkauf wird sie realisiert. Diese Verwandlung der in den Waren enthaltnen Arbeiten der Privatindividuen in *gleiche gesellschaftliche Arbeit*, daher als in allen Gebrauchswerten darstellbare, mit allen austauschbare Arbeit, diese *qualitative* Seite der Sache, die in der Darstellung des Tauschwerts als Geld enthalten ist, ist bei R[icardo] nicht entwickelt. Diesen Umstand – die Notwendigkeit, die in ihnen enthaltne Arbeit als *gleiche gesellschaftliche Arbeit* darzustellen, i.e. als Geld – übersieht R[icardo].

Die Entwicklung des Kapitals ihrerseits *unterstellt* schon die volle Entwicklung des Tauschwerts der Ware und daher seine Verselbständigung in Geld. Im Produktions- und Zirkulationsprozeß des Kapitals wird von dem Wert als selbständiger Gestalt ausgegangen, der sich erhält, vermehrt, seine Vermehrung an seiner ursprünglichen Größe mißt in allen changes[1], die die Waren, in denen er sich darstellt, durchlaufen, und abgesehn davon, ob er ||129| sich selbst in den verschiedensten Gebrauchswerten darstellt, die Waren wechselt, die ihm als Leiber dienen. Das Verhältnis des der Produktion vorausgesetzten zu dem aus ihr resultierenden Werts – als vorausgesetzter Wert ist das Kapital Kapital im Gegensatz zum Profit – bildet das Übergreifende und Bestimmende des ganzen kapitalistischen Produktionsprozesses. Es ist nicht nur selbständige Darstellung des Werts wie im Geld, sondern prozessierender Wert, Wert, der sich erhält in einem Prozeß, worin die Gebrauchswerte die verschiedensten Formen durchlaufen. Im Kapital tritt die Verselbständigung des Werts also in viel höherer Potenz auf als im Geld.

[1] Veränderungen

Danach kann man die Weisheit unsres »verbal« wiseacre beurteilen, der die Verselbständigung des Tauschwerts als eine Redensart, manner of talking, scholastic invention[1] behandelt.

»Wert oder valeur im Französischen wird nicht bloß absolut gebraucht, statt relativ, als eine Eigenschaft von Dingen, sondern wird sogar von manchen im Sinne einer meßbaren Ware benutzt. ›Einen Wert besitzen‹, ›einen Teil des Werts übertragen‹« (ein so wichtiges Moment beim fixen Kapital), »›die Summe oder Gesamtheit der Werte‹ usw. Ich weiß nicht, was das alles sagen will.« (l. c. p. 57.)

Daß der verselbständigte Wert im Geld selbst wieder nur einen relativen Ausdruck besitzt, weil das Geld selbst Ware, hence of a changeable value[2], ändert nichts an der Sache, sondern ist eine Unvollkommenheit, die aus der Natur der Ware und der notwendigen Darstellung ihres Tauschwerts, im Unterschied von ihrem Gebrauchswert, entspringt. Daß our man does »not know«[3] hat er vollständig gezeigt. Es zeigt uns dies die Art der Kritik, die die in den widersprechenden Bestimmungen der Dinge selbst liegenden Schwierigkeiten gern als Reflexionsprodukte oder Widerstreit der definitions wegschwatzen will.

»›Der *relative* Wert zweier Dinge‹ kann zweierlei bedeuten: das Verhältnis, in dem zwei Dinge sich *untereinander* austauschen oder austauschen würden, oder die verhältnismäßigen Mengen *eines Dritten*, für die jede von ihnen sich austauscht oder austauschen würde.« (l. c. p. 53.)

D'abord[4] wäre dies eine sehr schöne Definition. Wenn 3 Pfd. Kaffee für 1 Pfd. Tee exchange today or would exchange tomorrow[5], so ist durch-

[1] Art Geschwätz, scholastische Erfindung
[2] daher von einem wechselnden Wert
[3] unser Mann es »nicht weiß«
[4] Zunächst
[5] sich heute austauschen oder morgen austauschen würden

aus nicht gesagt, daß Äquivalente have been exchanged for each other[1]. Hiernach könnte eine Ware immer nur zu ihrem Wert exchanged werden, denn ihr Wert wäre irgendein beliebiges Quantum andrer Ware, wogegen sie zufällig ausgetauscht worden. /Das *meint* man ||130| jedoch in der Regel nicht, wenn man sagt, daß 3 Pfd. Kaffee für den gleichen Wert in Tee ausgetauscht wurden. Man nimmt in solchen Fällen an, daß sich nach dem Austausch wie vorher in den Händen jedes der Austauschenden eine *Ware von gleichem Werte befindet*. Das Verhältnis, in dem sich zwei Waren austauschen, bestimmt nicht ihren Wert, sondern ihr Wert bestimmt das Verhältnis, in dem sie sich austauschen.//[2]

Wenn Wert nichts als das Quantum Ware, wogegen Ware A zufällig ausgetauscht wird, wie /soll dann der Wert von A ausgedrückt werden in der Ware B, C etc.? Denn da es kein *immanentes* Maß zwischen beiden gibt. kann der Wert von A nicht in B ausgedrückt werden, solange es nicht gegen B ausgetauscht wurde.// [3]

Relativer Wert heißt erstens, *Wertgröße* im Unterschied von der Qualität *Wert* überhaupt zu sein. Deswegen ist der letztre auch nichts Absolutes. Es heißt zweitens: Der Wert einer Ware ausgedrückt im Gebrauchswert einer andren Ware. Dies ist ein *nur relativer* Ausdruck ihres Werts, nämlich /im Verhältnis zu der Ware, in der er ausgedrückt wird. Der Wert eines Pfundes Kaffee wird nur relativ in Zucker ausgedrückt; um ihn absolut auszudrücken – selbst in relativer Weise, das heißt, nicht in bezug auf die Arbeitszeit, sondern auf andre Waren –, müßte man ihn in einer unendlichen Reihe von Gleichungen *mit allen anderen Waren* ausdrücken. Dies wäre ein *absoluter* Ausdruck ihres *relativen Wertes*; sein absoluter Ausdruck wäre sein Ausdruck *in Arbeitszeit*, und durch diesen absoluten Ausdruck würde er als etwas Relatives ausgedrückt, aber in dem absoluten Verhältnis, durch das er Wert *ist*.//[4]

Kommen wir jetzt zu Bailey.

[1] gegenseitig ausgetauscht wurden
[2] Der Text in /xxx// ist in Englisch verfaßt.
[3] Der Text in /xxx// ist in Englisch verfaßt.
[4] Der Text in /xxx// ist in Englisch verfaßt.

Positives Verdienst hat seine Schrift nur eins – daß er die *measure of values*[1], also in der Tat eine der Funktionen des Gelds, oder das Geld in ||131| einer besondren Formbestimmtheit, zuerst richtiger bestimmt. Um die *Werte* der Waren zu messen – für ein *äußres* Maß der Werte –, ist es nicht nötig, daß der Wert der Ware, worin sich die andren Waren messen, unveränderlich sei. (Er muß vielmehr, wie ich nachgewiesen habe im 1. Teil[2], veränderlich sein, weil das Maß der Werte selbst Ware ist und Ware sein muß, indem es sonst kein gemeinsames *immanentes* Maß mit den andren Waren hätte.) Verändert sich der Wert des Geldes z. B., so verändert er sich allen andren Waren gegenüber gleichmäßig. Ihre relativen Werte drücken sich daher ebenso richtig in ihm aus, als wäre es unveränderlich geblieben.

Damit war das Problem, ein »unveränderliches Maß der Werte« zu finden, beseitigt. Allein dieses Problem (das Interesse, Werte von Waren zu verschiednen Geschichtsperioden zu vergleichen, ist in der Tat kein *ökonomisches* Interesse an und für sich, [sondern] ein gelehrtes Interesse) ging selbst aus einem Mißverständnis hervor und hüllte eine viel tiefere und wichtigere Frage ein. »Unveränderliches Maß der Werte« meint de prime d'abord[3] ein Maß der Werte, das selbst von unveränderlichem Wert sei, also, da der Wert selbst eine Bestimmung der Ware, eine Ware von unveränderlichem Wert. Wären z. B. Gold und Silber oder Korn solche Waren oder auch Arbeit, so könnte man durch Vergleichung mit denselben das Verhältnis, worin sich die andren Waren zu ihnen austauschen, die Variationen im Wert dieser andren Waren exakt messen durch ihren Goldpreis, Silberpreis, Kornpreis oder ihr Verhältnis zum Arbeitslohn. In dem Problem, wie es so gestellt ist, ist also von vornherein unterstellt, daß im »Maß der Werte« es sich bloß von einer Ware handelt, worin alle andren Waren ihren Wert darstellen, sei es in der Ware, worin sie ihn wirklich darstellen – dem Geld, der Ware, die als Geld funktioniert –, oder eine Ware, die ihres unveränderlichen Werts wegen das

1 das *Maß der Werte*

2 Siehe Zur Kritik, in: MEW, Bd. 13, S. 50–53.

3 vor allem

Geld wäre, womit der Theoretiker rechnete. Es zeigt sich aber, daß es sich unter allen Umständen hier nur handelt von einem Geld, das als Maß der Werte – theoretisch oder praktisch – selbst nicht Wertveränderungen unterworfen wäre.

Aber damit die Waren ihren Tauschwert selbständig im Geld darstellen, in einer dritten Ware, der ausschließlichen Ware – sind schon die *Warenwerte* unterstellt. Es handelt sich nur noch darum, sie quantitativ zu vergleichen. Eine *Einheit*, die sie zu denselben – zu Werten macht – als Wert qualitativ gleich macht, ist schon unterstellt, damit ihre Werte und Wertunterschiede sich in dieser Weise darstellen. Drücken alle Waren ihre Werte in Gold z. B. aus, so ist dieser ihr Goldausdruck, ihr Goldpreis, ihre ||132| Gleichung mit dem Gold, eine Gleichung, aus der ihr Wertverhältnis zueinander erhellt, berechnet werden kann, denn sie sind nun ausgedrückt als *erschiedne Quanta Gold*, und in dieser Art sind die Waren in ihren Preisen als gleichnamige und vergleichbare Größen dargestellt.

Aber um sie so darzustellen, müssen sie als *Werte schon identisch* sein. Sonst wäre das Problem, den Wert jeder Ware in Gold auszudrücken, unmöglich zu lösen, wenn nicht Ware und Gold oder jede zwei beliebige Waren als Werte, Darstellungen derselben Einheit, ineinander ausdrückbar wären. Oder im Problem selbst liegt schon diese Voraussetzung. Die Waren sind schon als Werte, als von ihren Gebrauchswerten unterschiedne *Werte* unterstellt, eh es sich von einer Darstellung dieses Werts in einer besondren Ware handeln kann. Damit zwei Quanta verschiedner Gebrauchswerte als Äquivalente sich gleichgesetzt werden, ist schon unterstellt, daß sie in einem Dritten *gleich* sind, *qualitativ* gleich sind und nur verschiedne quantitative Ausdrücke dieses qualitativ Gleichen.

Das Problem nach einem »unveränderlichen Maßstab des Werts« war in der Tat also nur ein falscher Ausdruck für das Aufsuchen des Begriffs, der Natur *des Werts* selbst, dessen Bestimmung selbst nicht wieder ein Wert sein könnte, also auch nicht den Veränderungen als Wert unterworfen. Dies war die *Arbeitszeit* – die *gesellschaftliche Arbeit*, wie sie sich in der Warenproduktion spezifisch darstellt. Arbeitsquantum hat keinen Wert, ist keine Ware, sondern ist das, was die Waren in Werte verwandelt, ihre *Einheit*, als deren Darstellung sie *qualitativ gleich* und nur *quantitativ verschieden* sind. Sie [erscheinen] als Ausdruck bestimmter Quanta gesellschaftlicher Arbeitszeit.

Gesetzt, Gold habe einen unveränderlichen Wert. Wären dann die Werte aller Waren in Gold ausgedrückt, so könnte ich die Wertvariationen der Waren an ihren Goldpreisen messen. Aber um die Werte der Waren in Gold auszudrücken, müssen Waren und Gold als *Werte* identisch sein. Nur als bestimmte quantitative Ausdrücke dieses Werts, als bestimmte Wertgrößen könnten Gold und Ware identisch gesetzt werden. Der unveränderliche Wert des Golds und der veränderliche Wert der übrigen Waren würde nicht hindern, daß sie als *Wert* dasselbe wären, derselben Substanz. Erst müßte der Wert der Waren in Gold ausgedrückt, geschätzt sein – also Gold und Waren als Ausdrücke *derselben Einheit* dargestellt sein, als Äquivalente –, bevor uns der unveränderliche Wert des Golds einen Schritt weiter brächte.

{Damit die Waren an dem in ihnen enthaltnen Quantum Arbeit gemessen werden – und das Maß für das Quantum Arbeit ist die Zeit –, ||133| müssen die verschiedenartigen in den Waren enthaltnen Arbeiten auf gleiche einfache Arbeit reduziert sein, Durchschnittsarbeit, gewöhnliche, unskilled labour[1]. Erst dann kann das Quantum der in ihnen enthaltnen Arbeit an der Zeit, einem gleichen Maß gemessen werden. Sie muß qualitativ gleich sein, damit ihre Unterschiede zu bloß quantitativen, bloßen Größenunterschieden werden. Diese Reduktion auf einfache Durchschnittsarbeit ist jedoch nicht die einzige Bestimmtheit der *Qualität* dieser Arbeit, worin als Einheit sich die Werte der Waren auflösen. Daß das Quantum der in einer Ware enthaltnen Arbeit das zu ihrer Produktion *gesellschaftlich notwendige* Quantum ist – die Arbeitszeit also *notwendige Arbeitszeit* –, ist eine Bestimmung, die nur die *Wertgröße* betrifft. Aber die Arbeit, die die Einheit der Werte bildet, ist nicht nur gleiche, einfache Durchschnittsarbeit. Die Arbeit ist Arbeit des Privatindividuums, dargestellt in einem bestimmten Produkt. Als Wert soll jedoch das Produkt Ver-

[1] unqualifizierte Arbeit

körperung der *gesellschaftlichen* Arbeit sein und als solches unmittelbar verwandelbar aus einem Gebrauchswert in jeden andren. (Der bestimmte Gebrauchswert, worin sie sich unmittelbar darstellt, soll gleichgültig sein, so daß es aus einer Form von Gebrauchswert in die andre übersetzbar.) Die *Privatarbeit* soll sich also unmittelbar darstellen als ihr Gegenteil, *gesellschaftliche* Arbeit; diese verwandelte Arbeit ist als ihr unmittelbares Gegenteil *abstrakt allgemeine Arbeit*, die sich daher auch in einem allgemeinen Äquivalent darstelle. Nur durch ihre Veräußerung stellt sich die individuelle Arbeit wirklich als ihr Gegenteil dar.[7] Aber die Ware muß diesen allgemeinen Ausdruck besitzen, bevor sie veräußert ist. Diese Notwendigkeit der Darstellung der individuellen Arbeit als allgemeiner ist die Notwendigkeit der Darstellung einer Ware als Geld. Soweit dies Geld als Maß dient und als Ausdruck des Werts der Ware im *Preis*, erhält die Ware diese Darstellung. Erst durch ihre wirkliche Verwandlung in Geld, den Verkauf, gewinnt sie diesen ihren adäquaten Ausdruck als Tauschwert. Die erste Verwandlung ist bloß theoretischer, die zweite wirklicher Prozeß.

Es ist also beim Dasein der Ware als *Geld* nicht nur hervorzuheben, daß die Waren im Geld sich ein bestimmtes *Maß* ihrer Wertgrößen geben – indem alle ihren Wert im Gebrauchswert *derselben* Ware ausdrücken –, sondern daß sie sich alle darstellen als Dasein der gesellschaftlichen, abstrakt allgemeinen Arbeit; eine Form, in der sie alle dieselbe Gestalt besitzen; alle als unmittelbare Inkarnation der gesellschaftlichen Arbeit erscheinen; und als solche alle die Wirkung des Daseins der gesellschaftlichen Arbeit ||134| haben, *unmittelbar* – im Verhältnis ihrer Wertgröße – *austauschbar* sind gegen alle andren Waren; während sie in der Hand dessen, dessen Ware in Geld verwandelt ist, nicht das Dasein des Tauschwerts in einem besondren Gebrauchswert, sondern das Dasein des Gebrauchswerts (wie des Goldes z. B.) als bloßen Trägers des Tauschwerts. Eine Ware mag unter oder über ihrem Wert verkauft werden. Dies betrifft nur ihre *Wertgröße*. Aber jedesmal, sobald sie verkauft, in Geld verwandelt ist, besitzt ihr Tauschwert ein selbständiges, von ihrem Gebrauchswert gesondertes Dasein. Sie existiert nur noch als ein bestimmtes Quantum gesellschaftlicher Arbeitszeit, und als solches bewährt sie sich, indem sie *unmittelbar* gegen jede beliebige Ware austauschbar, in jeden beliebigen Gebrauchswert (im Maß ihres Quantums) verwandelbar ist. Dieser Punkt ist ebensowenig beim Geld zu übersehn, wie die formelle Verwandlung, die die in einer Ware enthaltne Arbeit untergeht als ihr Wertelement. Es zeigt sich aber im Geld – in dieser absoluten échangeabilité[1], die die Ware als Geld besitzt, ihrer absoluten Wirksamkeit als *valeur d'echange*[2], was mit der Wertgröße nichts zu tun hat – *keine quantitative, sondern qualitative Bestimmung*[3], daß durch den Prozeß der Ware selbst ihr *Tauschwert* verselbständigt und in freier Gestalt neben ihrem Gebrauchswert real dargestellt wird, wie er es in ihrem Preise schon ideell ist.

Es zeigt also, daß der »verbal observer«[4] so wenig wie Bailey irgend etwas vom Wert und Wesen des Gelds verstehn, wenn sie die Verselbständigung des Werts als eine scholastische Erfindung von Ökonomen behandeln. Noch mehr tritt diese Verselbständigung im Kapital hervor, was nach einer Seite hin *prozessierender Wert* – also, da der Wert selbständig nur im Geld existiert –, *prozessierendes Geld* genannt werden kann, das eine Reihe Prozesse durchläuft, in denen es sich erhält, von sich ausgeht, zu sich zurückkehrt in vergrößertem Umfang. Daß das Paradoxon der Wirklichkeit sich auch in Sprachparadoxen ausdrückt, die dem common sense[5] widersprechen, dem what vulgarians[31] mean and believe to talk off[6], versteht sich von selbst. Die Widersprüche, die daraus hervorgehn, daß auf Grundlage der Warenproduktion Privatarbeit sich als allgemeine gesellschaftliche darstellt, daß die Verhältnisse der Personen als Verhältnisse von Dingen und Dinge sich darstellen – diese Widersprüche liegen in der Sache, nicht in dem sprachlichen Ausdruck der Sache.}|

|135| Ric[ardo] hat oft das Ansehn und spricht in der Tat manchmal so, als sollte die quantity of labour[7] eine Lösung des falschen oder falsch-

1 Austauschbarkeit

2 Tauschwert

3 In der Handschrift ist die hier kursiv gegebene Textstelle mit Bleistift unterstrichen.

4 »wortklaubende Beobachter«

5 gesunden Menschenverstand

6 was Vulgärökonomen meinen und zu sagen glauben

7 Menge Arbeit

gefaßten Problems von einem »unvariable measure of value«[1] sein, in derselben Art wie Korn, Geld, Arbeitslohn etc. als dergleichen Nostra[2] früher betrachtet und aufgestellt wurden. Dieser falsche Schein kommt bei R[icardo] dadurch hervor, daß ihm die Bestimmung der Wertgröße die entscheidende Aufgabe. Weswegen er die spezifische Form, worin die Arbeit Element des Werts ist, nicht gefaßt hat, namentlich nicht, daß die einzelne Arbeit sich als abstrakt allgemeine und in dieser Form als *gesellschaftliche* darstellen muß. Den Zusammenhang der Geldbildung mit dem Wesen des Werts und mit der Bestimmung dieses Werts durch Arbeitszeit hat er deshalb nicht begriffen.

Baileys Schrift hat insofern ein Verdienst, als er die Verwechslung der »measure of value«[3], wie sie sich im Geld darstellt, als eine Ware neben andren Waren, mit dem immanenten Maß und Substanz des Werts durch seine Einwendungen aufhellt. Hätte er aber selbst das Geld als »measure of value« analysiert, nicht nur als quantitatives Maß, sondern als qualitative Verwandlung der Waren, so wäre er selbst auf die richtige Analyse des Werts gekommen. Statt dessen bleibt er bloß bei der oberflächlichen Betrachtung der äußren »measure of value« – die schon die value unterstellt – stehn und bei dem rein Gedankenlosen.

Indes finden sich doch einzelne Stellen bei R[icardo], worin er direkt hervorhebt, daß die Quantität der in einer Ware enthaltnen Arbeit nur darum das immanente Maß ihrer Wert*größen*, der *Größenunterschiede* ihrer Werte [ist], weil die Arbeit das ist, worin die verschiednen Waren *gleich* sind, ihre Einheit, ihre Substanz, der innre Grund ihres Werts. Was er vernächlässigt hat zu untersuchen, ist nur, in welcher bestimmten Form die Arbeit dies ist.[4]

> »Wenn wir die *Arbeit* als *Grundlage des Wertes* der Waren *und* die zu ihrer Produktion erforderlichen *verhältnismäßigen Quantitäten*

[1] »unveränderlichen Maß der Werte«

[2] Geheimrezept

[3] des »Wertmaßes«

[4] Hieraus folgert u. a. die Bemerkung im »Kapital«, daß die Ökonomen »niemals auch nur die Frage gestellt« hätten, warum dieser Inhalt jene Form annimmt (siehe vorl. Bd., S. 128; MEW, Bd. 23, S. 95).

Arbeit als Regel betrachten, nach der sich die entsprechenden Quantitäten von Waren bemessen, die beim Tausch füreinander hingegeben werden, so darf man uns doch nicht unterstellen, daß wir die zufälligen und zeitweiligen Abweichungen des tatsächlichen oder Marktpreises der Waren von diesem ihren ursprünglichen und natürlichen Preis in Abrede stellen.« (3rd ed., 1821, p. 80.[8])

»Zu messen ... heißt herauszufinden, wievielmal sie« (die gemessenen Dinge) »... *Einheiten derselben Gattung.* Ein Franken ist kein Wertmaß für irgend etwas, außer für eine Quantität des *Metalls*, aus dem Franken hergestellt werden, sofern nicht Franken und die zu messende Sache *auf ein anderes Maß, das bei den gemeinsam ist*, bezogen ||136| werden können. Ich glaube, daß sie das können, da sie beide *Resultat von Arbeit* sind, und daß daher« (weil labour ihre causa efficiens[1]) »Arbeit ein *gemeinsames Maß* ist, durch das ihr wirklicher, als auch ihr *relativer Wert* bestimmt werden kann.« (l. c. p. 333, 334.)

Die Waren können alle aufgelöst werden in labour als ihre Einheit. Was Ric[ardo] nicht untersucht, ist die *spezifische* Form, worin labour als Einheit der Waren sich darstellt. Daher begreift er das Geld nicht. Daher erscheint bei ihm die Verwandlung der Waren in Geld als etwas bloß Formelles, nicht tief in das Innerste der kapitalistischen Produktion Eingreifendes. Aber das sagt er nur: Nur weil labour die Einheit von Waren, nur weil sie alle bloße Darstellungen derselben Einheit, der labour, ist labour ihre measure[2]. Es ist nur ihre measure, weil ihre *Substanz* als Werte. Es ist nicht gehörig unterschieden die labour, soweit sie sich in Gebrauchswerten und soweit sie sich im Tauschwert darstellt. Die labour als Grund des Werts ist nicht die besondre labour, von besondrer Beschaffenheit. Es geht bei Ric[ardo] Verwechslung durch zwischen labour, soweit sie sich im Gebrauchswert und soweit sie sich im Tauschwert darstellt. Allerdings ist die letztre Form der labour nur die erstre in einer abstrakten Form gefaßt.

[1] Arbeit ihre wirkende Ursache

[1] ihr Maß

Unter *real value*[1] versteht R[icardo] im obigen Passus die Ware als Darstellung einer bestimmten Arbeitszeit. Unter *relative value* den Ausdruck der in ihr enthaltnen Arbeitszeit in den Gebrauchswerten andrer Waren.

Nun zu *Bailey*.

B[ailey] hält fest an der Form, worin der Tauschwert der Ware als Ware sich darstellt, erscheint. *Allgemein* stellt er sich dar, wenn in dem Gebrauchswert einer dritten Ware ausgedrückt, worin alle andre Ware ebenfalls ihren Wert ausdrückt – die als Geld dient, also im *Geldpreis* der Ware. *Besonders* stellt er sich dar, wenn ich den Tauschwert irgendeiner Ware im Gebrauchswert irgendeiner andren Ware darstelle, also als *Kornpreis, Leinwandpreis* etc. In der Tat erscheint der Tauschwert der Ware, stellt er sich für andre Waren dar, immer nur in dem *quantitativen Verhältnis*, worin sie sich austauschen. Die allgemeine Arbeitszeit kann die einzelne Ware als solche nicht darstellen, oder sie kann sie nur darstellen in ihrer Gleichung mit der Ware, die Geld ist, in ihrem *Geldpreis*. Aber dann ist der Wert der Ware A stets dargestellt in bestimmtem Quantum Gebrauchswert G, der Ware, die als Geld funktioniert.

Dies ist die *unmittelbare Erscheinung*. Und daran hält B[ailey] fest. Die oberflächlichste Form, worin der Tauschwert sich zeigt, als *quantitatives* ||137| *Verhältnis*, worin Waren sich austauschen, *ist* nach B[ailey] ihr Wert. Von der Oberfläche in die Tiefe fortzugehn ist nicht erlaubt. Er vergißt sogar die einfache Reflexion, daß, wenn y Ellen Leinwand = x lbs. Stroh, diese Gleichheit zwischen den ungleichen Dingen Leinwand und Stroh sie zu gleichen Größen macht. Dies ihr Dasein als Gleiches muß doch verschieden sein von ihrem Dasein als Stroh und Leinwand. Es ist nicht als Stroh und Leinwand, daß sie sich gleichgesetzt sind, sondern als Äquivalente. Die eine Seite der Gleichung muß daher denselben Wert ausdrücken wie die andre. Der Wert von Stroh und Leinwand muß also weder Stroh noch Leinwand sein, sondern etwas beiden Gemeinsames und von beiden als Stroh und Leinwand Unterschiednes. Was ist das?

1 realem Wert

Darauf antwortet er nicht. Statt dessen geht er alle Kategorien der Ökonomie durch, um stets die einförmige Litanei zu wiederholen, daß der Wert das Austauschverhältnis von Waren ist und daher nichts von diesem Verhältnis Unterschiednes.

> »*Wenn* der *Wert* eines Gegenstandes *seine Kaufkraft ist*, dann muß etwas zu kaufen da sein. Der Wert bezeichnet *also* nichts Positives oder der Ware Eigenes, sondern bloß die *Relation*, in der zwei Gegenstände zueinander als *austauschbare Waren* stehen.« ([Bailey, »A Critical Dissertation on the Nature, Measures, and Causes of Value«, London 1825], p. 4, 5.)

In dieser Phrase ist in der Tat seine ganze Weisheit enthalten. »If *value* is *nothing* but *power of purchasing*« (a very fine definition, since »purchasing« supposes not only value, but the representation of value as »money«), »it denotes«[1] etc. Doch klären wir die Phrase B[ailey]s erst von ihrem abgeschmackten Hereinschmuggeln. »Purchasing« heißt »kaufen«, heißt Verwandlung von Geld in Ware. Geld unterstellt schon die value und die Entwicklung of value. Also erst fort mit dem Ausdruck »purchasing«. Sonst erklären wir value durch value. Für purchasing müssen wir sagen »exchanging against other objects«. Daß »there must be something to purchase«[2], ist eine ganz überflüssige Bemerkung. Würde das »object« als Gebrauchswert konsumiert von seinen Produzenten[3], wäre es nicht bloß Mittel, andre Objekte anzueignen, nicht »Ware«, so wäre von value natürlich nicht die Rede.

Erst ist von object die Rede. Dann aber wird die Relation, »in which two objects stand to each other« verwandelt in »the relation … they stand ||138| to each other … *as exchangeable commodities*«[4] Die objects

1 »Wenn *Wert nichts* ist als *Kaufkraft*« (eine sehr schöne Definition, da »kaufen« nicht nur Wert, sondern auch die Darstellung des Wertes als »Geld« voraussetzt), »bezeichnet er«

2 »austauschen gegen andere Gegenstände«. Daß »etwas zu kaufen da sein muß«

3 in der Handschrift: Konsumenten

4 »in der zwei Gegenstände zueinander stehen« verwandelt in »die Relation …, in der sie zueinander stehen … als *austauschbare Waren*«

standen ja nur in der Relation of exchange[1] oder exchangeable objects to each other. Dadurch sind sie »*commodities*«, was something else than »objects«[2] ist. Dagegen die »Relation of exchangeable commodities« ist entweder ein Unsinn, da »not exchangeable objects« keine commodities sind. Oder Herr B[ailey] schlägt sich selbst. Die objects shall not be exchanged in any proportion whatever[3], sondern sie sollen als commodities exchanged werden, d. h. sich als exchangeable commodities zueinander verhalten, d. h. als Objekte, deren jedes einen valeur[4] hat und die im *Maß ihrer Äquivalenz* zueinander ausgetauscht werden sollen. Damit hätte B[ailey] zugegeben, daß die rate[5], worin sie ausgetauscht werden, also die power[6] jeder der Waren, die andre zu kaufen, bestimmt ist durch ihren *Wert*, dieser Wert aber nicht durch diese power, die eine bloße Konsequenz.

Streifen wir der Phrase also alles Falsche, Hereingeschmuggelte oder Sinnlose ab, so lautet sie folgendermaßen:

Doch halt. Wir müssen noch einen andren Hinterhalt und Unsinn wegtun. Wir haben zweierlei Ausdrücke. »Power« of exchanging of an object[7] etc. (da das »purchasing« unberechtigt und sinnlos ohne den Begriff des Gelds) und »*relation in which*« an object exchanges with others[8]. Soll »power« was andres sein als »Relation«, so dürfte nicht gesagt werden, daß »power of exchanging« is »*merely the relation* etc.«[9] Soll es *dasselbe* sein, so ist es sinnstörend, dasselbe mit zwei verschiednen Ausdrücken, die nichts miteinander gemein haben, zu bezeichnen. /*Relation* eines Dinges zu einem anderen ist eine Relation beider Dinge, und es kann nicht gesagt werden, sie gehöre dem einen an. Die *Kraft eines Dinges* ist im Gegenteil etwas dem Dinge Innewohnendes, wenn auch diese innere

[1] des Austausches
[2] »Waren«, was etwas anderes ist als »Gegenstände«
[3] Gegenstände sollen nicht in irgendeinem Verhältnis ausgetauscht
[4] Wert
[5] das Verhältnis
[6] Kraft
[7] Tausch»kraft« eines Gegenstandes
[8] »Relation in der« sich ein Gegenstand gegen andere austauscht
[9] Tauschkraft »*bloß die Relation etc.*« ist

Eigenschaft sich nur in ihrer Relation zu anderen Dingen offenbaren mag. So ist z. B. die Kraft der Anziehung eine Kraft des Dinges selbst, obwohl diese Kraft »latent« bleibt, solange kein Ding da ist, das angezogen werden könnte.//[1] Es ist hier der Versuch gemacht, den Wert des »object« als etwas ihm Gehöriges und ||139| doch bloß als »relation« Existierendes darzustellen. Daher erst das Wort power und dann das Wort relation.

Der exakte Ausdruck also dieser:

> /»*Wenn* der Wert eines Gegenstandes die Relation ist, in der er sich mit anderen Gegenständen austauscht, bezeichnet *also*« (nämlich infolge des »Wenn«) »der Wert nichts als bloß die Relation, in der zwei Gegenstände zueinander als austauschbare Gegenstände stehen.«//[2]

Diese Tautologie wird niemand leugnen. Es folgt übrigens daraus, daß »value« of an object »denotes nothing«[3]. Z. B.: 1 lb. coffee = 4 lbs. cotton. Was ist nun der Wert von 1 lb. coffee? 4 lbs. cotton. Und der Wert von 4 lbs. cotton? 1 lb. coffee. Da nun der Wert von 1 lb. Kaffee 4 lbs. cotton sind, andrerseits der Wert von 4 lbs. cotton = 1 lb. coffee, so klar, daß der Wert von 1 lb. coffee = 1 lb. coffee ist (denn 4 lbs. cotton sind = 1 lb. coffee). a = b, b = a. Hence[4] a = a. Aus dieser Erklärung ergibt sich also, daß der Wert eines Gebrauchswerts = dem Quantum desselben Gebrauchswerts ist. Also ist der Wert von 1 lb. coffee nichts außer 1 lb. coffee. Wenn 1 lb. coffee = 4 lbs. Baumwolle, so klar, daß 1 lb. coffee > 3 lbs. cotton und 1 lb. coffee < 5 lbs. cotton. Daß 1 lb. coffee > 3 lbs. cotton und < 5 lbs. cotton, drückt ebenfalls eine *relation* zwischen coffee und cotton aus, ganz so gut, als daß 1 lb. coffee = 4 lbs. cotton. Das = drückt nicht mehr Relation aus als das > oder das <, sondern nur eine *andre* Relation. Warum drückt nun grade die Relation mit dem Gleichheitszeichen, mit dem =, den Wert des coffee in cotton und den Wert des cotton in coffee

[1] Der Text in /xxx// ist in Englisch verfaßt.

[2] Der Text in /xxx// ist in Englisch verfaßt.

[3] »Wert« eines Gegenstandes »*nichts* bezeichnet«

[4] Daher

aus? Oder wird dies Gleichheitszeichen dadurch hervorgebracht, daß sich überhaupt diese Quanta gegeneinander austauschen? Drückt das = bloß das Faktum des Austauschs aus? Es kann nicht geleugnet werden, daß, wenn coffee in irgendwelcher ratio[1] sich gegen cotton austauscht, sie gegeneinander ausgetauscht sind, und wenn das bloße fact des Austauschs die *relation* zwischen den Waren konstatiert, so ist der Wert von coffee ebensowohl in Baumwolle dargestellt, ob er gegen 2, 3, 4, 5 lbs. Baumwolle sich austauscht. Aber was soll dann das Wort *relation*? Der coffee hat durchaus nichts »intrinsic, positive«[2] in sich, wodurch bestimmt wird, in *welchem Verhältnis* er sich mit dem cotton austauscht. Es ist keine Relation, die bestimmt wird durch irgendeine dem Kaffee intrinsic und von dem wirklichen Austausch verschiedne Bestimmung. Wozu also das Wort ||140| Relation? Was ist die Relation? The quantity of cotton against which a quantity of coffee is exchanged.[3] Es könnte nicht von einer Relation gesprochen werden, in which it exchanges, sondern bloß von einer relation, in which it *is* or *has been* exchanged[4]. Denn ginge die Bestimmung der relation dem Austausch voraus, so wäre der Austausch durch die »relation« bestimmt und nicht die relation durch den Austausch. Wir müssen also auch die *Relation* drop[5], die etwas über den Kaffee und Cotton *Übergreifendes*, von ihnen Getrenntes ist.

[So nimmt also der oben angeführte Satz von Bailey folgende Form an:]

> /»*Wenn* der Wert eines Gegenstandes die Quantität eines anderen Gegenstandes ist, der mit ihm ausgetauscht wird, bezeichnet also der Wert nichts als bloß das Quantum des anderen Gegenstandes, der mit ihm ausgetauscht wird.«//[6]

Als Ware kann eine Ware nur ihren Wert in einer andren Ware ausdrücken, denn für sie als Ware existiert die allgemeine Arbeitszeit nicht.

[1] irgendwelchem Verhältnis

[2] »Immanentes, Positives«

[3] Die Menge Baumwolle, gegen die eine Menge Kaffee ausgetauscht wird.

[4] in der sie ausgetauscht *wird* oder *wurde*

[5] fallenlassen

[6] Der Text in /xxx// ist in Englisch verfaßt.

Wenn sich der Wert einer Ware in einer andren Ware ausdrückt, ist der Wert der einen Ware nichts außer dieser ihrer Äquation[1] mit einer andren Ware. Auf dieser Weisheit (wie er es auffaßt, ist es *Tautologie*; denn er sagt: Wenn der Wert einer Ware nichts ist als ihr Austauschverhältnis mit einer andren Ware, ist er nichts außer diesem Verhältnis) reitet B[ailey] unermüdlich, um so mehr ermüdend, herum.

Seine philosophische Tiefe zeigt er in folgendem Satze:

> »Wie wir nicht von der *Entfernung eines Gegenstandes* reden können, ohne dabei auch einen anderen Gegenstand im Auge zu haben, *zwischen dem und dem ersteren dieses Verhältnis besteht*, so können wir vom Werte einer Ware nur sprechen im Hinblick auf *eine andere Ware, mit der sie verglichen wird*. Ein Ding kann ebensowenig an sich wertvoll sein ohne Bezug auf ein anderes Ding« (Ist die /gesellschaftliche Arbeit, auf die sich der Wert einer Ware bezieht, nicht ein anderes Ding?//[2]), »wie ein Ding *an sich* ohne Bezug auf ein anderes Ding *entfernt* sein kann.« (l. c. p. 5.)

Wenn /ein Ding von einem anderen entfernt ist, bildet die Entfernung sicher eine Relation zwischen dem einen Ding und dem anderen; aber gleichzeitig ist die Entfernung etwas von dieser Relation zwischen den beiden Dingen Verschiedenes. Es ist eine Ausdehnung des Raumes, eine bestimmte Länge, die ebensogut die Entfernung zweier anderer Dinge bezeichnen kann als die der beiden verglichenen. Aber das ist nicht alles. Wenn wir von der Entfernung als einer Relation zwischen zwei Dingen sprechen, setzen wir etwas »Immanentes«, eine »Eigenschaft« der Dinge selbst voraus, die sie instand setzt, voneinander entfernt zu sein. Was ist die Entfernung zwischen dem Buchstaben A und einem Tisch? Die Frage ist sinnlos. Wenn wir von der Entfernung zweier Dinge reden, sprechen wir von ihrem Unterschied im Raume. Wir setzen voraus, daß sie beide im Raum enthalten, beide Punkte des Raumes sind. Wir machen sie einander gleich als Existenzen des Raumes, und erst nach-

[1] Gleichung

[2] Der Text in /xxx// ist in Englisch verfaßt.

dem wir sie einander gleichgemacht haben *unter dem Gesichtspunkt des Raumes*, unterscheiden wir sie als verschiedene Punkte des Raumes. In ihrer Zugehörigkeit zum Raume liegt ihre Einheit.//*[1]

||142| Was aber ist diese unity der objects exchanged against each other?[2] Dieser exchange ist kein Verhältnis, das sie als natürliche Dinge zueinander haben. Es ist auch kein Verhältnis, das sie als natürliche Dinge zu menschlichen Bedürfnissen haben, denn es ist nicht the degree of their utility that determines the quantities in which they exchange[3]. Also was ist ihre Identität, die sie befähigt, in a certain measure to be exchanged against each other? Als was do they become *exchangeable*[4]?

In der Tat ist B[ailey] in alledem nur pedissequus des man of the »verbal observations«[5].

> »Er« (der Wert) »kann sich für den einen der verglichenen Gegenstände nicht ändern, ohne daß er sich für den anderen ändert.« (l. c. p. 5.)

* {Mit Bezug auf Baileys Abgeschmacktheit noch zu bemerken: Wenn er sagt, A ist distant of [entfernt von] B, so vergleicht er sie nicht, setzt sie nicht gleich, sondern *unterscheidet* sie räumlich. Sie nehmen *nicht denselben* Raum ein. Dennoch sagt er von beiden aus, daß sie *räumlich* sind und als dem Raum Angehörige unterschieden werden. Er setzt sie also vorher gleich, gibt ihnen dieselbe Einheit. Hier handelt es sich aber vom Gleichsetzen. Sage ich, der Flächeninhalt des △ A ist gleich dem des ▱ B, so heißt das nicht nur, daß der Flächeninhalt des △ im ▱ und der Flächeninhalt des ▱ im △ ausgedrückt ist. Sondern es heißt, wenn die Höhe des △ = H und die Basis = B, daß [dann] $A = \frac{H \times B}{2}$ ist, eine Eigenschaft, die ihm selbst zukömmt, ganz wie dem ▱ zukömmt, daß es ebenfalls $= \frac{H \times B}{2}$. Als Flächeninhalt sind △ und ▱ hier als dasselbe, als Äquivalente gesetzt, obgleich sie als Dreieck und Parallelogramm verschieden sind. Um diese Verschiedenen einander gleichzusetzen, muß jedes, abgesehn vom andren, *dieselbe Einheit* ausdrücken. Begnügte sich die Geometrie damit, wie die Ökonomie des Herrn B[ailey], zusagen, die Gleichheit von Δ und ▱ meine, daß das △ im Parallelogramm und das Parallelogramm im Dreieck ausgedrückt ist, so käme sie weit.}[9]

[1] Der Text in /xxx// ist in Englisch verfaßt.

[2] Einheit der gegeneinander ausgetauschten Gegenstände?

[3] der Grad ihrer Nützlichkeit, der die Menge bestimmt, in der sie sich austauschen

[4] in einem gewissen Ausmaß gegeneinander ausgetauscht zu werden? Als was werden sie *austauschbar*

[5] Nachbeter des Mannes der »wortklaubenden Bemerkungen«

Dies heißt wieder nur: Der Ausdruck des Werts einer Ware in einer andren Ware kann [sich] nur als *solcher Ausdruck* ändern. Und der Ausdruck als solcher unterstellt nicht eine, sondern zwei Waren.

Herr Bailey meint, wenn man *nur* von *zwei Waren* spräche – im Austausch zueinander –, würde man die bloße Relativität des *Werts* in seinem Sinn von selbst gefunden haben. Der Esel. Als ob es bei Waren, die miteinander ausgetauscht werden – zwei Produkten, die sich als *Waren* zueinander verhalten –, nicht ebenso nötig sei, zu sagen, *worin* sie identisch sind, als bei 1000. Übrigens würde sich, wo nur zwei Produkte existieren, das Produkt nie zur Ware, daher auch nie der Tauschwert der Ware entwickeln. Die Notwendigkeit der Arbeit in Produkt I sich als gesellschaftliche Arbeit darzustellen, wäre nicht vorhanden. Weil das Produkt nicht als unmittelbarer Gegenstand der Konsumtion für die Produzenten produziert wird, sondern nur als *Träger des Werts*, sozusagen als Anweisung auf bestimmtes Quantum aller Darstellungen der gesellschaftlichen Arbeit, sind alle Produkte gezwungen, als *Werte* sich eine von ihrem Dasein als Gebrauchswerte unterschiedne Daseinsform zu geben. Und es ist diese Entwicklung der in ihnen enthaltnen Arbeit als gesellschaftlicher, es ist die Entwicklung ihres *Werts*, das die Geldbildung bedingt, die Notwendigkeit der Waren, sich als *Geld* füreinander darzustellen – was bloß heißt: [als] selbständige Daseinsformen des Tauschwerts –, und sie können dies nur, indem sie eine Ware aus dem lot[1] ausschließen, alle ihre Werte in dem Gebrauchswert dieser ausgeschloßnen Ware messen, die in dieser ausschließ||143|lichen Ware enthaltne Arbeit daher unmittelbar in *allgemeine, gesellschaftliche* Arbeit verwandeln.

Herr B[ailey] mit seinem queer[2] Denkvermögen, das nur an der Oberfläche der Erscheinungen haftet, schließt umgekehrt: Der *Wertbegriff* wird nur gebildet – daher der Wert aus bloß quantitativem Verhältnis, worin Waren gegeneinander ausgetauscht werden, in etwas von diesem Verhältnis Unabhängiges verwandelt (was, [wie] er meint, ver-

1 der Gesamtheit

2 verschrobenen

wandle den Wert der Waren in etwas Absolutes, in eine von den Waren getrennt existierende scholastische entity[1]) –, *weil* außer den Waren *Geld* existiert, und wir so gewohnt sind, die Werte von *Waren* nicht in ihrem Verhältnis zueinander, sondern als Verhältnis zu einem *Dritten*, als ein von dem *unmittelbaren* Verhältnis unterschiednes drittes Verhältnis [zu betrachten]. Bei B[ailey] ist es nicht die Bestimmung des Produkts als Wert, das zur Geldbildung treibt und im *Geld* sich ausdrückt, sondern es ist das Dasein des Gelds, das zur Fiktion des Wertbegriffs treibt. Historisch ist es ganz richtig, daß das Suchen nach dem Wert sich zunächst an den *erscheinenden* Ausdruck der Waren als Wert, an das Geld sich anlehnt, und daher das Suchen nach der Wertbestimmung sich darstellt (fälschlich) als Suchen nach einer Ware von »unveränderlichem Wert« oder nach einer Ware als »unveränderliches Maß der Werte«. Indem Herr B[ailey] nun nachweist, daß Geld als äußres Maß der Werte – und Darstellung des Werts – seinen Zweck erfüllt, obgleich es einen *veränderlichen* Wert hat, glaubt er die Frage nach dem Begriff des Werts – der von der Veränderlichkeit der Wertgröße der Waren nicht affiziert wird – beseitigt zu haben, und in der Tat nicht mehr nötig zu haben, [sich] überhaupt etwas unter Wert zu denken. Weil die Darstellung des Werts einer Ware in Geld – in einer dritten ausschließlichen Ware – die Wertveränderung dieser dritten Ware nicht ausschließt, weil das Problem nach dem »unveränderlichen Maß der Werte« wegfällt, fällt das Problem der Wertbestimmung selbst weg. Dies seichte Geschwätz führt B[ailey] mit großer Selbstgefälligkeit über Hunderte von Seiten durch.

Die folgenden Sätze, worin er stets dasselbe wiederholt, sind zum Teil verbotenus[2] abgeschrieben von dem »Verbal« one[3].

> »[Nehmen wir an] es gäbe nur zwei Waren, beide austauschbar verhältnismäßig zur Menge der Arbeit. Wenn ... A in einem späteren Zeitraum die doppelte Menge Arbeit für ihre Produktion erforderte, während B fortfährt, dieselbe Menge zu erheischen,

[1] Wesenheit
[2] wortwörtlich
[3] »Wortklaubenden«

wäre A doppelt soviel wert wie B… Aber obwohl B durch dieselbe Menge Arbeit wie früher produziert würde, bliebe sein Wert doch nicht derselbe, denn es ||144| würde sich bloß gegen die halbe Menge von A austauschen, die einzige *Ware*, nach der Voraussetzung, mit der es zu vergleichen wäre.« (l. c. p. 6.)

»*Dieser beständige Hinblick auf andere Waren*« (statt Wert *nur als Relation zwischen zwei Waren* zu betrachten) »oder auf *Geld*, wenn wir *von der Relation zwischen zwei Waren sprechen, bewirktes*, daß die *Auffassung des Wertes* als etwas *Immanentes und Absolutes* entsteht.« (l. c. p. 8.)

»Was ich behaupte, ist, daß – wenn alle Waren unter genau denselben Umständen produziert würden, z. B. durch Arbeit allein – eine Ware, die stets die gleiche Menge Arbeit erforderte, nicht *unveränderlich im Werte* bliebe« {d. h. invariable in the *expression* of its value in other commodities[1]. Tautologie.}, »wenn jede andere Ware einer Änderung unterläge.« (l. c. p. 20, 21.)

»Der Wert ist nichts Immanentes und Absolutes.« (l. c. p. 23.) »Es ist unmöglich, *den Wert* einer Ware *zu bestimmen* oder *auszudrücken*, es sei denn durch *eine Menge irgendeiner anderen Ware.*« (l. c. p. 26.)

(/Wie es unmöglich ist, einen Gedanken zu *»bestimmen«* oder *»auszudrücken«*, es sei denn durch eine Menge von Silben. Daher schließt B[ailey], daß ein Gedanke nichts anderes ist als – Silben.//[2])

»Anstatt den Wert als ein *Verhältnis zwischen zwei Dingen* anzusehen, betrachten sie« (Ric[ardo] und seine Nachfolger) »ihn als ein positives Resultat, das durch eine bestimmte Menge Arbeit produziert wird.« (l. c. p. 30.)

»Da sich die Werte von A und B nach ihrer Lehre zueinander verhalten wie die Mengen Arbeit, die sie produzierten, oder … bestimmt werden durch die Mengen Arbeit, die sie produzierten,

[1] unveränderlich in dem *Ausdruck* ihres Wertes in anderen Waren

[2] Der Text in /xxx// ist in Englisch verfaßt.

> scheinen sie zu schließen, daß der Wert von A allein, ohne Beziehung auf etwas anderes, so groß ist wie die Menge der ihn produzierenden Arbeit. In dieser letzten Behauptung steckt sicher kein Sinn.« (l. c. p. 31, 32.)
>
> Sie sprechen vom »Wert als eine Art allgemeiner und unabhängiger Eigenschaft«. (p. 35.)
>
> »Der Wert einer Ware muß ihr Wert in etwas sein.« (l. c. [p. 35].)

Wir sehn, warum es für B[ailey] so wichtig ist, den Wert auf *zwei Waren* zu beschränken, als das Verhältnis *zweier Waren* aufzufassen. Aber nun kommt eine Schwierigkeit:

> »Da der *Wert einer Ware* ihre *Relation im Austausch* zu irgendeiner anderen Ware anzeigt«

(was soll hier die »relation in exchange«? Why not its *»exchange«*?[1] Aber zugleich soll in dem exchange ein *bestimmtes* Verhältnis ausgedrückt sein, nicht das *bloße fact des exchange*. Hence value = relation in exchange[2]),

> ||145| »können wir ihn bezeichnen als ihren Geldwert, Kornwert, Tuchwert, je nach der Ware, mit der sie verglichen wird; und dann gibt es *tausend verschiedene Arten von Wert*, so *viele*, wie *Waren vorhanden sind* und alle sind gleich *real* und gleich *nominell*.« (l. c. p. 39.)

Hier haben wir's. *Value = price*[3]. /Es gibt keinen Unterschied zwischen ihnen. Und es gibt keinen »immanenten« Unterschied zwischen dem *Geldpreis* und jedem anderen Ausdruck des Preises, obwohl es der *Geldpreis* ist und nicht der Tuchpreis usw., der den *Nominalwert*, den allgemeinen Wert der Ware ausdrückt.//[4]

Aber obgleich die Ware /tausend verschiedene Arten von Wert hat oder tausend verschiedene Preise, so viele Arten von Wert als Waren vorhanden sind – so drücken alle diese tausend Ausdrücke stets *den-*

1 »Relation in Austausch«? Warum nicht ihr »Austausch«?

2 Daher Wert = Relation im Austausch

3 Wert = Preis.

4 Der Text in /xxx// ist in Englisch verfaßt.

selben Wert aus.//[1] Bester Beweis, daß alle diese different expressions are *equivalents*[2], die sich nicht nur im Ausdruck ersetzen können, sondern im exchange selbst ersetzen. Dieselbe *Relation* der Ware, um deren Preis es sich handelt, drückt sich in 1000 different »relations in exchange«[3] zu all den different Waren aus und drückt doch immer *dieselbe* Relation aus. Also ist die relation, die sich gleichbleibt, verschieden von ihren 1000 different expressions[4], oder value is different von price[5], und die *prices* are only expressions of value: money price its *general* expression, other prices *a particular* expression[6].

Es ist nicht einmal dieser einfache Schluß, zu dem B[ailey] kommt. Nicht Ricardo ist hier Fiktionist, sondern B[ailey] Fetischist, indem er den Wert, wenn auch nicht als Eigenschaft des einzelnen Dings (isoliert betrachtet), wohl aber als *Verhältnis der Dinge unter sich* auffaßt, während er nur Darstellung in den Dingen, dinglicher Ausdruck eines Verhältnisses zwischen Menschen, eines gesellschaftlichen Verhältnisses ist, des Verhaltens der Menschen zu ihrer wechselseitigen produktiven Tätigkeit.|

*

|153| Es kömmt bloß darauf hinaus, daß B[ailey] wiederholt: *value* is the quantity of articles exchanged for an article[7]. Bei dem *Profit* hätte er nun notwendig müssen in Verlegenheit kommen. Denn hier wird der Wert des Kapitals mit dem Wert des Produkts verglichen. Hier flüchtet er denn auch dazu, unter *Wert* zu verstehn die value of an article estimated in labour[8] (in Malthusscher Manier).

> »Der Wert ist ein Verhältnis zwischen *gleichzeitigen* Waren, da nur solche gegeneinander ausgetauscht werden können; und wenn

[1] Der Text in /xxx// ist in Englisch verfaßt.

[2] verschiedenen Ausdrücke *Äquivalente* sind

[3] verschiedenen »Relationen im Austausch«

[4] verschiedenen Ausdrücken

[5] Wert ist verschieden von Preis

[6] *Preise* sind nur Ausdrücke des Werts: der Geldpreis sein *allgemeiner* Ausdruck, andere Preise ein *besonderer* Ausdruck

[7] *Wert* ist die Menge Artikel, die für einen Artikel ausgetauscht werden

[8] *Wert* ist ein Artikel in Arbeit gemessen

> wir den Wert einer Ware in der einen Zeit mit ihrem Werte zu einer anderen Zeit vergleichen, so ist dies bloß eine Vergleichung des Verhältnisses, in dem sie in diesen verschiedenen Zeiten zu irgendeiner anderen Ware stand.« (l. c. p. 72.)

Es gibt daher, wie gesagt, neither rise not fall [of] value[1], denn dies ist always comparing the value of a commodity at one time with its value at another[2]. Eine Ware kann ebensowenig unter wie [über] ihrem Wert verkauft werden, denn ihr Wert ist das, wozu sie verkauft wird. Value und prix courant[3] sind identisch. Es kann in der Tat auch nicht von »*contemporary*« commodities[4] gesprochen werden, nicht von *present* values, sondern only von *past ones*[5]. Was ist der Wert of 1 qr. of wheat[6]? Das 1 *l.*, wozu er gestern verkauft worden ist. Denn its value is only what is got in exchange for it, and as long as it is not exchanged, its »relation to money« is only imaginary[7]. Sobald aber der exchange is past[8], haben wir statt 1 qr. 1 *l.*, und man kann nicht mehr von dem Wert des 1 qr. sprechen. B[ailey] denkt bei der Vergleichung der Werte in verschiednen Perioden bloß an die gelehrten Untersuchungen über den verschiednen Wert der Waren z. B. im 18. und 16. Jahrhundert. Wo die Schwierigkeit daher kömmt, that the same monetary expression of value – owing to the vicissitudes in the value of money itself – denotes [in different times] different values[9]. Die Schwierigkeit besteht hier darin, money prices in value[10] zu reduzieren. Aber der ||154| Esel! In dem Zirkulations-

[1] weder ein Steigen noch ein Fallen des Wertes

[2] immer das Vergleichen des Wertes einer Ware in einer Zeit mit ihrem Wert zu einer anderen Zeit

[3] Wert und Marktpreis

[4] *»gleichzeitigen«* waren

[5] *gegenwärtigen* Werten, sondern nur von *vergangenen*

[6] Weizen

[7] sein Wert ist nur das, was man im Austausch dafür erhielt, und solange er nicht ausgetauscht wurde, ist seine »Relation zum Geld« bloß imaginär

[8] Austausch vollzogen ist

[9] daß der gleiche Geldausdruck des Wertes, infolge der Veränderungen im Werte des Geldes selbst, [zu verschiedenen Zeiten] verschiedene Werte bezeichnet

[10] Geldpreise auf Werte

prozeß oder Reproduktionsprozeß des Kapitals ist da nicht beständig das comparing the value of one period to that of another an operation upon which production itself is based[1]?

Herr B[ailey] versteht absolut nicht, was es heißen soll: Den Wert der Waren durch Arbeitszeit oder durch value of labour[2] bestimmen. Er versteht die Differenz absolut nicht.

> »Ich bitte, mich nicht so zu verstehen, als bestritte ich, daß die Werte der Waren sich zueinander verhalten wie die *Mengen Arbeit*, die zu ihrer Produktion erheischt sind: oder daß die Werte der Waren sich zueinander verhalten wie die *Werte der Arbeit*. Ich behaupte bloß, daß, wenn das erste richtig ist, das letzte nicht falsch sein kann.« (l. c. p. 92.)

Den Wert der Waren durch den Wert einer Ware bestimmen (und sofern sie durch die »value of labour« bestimmt werden, werden sie durch eine andre Ware bestimmt; *value of labour* unterstellt Arbeit als Ware) oder ihn bestimmen durch ein Drittes, was weder Wert hat, noch selbst Ware ist, sondern die Substanz des Werts ist und die Produkte erst zu Waren macht – ist für B[ailey] identisch. Im ersten Sinn handelt es sich um ein *Maß* der *Werte* der *Waren*; d. h. in fact[3] um *Geld* um eine Ware, in der die andren Waren ihren Wert *ausdrücken*. Damit dies geschehe, müssen die *Werte* der Waren schon *vorausgesetzt* sein. Die messende Ware wie die gemessene müssen schon in einem *Dritten* identisch sein. Im andren Fall wird dagegen erst diese *Identität* selbst gesetzt, die später im price, money price or other price, an expression[4] findet.

B[ailey] identifiziert das »unveränderliche Maß der Werte« mit der Aufsuchung eines immanenten Maßes der Werte, d. h. dem Begriff des Werts selbst. Solange die beiden Sachen zusammengeworfen werden, ist es sogar Instinkt der Vernunft, nach einem »unveränderlichen Maß

[1] Vergleichen des Wertes einer Periode mit dem einer anderen Periode, eine Operation, auf der die Produktion selbst beruht

[2] Wert der Arbeit

[3] tatsächlich

[4] Preis, Geldpreis oder sonstigen Preis einen Ausdruck

der Werte« zu suchen. Veränderlichkeit ist grade das Charakteristische des Werts. Das »Unveränderliche« drückt aus, daß das immanente Maß der Werte nicht selbst wieder Ware, Wert sein darf, sondern vielmehr etwas, was den Wert konstituiert und *daher* auch das immanente *Maß* seines Werts ist. B[ailey] zeigt nach, daß die Warenwerte a monetary expression[1] finden können, daß, wenn das *Wertverhältnis der Waren gegeben ist*, alle Waren ihren Wert in *einer* Ware ausdrücken können, obgleich |155| diese ihren Wert wechselt. Er bleibt damit doch immer derselbe für die andren Waren zur selben Zeit, denn er wechselt simultaneously[2] im Verhältnis zu allen. Daraus schließt *er*, daß kein Wertverhältnis der Waren nötig ist und auch nicht gesucht zu werden braucht. Weil er es in der *monetary expression* ausgedrückt findet, braucht er nicht zu »begreifen«, wodurch dieser Ausdruck möglich wird, wie er bestimmt wird, und *was* er in der Tat ausdrückt.

Dies gilt im allgemeinen gegen ihn wie gegen Malthus, wenn er glaubt, man bewege sich in *derselben* Frage, auf demselben Feld, ob man quantity of labour or valu of labour[3] zum Maß der Werte macht. Im letztren Fall unterstellt man die *Werte*, deren Maß gesucht wird, [deren] äußres Maß, [deren] Darstellung als Wert. Im erstren Fall untersucht man die Genesis und immanente Natur des Werts selbst. Im zweiten die Entwicklung der Ware zum Geld oder die Form, die der Tauschwert gewinnt im Austauschprozeß der Waren. Im ersten[4] den *Wert*, unabhängig von dieser Darstellung, der vielmehr dieser Darstellung *vorausgesetzt* ist. B[ailey] hat das mit den andren Eseln gemein: Wert der Ware bestimmen heißt ihren *Geldausdruck* finden, an external measure of their values[5]. Nur sagen sie, von Vernunftinstinkt geleitet, daß dieses Maß dann unveränderlichen Wert haben, also in fact selbst *außer der Kategorie* des Werts stehn muß. Während er sagt, daß man nichts weiter sich zu denken braucht, da man in der Praxis den *Wertausdruck* vorfindet,

[1] einen Geldausdruck
[2] gleichzeitig
[3] Menge Arbeit oder Wert der Arbeit
[4] in der Handschrift: zweiten
[5] ein äußeres Maß ihrer Werte

und daß dieser Ausdruck selbst variablen Werts ist und sein kann, ohne seiner Funktion zu schaden. [...] |

*

[γ.) *Baileys Verwechslung von Wert und Preis*]

|159| »Das Vermögen, den Wert der Waren *auszudrücken*, hat nichts zu tun mit der *Beständigkeit ihrer Werte*«

{/Allerdings nicht! Aber es hat viel zu tun mit dem Erkennen des Wertes, ehe er zum Ausdruck gelangt; mit dem Erkennen, auf welche Weise die Gebrauchswerte, die voneinander so verschieden sind, unter die gleiche Kategorie und die gleiche Benennung von *Werten* fallen, so daß der Wert des einen durch den anderen ausgedrückt werden kann//[1]},

> »weder im Vergleich untereinander, noch mit dem angewandten Tauschmittel. Auch hat das Vermögen, diese *Wertausdrücke* miteinander zu vergleichen, nichts damit zu tun.«

{/Wird der Wert verschiedener Waren in derselben dritten Ware ausgedrückt, wie veränderlich auch deren Wert sei, so ist es natürlich sehr leicht, diese *Ausdrücke* miteinander zu vergleichen, die bereits eine gleiche Benennung besitzen.//[2]}

> »Ob A 4B oder 6B wert ist«

(/die Schwierigkeit liegt darin, A mit irgendeiner Menge B gleichzusetzen, und dies ist nur möglich, wenn eine gemeinsame Einheit für A und B besteht oder wenn A und B verschiedene Darstellungen derselben Einheit sind. Die Schwierigkeit bleibt dieselbe, wenn alle Waren in Gold, Geld auszudrücken sind. Es muß eine gemeinsame Einheit zwischen dem Golde und jeder der anderen Waren bestehen//[3])|

> |160| »und ob C 8 B oder 12 B wert ist, das sind Umstände, die keinen Unterschied *in dem Vermögen* machen, den Wert von A und C in B *auszudrücken*, und sicher keinen Unterschied in dem Ver-

[1] Der Text in /xxx// ist in Englisch verfaßt.
[2] Der Text in /xxx// ist in Englisch verfaßt.
[3] Der Text in /xxx// ist in Englisch verfaßt.

mögen, den Wert von A und C zu vergleichen, wenn er ausgedrückt ist.« (p. 104, 105.)

/Aber wie A in B oder in C *ausdrücken*? A, B, C müssen als etwas betrachtet werden, das verschieden ist von dem, was sie als Dinge, Produkte, Gebrauchswerte sind, sollen »sie« eines im anderen *ausgedrückt* oder, was auf dasselbe hinausläuft, sollen sie als gleichwertige Ausdrücke derselben Einheit behandelt werden. A = 4B; also wird der Wert von A *ausgedrückt* in 4B und der Wert von 4B in A, so daß beide Seiten dasselbe ausdrücken. Sie sind Äquivalente, sie sind beide *gleiche* Ausdrücke von Wert. Es machte nichts aus, wenn sie ungleiche Ausdrücke wären, etwa A > 4B oder A < 4B. In allen diesen Fällen sind sie, sofern sie Werte sind, nur in der Quantität verschieden oder gleich, sind aber stets Quantitäten der gleichen Qualität. Die Schwierigkeit besteht darin, diese Qualität zu finden.//[1]

»Die notwendige Bedingung bei dem Vorgehen ist die, die zu messenden Waren auf einen *gemeinsamen Nenner* zu bringen«

{z. B., um ein △ und alle andern Vielecke zu vergleichen, ist es nur nötig, die letztren in △ zu verwandeln, /sie in Dreiecken auszudrücken. Aber um das zu tun, werden die △ und die Vielecke tatsächlich als *Identitäten* aufgefaßt, als verschiedene Formerscheinungen des gleichen – Raumes//[2]},

»was jederzeit mit gleicher Leichtigkeit getan werden kann; oder vielmehr, was fertig *vorliegt*, da es die *Preise* der Waren sind, die verzeichnet werden, oder ihr Verhältnis in Geld.« (l. c. p. 112.)

»Den Wert *messen* ist dasselbe wie ihn *ausdrücken*.« (l. c. p. 152.)

Hier haben wir den Burschen. Wir finden die values gemessen, ausgedrückt in den *prices* vor. Wir können uns also damit begnügen, [behauptet Bailey] – *nicht* zu wissen, was der Wert ist. Die Entwicklung des Maßes

[1] Der Text in /xxx// ist in Englisch verfaßt.

[2] Der Text in /xxx// ist in Englisch verfaßt.

der Werte zum Geld und weiter die Entwicklung des Geldes als Maßstab der ||161| Preise verwechselt er mit dem Auffinden des *Begriffes des Werts* selbst in seiner Entwicklung als immanentes Maß der Waren im exchange. Er hat darin recht, daß dies Geld keine Ware von unveränderlichem Wert zu sein braucht; er schließt daraus, daß keine von der Ware selbst unabhängige, unterschiedne Bestimmung des Werts notwendig.

Sobald der Wert der Waren als ihre gemeinschaftliche Einheit gegeben ist, fällt das Messen ihres relativen Werts und das Ausdrücken desselben zusammen. Aber wir kommen nicht zum *Ausdruck*, solange wir nicht zu einer Einheit kommen, die von dem unmittelbaren Dasein der Waren verschieden ist.

Selbst bei seinem Beispiel[1]: /Entfernung zwischen A und B. Wenn man von ihrer Entfernung spricht, wird bereits angenommen, daß beide Punkte (oder Linien) im Raume sind. Sind sie in Punkte und Punkte derselben Linie verwandelt, dann kann ihre Entfernung ausgedrückt werden in Zoll, Fuß usw. Die Einheit der beiden Waren A und B ist auf den ersten Blick ihre Austauschbarkeit. Sie sind »austauschbare« Dinge. Als »austauschbare« Dinge sind sie Größen derselben Art. Aber diese »ihre« Existenz als »austauschbare« Dinge muß verschieden sein von ihrer Existenz als Gebrauchswerte. Was ist dies?//[2]

Geld ist selbst schon *Darstellung* des Werts, supponiert ihn. Geld als *Maßstab* der Preise unterstellt seinerseits schon die Verwandlung (theoretische) der Ware in Geld. Sind die Werte aller Waren als Geldpreise dargestellt, so kann ich sie vergleichen; sie sind in fact schon verglichen. Um aber die Werte als Preise darzustellen, muß vorher der Wert der Waren als Geld sich dargestellt haben. Geld ist bloß die Form, wie der Wert der Waren im Zirkulationsprozeß erscheint. Wie kann ich aber x cotton in y Geld darstellen? Diese Frage löst sich darin auf, wie kann ich überhaupt eine Ware in einer andren oder Waren als Äquivalente darstellen? Es ist nur die Entwicklung des Werts, unabhängig von der Darstellung der einen Ware in der andren, die die Antwort gibt.

1 Siehe MEW, Bd. 26.3, S. 140

2 Der Text in /xxx// ist in Englisch verfaßt.

»Irrtum …, daß das Wertverhältnis möglich sei zwischen Waren verschiedener Perioden, was der Natur der Sache nach unmöglich ist; und wenn kein Verhältnis möglich ist, kann es auch nicht gemessen werden.« (p. 113.)|

|162| Derselbe Blödsinn schon oben.[1] Schon bei dem Geld als Zahlungsmittel exists »the relation of value between commodities at different periods«[2]. Der ganze Zirkulationsprozeß ist beständig Vergleichung der values between commodities at different periods.

»Wenn es« (Geld) »nicht ein gutes Mittel der Vergleichung zwischen Waren in verschiednen Perioden ist…, ist es unfähig, eine Funktion zu verrichten in einem Falle, in dem es keine Funktion zu erfüllen hat.« (p. 118.)

Als Zahlungsmittel und Schatz hat das Geld diese function to perform[3].

Rein abgeschrieben von dem »verbal observer« und in der Tat das Geheimnis des ganzen Unsinns oozes out in the following phrase[4], die mich auch überzeugt, daß B[ailey] die sorgfältig von ihm verheimlichten »verbal observations«[5] als Plagiarius vernutzt hat:

»Reichtum ist ein Attribut des Menschen, Wert ein Attribut der Waren. Ein Mensch oder ein Gemeinwesen ist reich; eine Perle oder ein Diamant ist wertvoll.« (p. 165.)

/Eine Perle oder ein Diamant ist wertvoll *als* Perle oder Diamant, das ist durch ihre Eigenschaften als Gebrauchswerte für den Menschen, das ist als – *Reichtum*. Aber in einer Perle oder einem Diamanten ist nichts, wodurch eine Relation des Austausches zwischen ihnen gegeben wäre etc.//[6]

---

[1] Siehe MEW, Bd. 26.3, S. 148/149 und 153.

[2] besteht »das Wertverhältnis zwischen Waren verschiedener Perioden«

[3] Funktion zu verrichten

[4] sickert durch in dem folgenden Satz

[5] Siehe MEW, Bd. 26.3, S. 126/127.

[6] Der Text in /xxx// ist in Englisch verfaßt, siehe MEW, Bd. 26.3, S. 162.

B[ailey] wird nun tiefer Philosoph:

»Unterschied zwischen Arbeit als *Ursache* und *Maß*, überhaupt zwischen *Ursache* und *Maß* des Wertes.« (p. 170 sqq.)

Es ist in der Tat ein sehr bedeutender Unterschied (und von B[ailey] übersehn) zwischen »measure«[1] (im Sinn des Gelds) und »cause of value«[2]. Die »cause« of value verwandelt Gebrauchswerte in *value*. Das äußre measure of value unterstellt schon die Existenz des *value*. Gold z. B. kann die value of cotton nur measure[3], wenn Gold und cotton als value eine von beiden verschiedne *Einheit* besitzen. Die »cause« of value ist die Substanz der value und daher auch ihr immanentes Maß.

»Alle Umstände ..., die mit einem nachweisbaren Einfluß, mittelbar oder unmittelbar, auf das *Bewußtsein* beim Austausch der Waren einwirken, können als Ursachen des Wertes betrachtet werden.« (p. 182, 183.)|

|163| Dies heißt in der Tat weiter nichts als: Die *Ursache* des Werts einer Ware oder der Äquivalenz zwischen zwei Waren sind die Umstände, die den Verkäufer oder auch Käufer und Verkäufer bestimmen, irgend etwas für den Wert oder das Äquivalent einer Ware zu halten. Die »Umstände«, die den Wert einer Ware bestimmen, sind dadurch keinen Schritt weiter erkannt, daß sie als Umstände qualifiziert werden, die auf den »mind«[4] der Austauschenden wirken.[5] (Dieselben (von dem mind unabhängigen, obgleich auf ihn wirkenden) Umstände, die die Produzenten zwingen, ihre Produkte als *Waren* zu verkaufen – Umstände, die eine Form der gesellschaftlichen Produktion von der andren unterscheiden –, geben ihren Produkten (auch für ihren mind) einen vom Gebrauchswert unabhängigen Tauschwert. Ihr »mind«, ihr Bewußtsein, mag durchaus

1 »Maß«

2 »Ursache des Wertes«

3 den Wert der Baumwolle nur messen

4 das »Bewußtsein«

5 Der Text des restlichen Teils des Absatzes wird nach der MEGA wiedergegeben, siehe MEGA² II/3, S. 1346.

nicht wissen, für es mag nicht existieren, wodurch in fact der Wert ihrer Waren oder ihre Produkte als Werte bestimmt sind. Sie sind in Verhältnisse gesetzt, die ihren mind bestimmen, ohne daß sie es zu wissen brauchen. Jeder kann Geld als Geld brauchen, ohne zu wissen, was Geld ist. Die ökonomischen Kategorien spiegeln sich im Bewußtsein sehr verkehrt ab.) Er schiebt es ins Gewissen, da er mit der Theorie nicht weiter kann. Die als solche Umstände auch im Bewußtsein (vielleicht auch nicht; vielleicht auch verkehrt vorgestellt) der Austauschenden liegen.

Statt zu sagen, was er selbst sich unter »Wert« vorstellt (oder »cause of value«), sagt uns B[ailey]: Es sei das, was Käufer und Verkäufer sich im Akt des Austausches vorstellen.

In der Tat aber liegt der philosophisch sein sollenden Phrase folgendes zugrunde:

1. Der prix courant[1] ist durch verschiedne Umstände bestimmt, die sich im Verhältnis von Nachfrage und Zufuhr ausdrücken, und als solche influence »the mind« of the operators on the market[2]. Dies eine sehr wichtige Entdeckung!

2. Bei der *Verwandlung der Warenwerte in Kostpreise* kommen »verschiedne circumstances[3]« in Betracht, die als »Kompensationsgründe« on the mind wirken, oder sich ihm so darstellen. Alle diese Kompensationsgründe wirken jedoch nur auf den mind des capitalist als capitalist und gehn aus der Natur der kapitalistischen Produktion selbst hervor, nicht aus der subjektiven Auffassung von Käufer und Verkäufer. In deren Köpfen existieren sie vielmehr als sich von selbst verstehende »ewige Wahrheiten«.|

[1] Marktpreis

[2] »das Bewußtsein« der auf dem Markte Handelnden beeinflussen

[3] Umstände

Die Analyse der Wertform[10]

Das Kapital

Erster Band. 1. Auflage

1. Die Ware

(1867)

|17| ERSTES KAPITEL.

Ware und Geld.

1) Die Ware.

Der Reichtum der Gesellschaften, in welchen kapitalistische Produktionsweise herrscht, erscheint als eine »ungeheure Warensammlung«[1], die einzelne Ware als seine *Elementarform*. Unsere Untersuchung beginnt daher mit der Analyse der Ware.

Die Ware ist zunächst ein äußerer Gegenstand, ein Ding, das durch seine Eigenschaften menschliche Bedürfnisse irgendeiner Art befriedigt. Die Natur dieser Bedürfnisse, ob sie z. B. dem Magen oder der Phantasie entspringen, ändert nichts an der Sache.[2] Es handelt sich hier auch nicht darum, *wie* die Sache das menschliche Bedürfnis befriedigt, ob unmittelbar als Lebensmittel, d. h. als Gegenstand des Genusses, oder auf einem Umweg, als Produktionsmittel.|

|18| Jedes nützliche Ding, wie Eisen, Papier usw., ist unter doppeltem Gesichtspunkt zu betrachten, nach *Qualität* und *Quantität*. Jedes solche Ding ist ein Ganzes vieler Eigenschaften und kann daher nach verschiedenen Seiten nützlich sein. Diese verschiedenen Seiten und daher

1 Karl Marx: »Zur Kritik der Politischen Oekonomie«, Berlin 1859, pag. 3. [MEW, Bd. 13, S. 15.]

2 »Verlangen schließt Bedürfnis ein; es ist der Appetit des Geistes, und so natürlich wie Hunger für den Körper ... die meisten (Dinge) haben ihren Wert daher, daß sie die Bedürfnisse des Geistes befriedigen.« (Nicholas Barbon, »A Discourse on coining the new money lighter. In answer to Mr. Locke's Considerations etc.«, London 1696, p. 2, 3.)

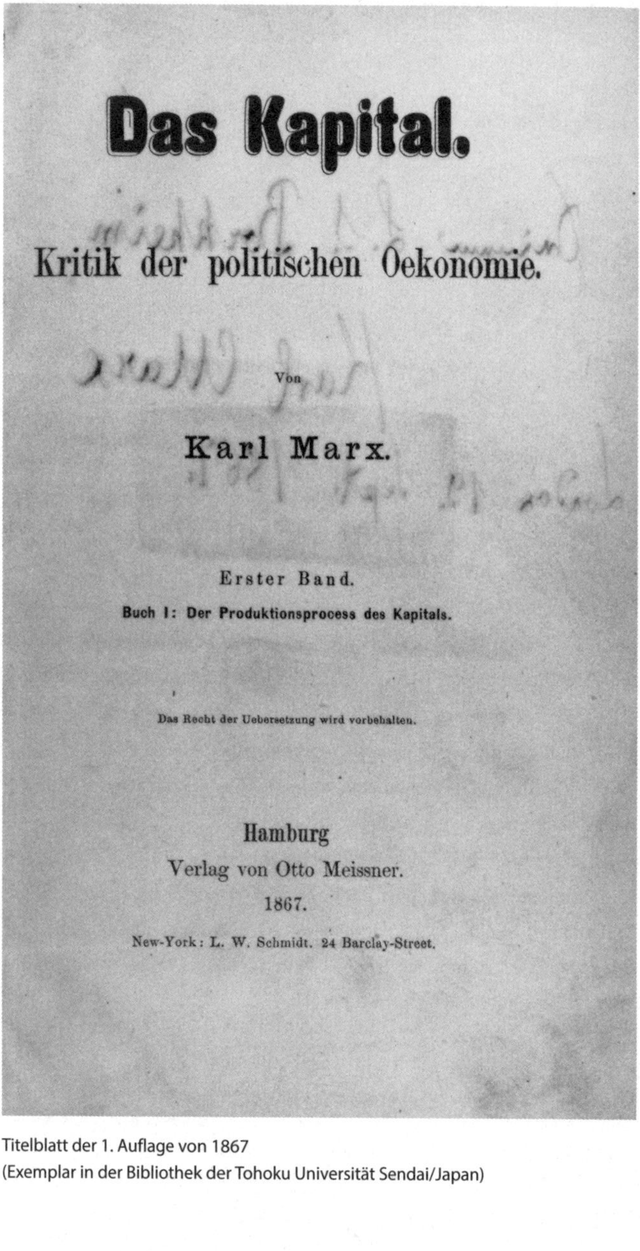

Das Kapital.

Kritik der politischen Oekonomie.

Von

Karl Marx.

Erster Band.

Buch I: Der Produktionsprocess des Kapitals.

Das Recht der Uebersetzung wird vorbehalten.

Hamburg

Verlag von Otto Meissner.

1867.

New-York: L. W. Schmidt. 24 Barclay-Street.

Titelblatt der 1. Auflage von 1867

(Exemplar in der Bibliothek der Tohoku Universität Sendai/Japan) die mannigfachen Gebrauchsweisen der Dinge zu entdecken, ist geschichtliche Tat.[3] So ist die Findung gesellschaftlicher *Maße* für die *Quantität* der nützlichen Dinge. Die Verschiedenheit der Warenmaße entspringt teils aus der verschiedenen Natur der zu messenden Gegenstände, teils aus Konvention.

Die Nützlichkeit eines Dings für das menschliche Leben macht es zum *Gebrauchswert.*[4] Abkürzend nennen wir das nützliche Ding selbst oder den *Warenkörper*, wie Eisen, Weizen, Diamant usw., *Gebrauchswert*, Gut, Artikel. Bei Betrachtung der Gebrauchswerte wird stets quantitative Bestimmtheit vorausgesetzt, wie *Dutzend* Uhren, *Elle* Leinwand, *Tonne* Eisen usw. Die Gebrauchswerte der Waren liefern das Material einer eignen Disziplin, der *Warenkunde.*[5] Der Gebrauchswert verwirklicht sich nur im Gebrauch oder der Konsumtion. Gebrauchswerte bilden *den stofflichen Inhalt des Reichtums*, welches immer seine *gesellschaftliche Form* sei. In der von uns zu betrachtenden Gesellschaftsform bilden sie zugleich die stofflichen Träger des – *Tauschwerts.*

Der Tauschwert erscheint zunächst als das *quantitative Verhältnis*, die Proportion, worin sich Gebrauchswerte einer Art gegen Gebrauchswerte anderer Art austauschen[6], ein Verhältnis, das beständig mit Zeit

[3] »Dinge haben einen *intrinsick vertue*« (dies bei Barbon die spezifische Bezeichnung für Gebrauchswert), »der überall gleich ist, so wie der des Magnets, Eisen anzuziehen« (l. c. p. 6). Die Eigenschaft des Magnets, Eisen anzuziehn, wurde erst nützlich, sobald man vermittelst derselben die magnetische Polarität entdeckt hatte.

[4] »*Der natürliche worth* jedes Dinges besteht in seiner Eignung, die notwendigen Bedürfnisse zu befriedigen oder den Annehmlichkeiten des menschlichen Lebens zu dienen.« (John Locke, »Some Considerations on the Consequences of the Lowering of Interest«, 1691, in »Works«, edit. Lond. 1777, v. II, p. 28.) Im 17. Jahrhundert finden wir noch häufig bei englischen Schriftstellern »*Worth*« für Gebrauchswert und »*Value*« für *Tauschwert*, ganz im Geist einer Sprache, die es liebt, die unmittelbare Sache germanisch und die reflektierte Sache romanisch auszudrücken.

[5] In der bürgerlichen Gesellschaft herrscht die fictio juris [Fiktion des Rechts], daß jeder Mensch als Warenkäufer eine enzyklopädische Warenkenntnis besitzt.

[6] »Der *Wert* besteht in dem *Tauschverhältnis*, das zwischen einem Ding und einem anderen, zwischen der Menge eines Erzeugnisses und der eines anderen besteht.« (Le Trosne, »De l'Intérêt Social«, in »Physiocrates«, éd. Daire, Paris 1846, p. 889.)

und Ort wechselt. Der Tauschwert scheint daher etwas Zufälliges und rein *Relatives*, ein der Ware innerlicher, immanenter Tauschwert (valeur intrinsèque) also eine contradictio in adjecto[7]. Betrachten wir die Sache näher.

Eine einzelne Ware, ein Quarter Weizen z. B. tauscht sich in den *ver*||19|*schiedensten Proportionen* mit andern Artikeln aus. Dennoch bleibt sein Tauschwert *unverändert*, ob in x Stiefelwichse, y Seide, z Gold usw. ausgedrückt. Er muß also von diesen seinen verschiedenen *Ausdrucksweisen* unterscheidbar sein.

Nehmen wir ferner zwei Waren, z. B. Weizen und Eisen. Welches immer ihr Austauschverhältnis, es ist stets darstellbar in einer Gleichung, worin ein gegebenes Quantum Weizen irgendeinem Quantum Eisen gleichgesetzt wird, z. B. 1 Quarter Weizen = a Ztr. Eisen. Was besagt diese Gleichung? daß *derselbe Wert* in *zwei verschiednen Dingen*, in 1 Quarter Weizen und ebenfalls in a Ztr. Eisen existiert. Beide sind also gleich einem *Dritten*, das an und für sich weder das eine, noch das andere ist. Jedes der beiden, soweit es Tauschwert, muß also, unabhängig von dem andern, auf dies Dritte reduzierbar sein.

Ein einfaches geometrisches Beispiel veranschauliche dies. Um den Flächeninhalt aller gradlinigen Figuren zu bestimmen und zu vergleichen, löst man sie in Dreiecke auf. Das Dreieck selbst reduziert man auf einen von seiner sichtbaren Figur ganz verschiednen Ausdruck – das halbe Produkt seiner Grundlinie mit seiner Höhe. Ebenso sind die Tauschwerte der Waren zu reduzieren auf ein *Gemeinsames*, wovon sie ein Mehr oder Minder darstellen.

Daß die Substanz des Tauschwerts ein von der physisch-handgreiflichen Existenz der Ware oder ihrem Dasein als *Gebrauchswert* durchaus Verschiednes und Unabhängiges, zeigt ihr Austauschverhältnis auf den ersten Blick. Es ist charakterisiert eben durch die *Abstraktion vom Gebrauchswert*. Dem Tauschwert nach betrachtet ist nämlich eine Ware

[7] »Nichts kann einen inneren Tauschwert haben« (N. Barbon, l. c. p. 6), oder wie Butler sagt: »Der Wert eines Dings ist grade so viel, wie es einbringen wird.«[11]

grade so gut als jede andre, wenn sie nur in richtiger Proportion vorhanden ist.[8]

Unabhängig von ihrem Austauschverhältnis oder von der *Form*, worin sie als *Tausch*-Werte *erscheinen*, sind die Waren daher zunächst als *Werte* schlechthin zu betrachten.[9]

Als Gebrauchsgegenstände oder Güter sind die Waren *körperlich verschiedne* Dinge. Ihr *Wert*sein bildet dagegen ihre *Einheit*. Diese Einheit entspringt nicht aus der Natur, sondern aus der Gesellschaft. Die *gemeinsame gesellschaftliche Substanz*, die sich in verschiednen Gebrauchswerten nur verschieden darstellt, ist – *die Arbeit*.

Als *Werte* sind die Waren nichts als *kristallisierte Arbeit*. Die Maßeinheit ||20| der Arbeit selbst ist die *einfache Durchschnittsarbeit*, deren Charakter zwar in verschiednen Ländern und Kulturepochen wechselt, aber in einer vorhandnen Gesellschaft gegeben ist. Kompliziertere Arbeit gilt nur als *potenzierte* oder vielmehr *multiplizierte* einfache Arbeit, so daß z. B. ein kleineres Quantum komplizierter Arbeit gleich einem größeren Quantum einfacher Arbeit. *Wie* diese Reduktion geregelt wird, ist hier gleichgültig. *Daß* sie beständig vorgeht, zeigt die Erfahrung. Eine Ware mag das Produkt der kompliziertesten Arbeit sein. Ihr *Wert* setzt sie dem Produkt einfacher Arbeit gleich und stellt daher selbst nur ein bestimmtes Quantum einfacher Arbeit dar.

Ein Gebrauchswert oder Gut hat also nur einen *Wert*, weil *Arbeit* in ihm *vergegenständlicht* oder *materialisiert* ist. Wie nun die *Größe* seines Wertes messen? Durch das *Quantum* der in ihm enthaltenen »wertbildenden Substanz«, der Arbeit. Die Quantität der Arbeit selbst mißt sich an ihrer *Zeitdauer*, und die *Arbeitszeit* besitzt wieder ihren Maßstab an *bestimmten Zeitteilen*, wie Stunde, Tag usw.

8 »Die eine Warensorte ist so gut wie die andere, wenn ihr Tauschwert gleich groß ist.« »Da existiert keine Verschiedenheit oder Unterscheidbarkeit zwischen Dingen von gleich großem Tauschwert.« »... Blei oder Eisen im Werte von einhundert Pfund Sterling haben gleich großen Tauschwert wie Silber und Gold im Werte von einhundert Pfund Sterling.« (N. Barbon, l. c. p. 53 u. 7.)

9 Wenn wir künftig das Wort »*Wert*« ohne weitere Bestimmung brauchen, so handelt es sich immer vom *Tauschwert*.

Es könnte scheinen, daß wenn der Wert einer Ware durch das während ihrer Produktion verausgabte Arbeitsquantum bestimmt ist, je fauler oder ungeschickter ein Mann, desto wertvoller seine Ware, weil er desto mehr Arbeitszeit zu ihrer Verfertigung braucht. Aber nur die *gesellschaftlich notwendige Arbeitszeit* zählt als wertbildend. Gesellschaftlich notwendige Arbeitszeit ist Arbeitszeit, erheischt, um irgendeinen Gebrauchswert mit den vorhandenen gesellschaftlich-normalen Produktionsbedingungen und dem gesellschaftlichen Durchschnittsgrad von Geschick und Intensivität der Arbeit herzustellen. Nach der Einführung des Dampfwebstuhls in England z. B. genügte vielleicht halb so viel Arbeit als vorher, um ein gegebenes Quantum Garn in Gewebe zu verwandeln. Der englische Handweber brauchte zu dieser Verwandlung in der Tat nach wie vor dieselbe Arbeitszeit, aber das Produkt seiner individuellen Arbeitsstunde stellte jetzt nur noch eine *halbe* gesellschaftliche Arbeitsstunde dar und fiel daher auf die Hälfte seines früheren Werts.

Es ist also nur das *Quantum gesellschaftlich notwendiger Arbeit* oder die zur *Herstellung eines Gebrauchswerts gesellschaftlich notwendige Arbeitszeit*, welche seine Wert*größe* bestimmt. Die einzelne Ware gilt hier überhaupt als Durchschnittsexemplar ihrer Art.[10] Waren, worin gleich große Arbeitsquanta enthalten sind, oder die *in derselben Arbeitszeit* hergestellt werden können, haben daher *dieselbe Wertgröße*. Der Wert einer Ware verhält sich zum Wert jeder andern Ware, wie die zur Produktion der einen notwendige Arbeitszeit zu der für die Produktion der andern ||21| notwendigen Arbeitszeit. »Als Werte sind alle Waren nur bestimmte Maße *festgeronnener Arbeitszeit*«.[11]

Die *Wertgröße* einer Ware bliebe daher konstant, wäre die zu ihrer Produktion erheischte Arbeitszeit konstant. Letztere wechselt aber mit jedem Wechsel in der *Produktivkraft der Arbeit*. Die Produktivkraft der

[10] »Alle Erzeugnisse der gleichen Art bilden eigentlich nur eine Masse, deren Preis allgemein und ohne Rücksicht auf die besonderen Umstände bestimmt wird.« (Le Trosne, l.c.p. 893.)

[11] K. Marx, l. c. p. 6. [MEW, Bd. 13, S. 18.]

Arbeit ist durch mannigfache Umstände bestimmt, unter andern durch den Durchschnittsgrad des Geschickes der Arbeiter, die Entwicklungsstufe der Wissenschaft und ihrer technologischen Anwendbarkeit, die gesellschaftliche Kombination des Produktionsprozesses, den Umfang und die Wirkungsfähigkeit der Produktionsmittel, und durch *Naturverhältnisse.* dasselbe Quantum Arbeit stellt sich z. B. mit günstiger Jahreszeit in 8 Bushel Weizen dar, mit ungünstiger in nur 4. Dasselbe Quantum Arbeit liefert mehr Metalle in reichhaltigen als in armen Minen usw. Diamanten kommen selten in der Erdrinde vor, und ihre Findung kostet daher *im Durchschnitt* viel Arbeitszeit. Folglich stellen sie in wenig Volumen viel Arbeit dar. *Jacob* bezweifelt, daß Gold jemals seinen vollen Wert bezahlt hat. Noch mehr gilt dies vom Diamant. Nach *Eschwege* hatte 1823 die achtzigjährige Gesamtausbeute der brasilischen Diamantgruben noch nicht den Wert des 1½ jährigen Durchschnittsprodukts der brasilischen Zucker- oder Kaffeepflanzungen erreicht. Mit reichhaltigeren Gruben würde dasselbe Arbeitsquantum sich in mehr Diamanten darstellen und ihr Wert sinken. Gelingt es mit wenig Arbeit Kohle in Diamant zu verwandeln, so kann sein Wert unter den von Ziegelsteinen fallen. Allgemein: Je größer die Produktivkraft der Arbeit, desto kleiner die zur Herstellung eines Artikels erheischte Arbeitszeit, desto kleiner die in ihm kristallisierte Arbeitsmaße, desto kleiner sein Wert. Umgekehrt, je kleiner die Produktivkraft der Arbeit, desto größer die zur Herstellung eines Artikels notwendige Arbeitszeit, desto größer sein Wert. Die *Wertgröße* einer Ware wechselt also *direkt* wie das *Quantum* und *umgekehrt* wie die *Produktivkraft* der sich in ihr verwirklichenden Arbeit.

Wir kennen jetzt die *Substanz* des Werts. Es ist die *Arbeit*. Wir kennen sein *Größenmaß*. Es ist die *Arbeitszeit*. Seine *Form*, die den *Wert* eben zum *Tausch*-Wert stempelt, bleibt zu analysieren. Vorher jedoch sind die bereits gefundenen Bestimmungen etwas näher zu entwickeln.

Ein Ding kann *Gebrauchswert* sein, ohne *Tauschwert* zu sein. Es ist dies der Fall, wenn sein Dasein für den Menschen nicht durch Arbeit vermittelt ist. So Luft, jungfräulicher Boden, natürliche Wiesen, wildwachsendes Holz usw. Ein Ding kann nützlich und Produkt menschlicher Arbeit sein, ohne *Ware* zu sein. Wer durch sein Produkt sein eignes Bedürfnis befriedigt, schafft zwar *Gebrauchswert*, aber nicht *Ware*. Um Ware zu ||22| produzieren, muß er nicht nur Gebrauchswert produzieren, sondern *Gebrauchswert für andre, gesellschaftlichen Gebrauchswert.* Endlich kann kein Ding *Wert* sein, ohne Gebrauchsgegenstand zu sein. Ist es nutzlos, so ist auch die in ihm enthaltene Arbeit nutzlos, zählt nicht als Arbeit und bildet daher keinen Wert.

Ursprünglich erschien uns die *Ware* als ein *Zwieschlächtiges*, Gebrauchswert *und* Tauschwert. Näher betrachtet wird sich zeigen, daß auch die in der Ware *enthaltene Arbeit zwieschlächtig* ist. Dieser Punkt, der von mir zuerst kritisch entwickelt wurde,[12] ist der Springpunkt, um den sich das Verständnis der politischen Ökonomie dreht.

Nehmen wir zwei Waren, etwa einen Rock und 10 Ellen Leinwand. Der erstere habe den zweifachen Wert der letzteren, so daß wenn 10 Ellen Leinwand = W, der Rock = 2 W.

Der Rock ist ein Gebrauchswert, der ein besonders Bedürfnis befriedigt. Um ihn hervorzubringen, bedarf es einer *bestimmten Art zweckmäßig produktiver Tätigkeit.* Sie ist bestimmt nach Zweck, Operationsweise, Gegenstand, Mitteln und Resultat. Die Arbeit, deren Nützlichkeit sich so im Gebrauchswert ihres Produkts oder darin darstellt, daß ihr Produkt ein Gebrauchswert ist, heiße hier der Vereinfachung halber kurzweg *nützliche Arbeit.* Unter diesem Gesichtspunkt ist sie stets betrachtet in bezug auf den *Nutzeffekt* dessen Hervorbringung sie bezweckt.

Wie Rock und Leinwand *qualitativ verschiedne Gebrauchswerte,* so sind die ihr Dasein vermittelnden Arbeiten *qualitativ verschieden – Schneiderarbeit* und *Weberei.* Wären jene Dinge nicht qualitativ verschiedne Gebrauchswerte und daher Produkte qualitativ verschiedner nützlicher Arbeiten, so könnten sie sich überhaupt nicht als *Waren* gegenübertreten. Rock tauscht sich nicht aus gegen Rock, derselbe Gebrauchswert nicht gegen denselben Gebrauchswert.

[12] l. c. p. 12, 13 und passim. [Siehe MEW, Bd. 13, S. 22, 23 und pass.]

In der Gesamtheit der verschiedenartigen Gebrauchswerte oder Warenkörper erscheint eine Gesamtheit eben so mannigfaltiger, nach Gattung, Art, Familie, Unterart, Varietät verschiedner nützlicher Arbeiten – eine *gesellschaftliche Teilung der Arbeit.* Sie ist Existenzbedingung der Warenproduktion, obgleich Warenproduktion nicht umgekehrt Existenzbedingung gesellschaftlicher Arbeitsteilung. In der altindischen Gemeinde ist die Arbeit gesellschaftlich geteilt, ohne daß die *Produkte* zu *Waren* werden. Oder, ein näherliegendes Beispiel, in jeder Fabrik ist die Arbeit systematisch geteilt, aber diese Teilung nicht dadurch vermittelt, daß die Arbeiter *ihre individuellen Produkte* austauschen. Nur Produkte selbständiger und *voneinander unabhängiger Privatarbeiten* treten einander *als Waren* gegenüber.|

|23| Man hat also gesehn: In dem Gebrauchswert jeder Ware steckt eine bestimmte zweckmässig produktive Tätigkeit oder nützliche Arbeit. Gebrauchswerte können sich nicht als *Waren* gegenübertreten, wenn nicht qualitativ verschiedne nützliche Arbeiten in ihnen stecken. In einer Gesellschaft, deren Produkte *allgemein* die Form der *Ware* annehmen, d. h. in einer Gesellschaft von Warenproduzenten, entwickelt sich dieser qualitative Unterschied der nützlichen Arbeiten, welche unabhängig voneinander als Privatgeschäfte selbständiger Produzenten betrieben werden, zu einem vielgliedrigen System, zu einer gesellschaftlichen Teilung der Arbeit.

Dem Rock ist es übrigens gleichgültig, ob er vom Schneider oder vom Kunden des Schneiders getragen wird. In beiden Fällen wirkt er als Gebrauchswert. Ebensowenig ist das Verhältnis zwischen dem Rock und der ihn produzierenden Arbeit an und für sich dadurch verändert, daß die Schneiderarbeit eigne Profession wird, selbständiges Glied der gesellschaftlichen Teilung der Arbeit. Wo ihn das Kleidungsbedürfnis zwang, hat der Mensch Jahrtausende lang geschneidert, bevor aus einem Menschen ein Schneider ward. Aber das Dasein von Rock, Leinwand, jedem nicht von Natur vorhandnen Element des *stofflichen Reichtums*, mußte immer vermittelt sein durch eine spezielle, zweckmäßig produktive Tätigkeit, die besondere Naturstoffe besondern menschlichen Bedürfnissen assimiliert. Als Bildnerin von Gebrauchswerten, als *nützliche Arbeit,* ist die Arbeit daher von allen Gesellschaftsformen unabhängige Existenzbedingung des Menschen, ewige Naturnotwendigkeit, um den Stoffwechsel zwischen Mensch und Natur, also das menschliche Leben zu vermitteln.

Die Gebrauchswerte Rock, Leinwand usw., kurz die Warenkörper, sind *Verbindungen von zwei Elementen,* Naturstoff und Arbeit. Zieht man die Gesamtsumme aller verschiedenen nützlichen Arbeiten ab, die in Rock, Leinwand usw. stecken, so bleibt stets ein materielles Substrat zurück, das ohne Zutun des Menschen von Natur vorhanden ist. Der Mensch kann in seiner Produktion nur verfahren, wie die Natur selbst, d. h. nur die *Formen* der *Stoffe ändern.*[13] Noch mehr. In dieser Arbeit der Formung selbst wird er beständig unterstützt von Naturkräften. *Arbeit* ist also *nicht die einzige* ||24| *Quelle der von ihr produzierten Gebrauchswerte,* des *stofflichen Reichtums.* Die Arbeit ist sein Vater, wie *William Petty* sagt, und die Erde seine Mutter.

Gehn wir nun von der Ware, so weit sie Gebrauchsgegenstand, über zum Waren-*Wert.*

Nach unsrer Unterstellung hat der Rock den doppelten Wert der Leinwand. Dies ist aber nur ein *quantitativer* Unterschied, der uns zunächst noch nicht interessiert. Wir erinnern daher, daß wenn der Wert eines Rockes doppelt so groß als der von 10 Ellen Leinwand, 20 Ellen Leinwand *dieselbe Wertgröße* haben wie ein Rock. Als Werte sind Rock und

[13] »Alle Erscheinungen des Weltalls, seien sie hervorgerufen von der Hand des Menschen oder durch die allgemeinen Gesetze der Physik, sind nicht tatsächliche *Neuschöpfungen,* sondern lediglich eine *Umformung* des Stoffes. *Zusammensetzen und Trennen* sind die einzigen Elemente, die der menschliche Geist immer wieder bei der Analyse der Vorstellung der Reproduktion findet; und ebenso verhält es sich mit der Reproduktion des Wertes« (*Gebrauchswert,* obgleich *Verri* hier in seiner Polemik gegen die Physiokraten selbst nicht recht weiß, von welcher Sorte Wert er spricht) »und des Reichtums, wenn Erde, Luft und Wasser auf den Feldern sich in Korn verwandeln, oder auch wenn sich durch die Hand des Menschen die Abscheidung eines Insekts in Seide verwandelt, oder einige Metallteilchen sich anordnen, um eine Repetieruhr zu bilden.« (Pietro Verri, »Meditazioni sulla Economia Politica« – zuerst gedruckt 1771 – in der Ausgabe der italienischen Ökonomen von Custodi, Parte Moderna, t. XV, [Milano 1804,] p. 21, 22.)

Leinwand Dinge von *gleicher Substanz*, objektive Ausdrücke *gleichartiger Arbeit.* Aber *Schneiderarbeit* und *Weberei* sind qualitativ verschiedne Arbeiten. Es gibt jedoch Gesellschaftszustände, worin *derselbe Mensch* abwechselnd schneidert und webt, diese beiden verschiednen Arbeitsweisen daher nur *Modifikationen der Arbeit desselben Individuums* und noch nicht besondre feste Funktionen verschiedner Individuen sind, ganz wie der Rock, den unser Schneider heute, und die Hosen, die er morgen macht, nur Variationen derselben individuellen Arbeit voraussetzen. Der Augenschein lehrt ferner, daß in unsrer kapitalistischen Gesellschaft, je nach der wechselnden Richtung der Arbeitsnachfrage, *eine gegebene Portion menschlicher Arbeit* abwechselnd in der Form von Schneiderei oder in der Form von Weberei zugeführt wird. Dieser Formwechsel der Arbeit mag nicht ohne Friktion abgehn, aber er muß gehn. Sieht man ab von der Bestimmtheit der produktiven Tätigkeit und daher vom nützlichen Charakter der Arbeit, so bleibt das an ihr, daß sie eine *Verausgabung menschlicher Arbeitskraft* ist. Schneiderarbeit und Weberei, obgleich qualitativ verschiedne produktive Tätigkeiten, sind beide produktive Verausgabung von *menschlichem* Hirn, Muskel, Nerv, Hand usw., und in diesem Sinn beide *menschliche Arbeit.* Es sind nur zwei verschiedne Formen, menschliche Arbeitskraft zu verausgaben. Allerdings muß die menschliche Arbeitskraft selbst mehr oder minder entwickelt sein, um in dieser oder jener Form verausgabt zu werden. Der Wert der Waren aber stellt menschliche Arbeit schlechthin dar, Verausgabung *menschlicher Arbeitskraft* überhaupt. Wie nun in der bürgerlichen Gesellschaft ein General oder Bankier eine große, der *Mensch* schlechthin dagegen eine sehr schäbige Rolle spielt,[14] so steht es hier auch mit der *menschlichen Arbeit.* Sie ist Verausgabung *einfacher* Arbeitskraft, die jeder gewöhnliche Mensch, ohne besondere Entwicklung, in seinem leiblichen Organismus besitzt. Die Arbeitskraft eines Bauernknechts gelte z. B. für einfache Arbeitskraft, ihre Verausgabung daher für *einfache Arbeit* ||25|

[14] Vgl. Hegel, »Philosophie des Rechts«, Berlin 1840, p. 250, Paragr. 190.

oder *menschliche Arbeit* ohne weitern Schnörkel, Schneiderarbeit dagegen für Verausgabung höher entwickelter Arbeitskraft. Während sich der Arbeitstag des Bauernknechts daher etwa im Wertausdruck von ½ W, stellt sich der Arbeitstag des Schneiders im Wertausdrucke von W dar.[15] Dieser Unterschied ist jedoch nur *quantitativ*. Wenn der Rock das Produkt eines Arbeitstags des Schneiders, hat er denselben Wert wie das Produkt von 2 Arbeitstagen des Bauernknechts. So zählt aber die Schneiderarbeit immer nur als *multiplizirte* Bauernarbeit. Die verschiednen Proportionen, worin verschiedne Arbeitsarten auf einfache Arbeit als ihre *Maßeinheit* reduziert sind, werden durch einen gesellschaftlichen Prozeß hinter dem Rücken der Produzenten festgesetzt und scheinen ihnen daher durch das Herkommen gegeben. Der Vereinfachung halber gilt uns im Folgenden jede Art Arbeitskraft unmittelbar für *einfache* Arbeitskraft, wodurch nur die Mühe der Reduktion erspart wird.

Wie also in den *Werten* Rock und Leinwand von dem Unterschied ihrer *Gebrauchswerte* abstrahiert ist, so in der *Arbeit*, die diese *Werte* darstellen, von dem Unterschied der *nützlichen Formen,* worin sie das einemal *Schneiderarbeit* ist, das andremal *Weberei*. Wie die *Gebrauchswerte* Rock und Leinwand *Verbindungen* zweckbestimmter, produktiver Tätigkeiten mit Tuch und Garn sind, die *Werte* Rock und Leinwand dagegen bloße *gleichartige Arbeitsgallerten,* so gilt auch die in diesen *Werten* enthaltene Arbeit nicht durch ihr produktives Verhalten zu Tuch und Garn, sondern nur als *Verausgabung menschlicher Arbeitskraft.* Bildungselemente der *Gebrauchswerte* Rock und Leinwand sind Schneiderarbeit und Weberei eben durch ihre *verschiednen* Qualitäten, *Substanz* des Rock*werts* und Leinwand*werts* sind sie nur, soweit von ihrer besondern Qualität *abstrahiert* wird und beide *gleiche Qualität* besitzen, die *Qualität menschlicher Arbeit.*

15 Der Leser muß aufmerken, daß hier nicht vom *Lohn* oder Wert die Rede ist, den der Arbeiter für etwa einen Arbeitstag erhält, sondern vom Waren*wert*, worin sich sein Arbeitstag vergegenständlicht. Die Kategorie des Arbeitslohns existiert überhaupt noch nicht auf dieser Stufe unsrer Darstellung.[12]

Rock und Leinwand sind aber nicht nur *Werte überhaupt,* sondern Werte von *bestimmter Größe* und nach unsrer Unterstellung ist der Rock doppelt so viel wert als 10 Ellen Leinwand. Woher diese Verschiedenheit ihrer *Wertgrößen?* Daher daß die Leinwand nur halb so viel Arbeit enthält als der Rock, so daß zur Produktion des letztern die Arbeitskraft während doppelt soviel *Zeit* verausgabt werden muß als zur Produktion der erstern.

Wenn also mit Bezug auf den *Gebrauchswert* die in der Ware enthaltene Arbeit nur *qualitativ* gilt, gilt sie mit Bezug auf die *Wertgröße* nur *quantitativ,* nachdem sie bereits auf menschliche Arbeit ohne weitere Qualität ||26| reduziert ist. Dort handelt es sich um das *Wie* und *Was* der Arbeit, hier um ihr *Wieviel,* ihre Zeitdauer. Da die Wertgröße einer Ware nur das Quantum der in ihr enthaltenen Arbeit mißt, müßen Waren in gewisser Proportion stets gleich große Werte sein.

Bleibt die Produktivkraft, sage aller zur Produktion eines Rocks erheischten nützlichen Arbeiten unverändert, so steigt die Wertgröße der Röcke mit ihrer eignen Quantität. Wenn 1 Rock x, stellen 2 Röcke 2 x Arbeitstage dar usw. Nimm aber an, die zur Produktion eines Rocks notwendige Arbeitszeit steige auf das Doppelte oder falle um die Hälfte. Im ersten Fall hat ein Rock soviel Wert als vorher zwei Röcke, im letztern Fall haben zwei Röcke nur so viel Wert, als vorher einer, obgleich in beiden Fällen ein Rock nach wie vor dieselben Dienste leistet und die in ihm enthaltene nützliche Arbeit nach wie vor von derselben Güte bleibt. Aber das in seiner Produktion verausgabte Arbeits*quantum* hat sich verändert.

Ein größres Quantum Gebrauchswert bildet an und für sich größren *stofflichen Reichtum,* zwei Röcke mehr als einer. Mit zwei Röcken kann man zwei Menschen kleiden, mit einem Rock nur einen Menschen usw. Dennoch kann der steigenden Masse des stofflichen Reichtums ein gleichzeitiger Fall seiner *Wertgröße* entsprechen. Diese gegensätzliche Bewegung entspringt aus der *zwieschlächtigen Bestimmung* der Arbeit. Produktivkraft ist natürlich stets Produktivkraft nützlicher, konkreter Arbeit. Sie drückt in der Tat nur den Wirkungsgrad zweckbestimmter produktiver Tätigkeit in gegebnem Zeitraum aus. Die nützliche Arbeit wird daher reichere oder dürftigere Produktenquelle im *direkten Verhältnis* zum Steigen oder Fallen ihrer Produktivkraft. Dagegen trifft ein Wechsel der Produktivkraft die im *Wert* dargestellte Arbeit an und für sich gar nicht. Da die Produktivkraft der konkreten nützlichen Form der Arbeit angehört, kann sie natürlich die Arbeit nicht mehr berühren, sobald von ihrer konkreten nützlichen Form abstrahiert wird. Dieselbe Arbeit stellt sich daher in *denselben Zeiträumen* stets in *derselben Wertgröße* dar, wie immer die Produktivkraft wechsle. Aber sie liefert in *demselben Zeitraum verschiedene Quanta Gebrauchswerte*, mehr wenn die Produktivkraft steigt, weniger, wenn sie sinkt. Im erstern Fall kann es geschehn, daß 2 Röcke weniger Arbeit enthalten als früher einer. Derselbe Wechsel der Produktivkraft, der die Fruchtbarkeit der Arbeit und daher die Masse der von ihr gelieferten Gebrauchswerte vermehrt, kann also die *Wertgröße* selbst der *vermehrten* Gesamtmasse *vermindern*, wenn er nämlich die zu ihrer Produktion notwendige *Arbeitszeit* abkürzt. Ebenso umgekehrt.

Aus dem Bisherigen folgt, daß in der Ware zwar nicht zwei verschiedene Sorten Arbeit stecken, wohl aber *dieselbe* Arbeit verschieden und selbst entgegengesetzt bestimmt ist, je nachdem sie auf den *Gebrauchswert* der ||27| Ware als ihr *Produkt* oder auf den *Waren-Wert* als ihren bloß *gegenständlichen* Ausdruck bezogen wird. Wie die Ware vor allem Gebrauchsgegenstand sein muß, um Wert zu sein, so muß die Arbeit vor allem nützliche Arbeit, zweckbestimmte produktive Tätigkeit sein, um als *Verausgabung menschlicher Arbeitskraft* und daher als *menschliche Arbeit* schlechthin zu zählen.

Da bisher nur noch Wertsubstanz und Wertgröße bestimmt, wenden wir uns jetzt zur Analyse der *Wertform*.[13]

Kehren wir zunächst wieder zurück zur ersten *Erscheinungsform* des Waren*werts*.

Wir nehmen zwei Quanta Waren, die *gleichviel Arbeitszeit* zu ihrer Produktion kosten, also *gleiche Wertgrößen* sind, und wir haben *40 Ellen Leinwand = 2 Röcke*, oder 40 Ellen Leinwand sind zwei Röcke *wert*. Wir sehn, daß der *Wert* der Leinwand in einem bestimmten Quantum von *Röcken* ausgedrückt ist. Der *Wert* einer Ware, so dargestellt im *Gebrauchswert* einer andern Ware, heißt ihr *relativer Wert*.

Der relative Wert einer Ware kann wechseln, obgleich ihr Wert konstant bleibt. Umgekehrt kann ihr relativer Wert konstant bleiben, obgleich ihr Wert wechselt. Die Gleichung: *40 Ellen Leinwand = 2 Röcke* setzt nämlich voraus, daß beide Waren gleich viel Arbeit kosten. Mit jedem Wechsel in der Produktivkraft der sie hervorbringenden Arbeiten wechselt aber die zu ihrer Produktion notwendige Arbeitszeit. Betrachten wir den Einfluß solcher Wechsel auf den relativen Wert.

I. Der Wert der Leinwand wechsle, während der Rock*wert* konstant bleibt. Verdoppelt sich die zur Produktion der Leinwand verausgabte Arbeitszeit, etwa in Folge zunehmender Unfruchtbarkeit des flachstragenden Bodens, so verdoppelt sich ihr Wert. Statt 40 Ellen Leinwand = 2 Röcke, hätten wir: *40 Ellen Leinwand = 4 Röcke*, da 2 Röcke jetzt nur halb so viel Arbeitszeit enthalten als 40 Ellen Leinwand. Nimmt dagegen die zur Produktion der Leinwand notwendige Arbeitszeit um die Hälfte ab, etwa infolge verbesserter Webstühle, so sinkt der Leinwand*wert* um die Hälfte. Demgemäß jetzt: *40 Ellen Leinwand = 1 Rock*. Der *relative Wert* der Ware A, d. h. ihr Wert ausgedrückt in der Ware B, *steigt und fällt* also *direkt wie der Wert der Ware* A, bei gleichbleibendem Wert der Ware B.

II. Der Wert der Leinwand bleibe konstant, während der Rock*wert* wechsle. Verdoppelt sich unter diesen Umständen die zur Produktion des Rockes notwendige Arbeitszeit, etwa infolge ungünstiger Wollschur, so haben wir statt 40 Ellen Leinwand = 2 Röcke jetzt: *40 Ellen Leinwand = 1 Rock*. Fällt dagegen der Wert des Rocks um die Hälfte, so *40 Ellen Leinwand = 4 Röcke*. Bei gleichbleibendem Wert der Ware A, fällt oder ||28| steigt daher ihr relativer, in der Ware B ausgedrückter Wert *im umgekehrten Verhältnis zum Wertwechsel von* B.

Vergleicht man die verschiedenen Fälle sub I und II, so ergibt sich, daß *derselbe Wechsel des relativen Werts aus ganz entgegengesetzten Ursachen entspringen kann*. So wird aus *40 Ellen Leinwand = 2 Röcke* 1) die

Gleichung *40 Ellen Leinwand = 4 Röcke*, entweder weil der Wert der Leinwand sich verdoppelt oder der Wert der Röcke um die Hälfte fällt, und 2) die Gleichung *40 Ellen Leinwand = 1 Rock,* entweder weil der Wert der Leinwand um die Hälfte sinkt oder der Wert des Rockes auf das Doppelte steigt.

III. Die zur Produktion von Leinwand und Rock notwendigen Arbeitsquanta wechseln gleichzeitig, in derselben Richtung und derselben Proportion. In diesem Falle nach wie vor *40 Ellen Leinwand = 2 Röcke,* wie immer ihre Werte verändert seien. Man entdeckt ihren Wertwechsel, sobald man sie mit einer dritten Ware vergleicht, deren Wert konstant blieb. Stiegen oder fielen die Werte *aller* Waren gleichzeitig und in derselben Proportion, so blieben ihre *relativen Werte* unverändert. Ihren wirklichen Wertwechsel ersähe man daraus, daß in derselben Arbeitszeit nun allgemein ein größeres oder kleineres Warenquantum als vorher geliefert würde.

IV. Die zur Produktion von Leinwand und Rock resp. notwendigen Arbeitszeiten, und daher ihre Werte, mögen gleichzeitig in derselben Richtung wechseln, aber in ungleichem Grad, oder in entgegengesetzter Richtung usw. Der Einfluß aller möglichen derartigen Kombinationen auf den relativen Wert einer Ware ergibt sich einfach durch Anwendung der Fälle I., II. und III.

Wir haben eben untersucht, wie weit Wechsel in der *relativen Wertgröße* einer Ware, der Leinwand, einen Wechsel ihrer *eignen Wertgröße* widerspiegelt, und überhaupt den *relativen Wert* nur nach seiner *quantitativen* Seite betrachtet. Wir wenden uns jetzt zu seiner *Form*. Wenn der relative Wert *Darstellungsform des Werts,* ist der Ausdruck der Äquivalenz *zweier* Waren, wie x Ware A = y Ware B oder 20 Ellen Leinwand = 1 Rock, die *einfache Form des relativen Werts.*

I. *Erste oder einfache Form des relativen Werts: 20 Ellen Leinwand = 1 Rock., (x Ware A = y Ware B.)*

Diese Form ist etwas schwierig zu analysieren, weil sie *einfach* ist.[16] Die in ihr enthaltenen unterschiedenen Bestimmungen sind verhüllt, unent-

[16] Sie ist gewissermaßen die Zellenform oder, wie Hegel sagen würde, das Ansich des Geldes.[14]

wickelt, abstrakt und daher nur durch einige Anstrengung der Abstraktionskraft auseinander- und festzuhalten. So viel ergibt sich aber auf den ersten ||29| Blick, daß die *Form* dieselbe bleibt, ob 20 Ellen Leinwand = 1 Rock oder 20 Ellen Leinwand = x Röcke.[17]

Leinwand kömmt auf die Welt in Gestalt eines *Gebrauchswerts* oder nützlichen Dings. Ihre steifleinene Körperlichkeit oder *Naturalform* ist daher nicht ihre *Wertform*, sondern deren grades Gegenteil. Ihr eignes *Wertsein* zeigt sie zunächst dadurch, daß sie sich auf eine *andre* Ware, den Rock, als *ihr Gleiches bezieht.* Wäre sie nicht selbst Wert, so könnte sie sich nicht auf den Rock als Wert, als *ihresgleichen,* beziehn. *Qualitativ* setzt sie sich den Rock gleich, indem sie sich auf ihn bezieht als *Vergegenständlichung gleichartiger menschlicher Arbeit, d. h. ihrer eignen Wertsubstanz,* und sie setzt sich nur einen Rock gleich statt x Röcke, weil sie nicht nur Wert überhaupt, sondern Wert von *bestimmter Größe* ist, ein Rock aber grade *soviel* Arbeit enthält als 20 Ellen Leinwand. Durch diese Beziehung auf den Rock schlägt die Leinwand verschiedne Fliegen mit einer Klappe. Indem sie die *andre* Ware sich *als Wert gleichsetzt, bezieht sie sich auf sich selbst als Wert.* Indem sie sich auf sich selbst *als Wert* bezieht, *unterscheidet* sie sich zugleich *von sich selbst als Gebrauchswert.* Indem sie ihre *Wertgröße* – und Wertgröße ist beides, Wert überhaupt und quantitativ gemessner Wert – *im Rocke ausdrückt,* gibt sie ihrem *Wertsein* eine von ihrem unmittelbaren Dasein unterschiedne *Wertform.* Indem sie sich so als ein in sich selbst Differenziertes darstellt, stellt sie sich erst wirklich *als Ware* dar – nützliches Ding, das zugleich Wert ist. Soweit die Leinwand Gebrauchswert, ist sie *ein selbständiges Ding.* Ihr *Wert erscheint* dagegen nur *im Verhältnis* zu *andrer Ware,* dem Rocke z. B., ein Verhältnis, worin die Warenart Rock ihr qualitativ *gleichgesetzt* wird und daher in *bestimmter Quantität* gleich-

[17] Die wenigen Ökonomen, die sich, wie S. Bailey, mit der Analyse der Wert*form* beschäftigt haben,[15] konnten zu keinem Resultat kommen, einmal, weil sie Wertform und Wert verwechseln, zweitens, weil sie, unter dem rohen Einfluß des praktischen Bürgers, von vornherein ausschließlich die quantitative Bestimmtheit ins Auge fassen. »Die Verfügung über die Quantität ... macht den Wert.« (»Money and its Vicissitudes«, Lond. 1837, p.11.) Verfasser: S. Bailey.

gilt, sie ersetzt, mit ihr austauschbar ist. Eigne, vom Gebrauchswert *unterschiedne Form* erhält der *Wert* daher nur durch seine Darstellung als *Tauschwert*.

Der Ausdruck des Leinwand*werts* im Rocke prägt dem Rocke selbst eine neue Form auf. In der Tat, was besagt die *Wertform* der Leinwand? Daß der Rock mit ihr austauschbar ist. Wie er geht oder liegt, mit Haut und Haren, in *seiner Naturalform* Rock besitzt er jetzt die Form *unmittelbarer Austauschbarkeit mit andrer Ware*, die Form eines austauschbaren Gebrauchswerts oder *Äquivalents*. Die Bestimmung des Äquivalents enthält nicht nur, daß eine Ware *Wert* überhaupt *ist*, sondern daß sie in ihrer *dinglichen* Gestalt, in ihrer Gebrauchsform, *andrer Ware als Wert gilt* und daher unmittelbar *als Tauschwert* für die andre Ware da ist.|

|30| Als *Wert* besteht die Leinwand *nur* aus Arbeit, bildet eine durchsichtig kristallisierte Arbeitsgallerte. In der Wirklichkeit ist dieser Kristall jedoch sehr trüb. Soweit Arbeit in ihm zu entdecken, und nicht jeder Warenkörper zeigt die Spur der Arbeit, ist es nicht unterschiedslose menschliche Arbeit, sondern Weberei, Spinnerei usw., die auch keineswegs seine einzige Substanz bilden, vielmehr mit Naturstoffen verquickt sind. Um Leinwand als bloß dinglichen Ausdruck menschlicher Arbeit festzuhalten, muß man von allem absehn, was sie wirklich zum Ding macht. Gegenständlichkeit der menschlichen Arbeit, die selbst abstrakt ist, ohne weitere Qualität und Inhalt, ist notwendig abstrakte Gegenständlichkeit, ein *Gedankending*. So wird das Flachsgewebe zum Hirngespinst. Aber *Waren* sind *Sachen*. Was sie sind, müssen sie sachlich sein oder in ihren eignen sachlichen Beziehungen zeigen. In der Produktion der Leinwand *ist* ein bestimmtes Quantum menschlicher Arbeitskraft verausgabt worden. Ihr Wert ist der bloß *gegenständliche Reflex* der so verausgabten Arbeit, aber er reflektiert sich nicht in ihrem Körper. Er *offenbart* sich, erhält sinnlichen Ausdruck durch ihr *Wertverhältnis* zum Rock. Indem sie ihn *als Wert* sich *gleichsetzt*, während sie sich zugleich als *Gebrauchsgegenstand* von ihm *unterscheidet*, wird der Rock die *Erscheinungsform* des Leinwand-*Werts*

im Gegensatz zum Leinwand-*Körper*, ihre *Wertform* im Unterschied von ihrer *Naturalform.*[18]

In dem relativen Wertausdruck: 20 Ellen Leinwand = l Rock oder x Leinwand ist y Rock *wert*, gilt der Rock zwar nur *als Wert* oder Arbeitsgallerte, aber eben dadurch gilt die Arbeitsgallerte *als Rock,* der Rock als die Form, worin menschliche Arbeit gerinnt.[18a] Der Gebrauchswert Rock wird nur zur Erscheinungsform des Leinwand-Werts, weil sich die Leinwand auf das *Rockmaterial* als *unmittelbare Materiatur abstrakter menschlicher Arbeit* bezieht, also Arbeit gleicher Art, wie die in ihr selbst vergegenständlichte. Der Gegenstand Rock gilt ihr als sinnlich handgreifliche Gegenständlichkeit gleichartiger menschlicher Arbeit, daher als Wert in Naturalform. Da sie als Wert gleichen Wesens mit dem Rock ist, wird die Naturalform Rock so zur Erscheinungsform ihres eignen Werts. Aber die im *Gebrauchswert* Rock dargestellte Arbeit ist nicht menschliche Arbeit ||31| schlechthin, sondern eine bestimmte, nützliche Arbeit, *Schneiderarbeit.* Menschliche Arbeit schlechthin, Verausgabung menschlicher Arbeitskraft, ist zwar jeder Bestimmung fähig, aber an und für sich unbestimmt. Verwirklichen, vergegenständlichen kann sie sich nur, sobald die menschliche Arbeitskraft *in bestimmter Form* verausgabt wird, als *bestimmte* Arbeit, denn nur der *bestimmten* Arbeit steht ein Naturstoff gegenüber, ein äußeres Material, worin sie sich vergegenständlicht. Bloß der Hegel'sche »*Begriff*« bringt es fertig, sich ohne äußern Stoff zu objektivieren.[19]

[18] Man spricht deshalb vom *Rockwert* der Leinwand, wenn man ihren Wert in Röcken, von ihrem *Kornwert*, wenn man ihn in Korn darstellt usw. Jeder solcher Ausdruck besagt, daß es *ihr Wert* ist, der in den Gebrauchswerten Rock, Korn usw. erscheint.

[18a] In gewisser Art geht's dem Menschen wie der Ware. Da er weder mit einem Spiegel auf die Welt kommt noch als Fichtescher Philosoph: Ich bin ich, bespiegelt sich der Mensch zuerst in einem andren Menschen. Erst durch die Beziehung auf den Menschen Paul als seinesgleichen bezieht sich der Mensch Peter auf sich selbst als Mensch. Damit gilt ihm aber auch der Paul mit Haut und Haaren, in seiner paulinischen Leiblichkeit, als Erscheinungsform des Genus Mensch.

[19] »Der Begriff, welcher zunächst nur subjektiv ist, schreitet, ohne daß er dazu eines äußeren Materials oder Stoffs bedarf, seiner eignen Tätigkeit gemäß, dazu fort, sich zu objektivieren.« Hegel, »Logik« p. 367 in der »Encyklopädie: Erster Theil. Berlin 1840.«[16]

Die Leinwand kann sich nicht auf den Rock als Wert oder *inkarnierte menschliche Arbeit* beziehn, ohne sich auf *Schneiderarbeit* als die unmittelbare *Verwirklichungsform menschlicher Arbeit* zu beziehen. Was jedoch die Leinwand am Gebrauchswert Rock interessiert, ist weder seine wollne Behäbigkeit noch sein zugeknöpftes Wesen, noch irgendeine andre nützliche Qualität, die ihn zum Gebrauchswert stempelt. Er dient ihr nur dazu, ihre Wertgegenständlichkeit im Unterschied von ihrer steifleinenen Gebrauchsgegenständlichkeit darzustellen. Sie hätte denselben Zweck erreicht, wenn sie ihren Wert in Assa Fötida[17] oder Poudrette[18] oder Stiefelwichse ausgedrückt. Die *Schneiderarbeit* gilt ihr daher ebenfalls nicht, sofern sie zweckmässig produktive Tätigkeit, nützliche Arbeit, sondern nur sofern sie als *bestimmte* Arbeit *Verwirklichungsform, Vergegenständlichungsweise menschlicher Arbeit überhaupt* ist. Drückte die Leinwand ihren Wert statt im Rock in Stiefelwichse aus, so gälte ihr auch statt Schneidern Wichsen als *die* unmittelbare Verwirklichungsform abstrakter menschlicher Arbeit.[19a] Erscheinungsform des Werts oder Äquivalent wird ein Gebrauchswert oder Warenkörper also nur dadurch, daß sich eine andere Ware auf die in ihm enthaltne konkrete, nützliche Arbeitsart als die unmittelbare Verwirklichungsform abstrakter menschlicher Arbeit bezieht.

Wir stehn hier bei dem Springpunkt aller Schwierigkeiten, welche das Verständnis der *Wertform* hindern. Es ist relativ leicht, den Wert der Ware von ihrem Gebrauchswert zu unterscheiden, oder die den Gebrauchswert formende Arbeit von derselben Arbeit, so weit sie bloß als Verausgabung menschlicher Arbeitskraft im Warenwert berechnet wird. Betrachtet man Ware oder Arbeit in der einen Form, so nicht in der andern und vice versa. Diese abstrakten Gegensätze fallen von selbst auseinander und sind daher leicht auseinanderzuhalten. Anders mit der *Wertform*, die nur im Verhältnis von Ware zu Ware existiert. Der Gebrauchswert oder Warenkörper spielt hier eine neue Rolle. Er wird zur

[19a] Sofern man nämlich populär die Bereitung der Wichse selbst Wichsen heißt.[19]

Erscheinungsform ||32| des Waren*werts*, also seines eignen Gegenteils. Ebenso wird die im Gebrauchswert enthaltene *konkrete* nützliche Arbeit zu ihrem eignen Gegenteil, zur bloßen Verwirklichungsform *abstrakter* menschlicher Arbeit. Statt auseinanderzufallen, reflektieren sich die gegensätzlichen Bestimmungen der Ware hier ineinander. So befremdlich dies auf ersten Blick, erweist es sich bei weiterem Nachdenken als notwendig. Die Ware ist von Haus aus ein *zwieschlächtig* Ding, Gebrauchswert *und* Wert, Produkt nützlicher Arbeit *und* abstrakte Arbeitsgallerte. Um sich darzustellen als das, was sie ist, muß sie daher ihre Form *verdoppeln*. Die Form eines Gebrauchswerts besitzt sie von Natur. Es ist ihre Naturalform. Wertform erwirbt sie erst im Umgang mit andren Waren. Aber ihre Wertform muß selbst wieder *gegenständliche* Form sein. Die einzigen gegenständlichen Formen der Waren sind ihre Gebrauchsgestalten, ihre Naturalformen. Da nun die Naturalform einer Ware, der Leinwand z. B., das grade Gegenteil ihrer Wertform ist, muß sie eine *andre* Naturalform, *die Naturalform einer andern Ware* zu ihrer *Wertform* machen. Was sie nicht unmittelbar für sich selbst, kann sie unmittelbar für andre Ware und daher auf einem Umweg für sich selbst tun. Sie kann ihren Wert nicht in ihrem eignen Körper oder in ihrem eignen Gebrauchswert ausdrücken, aber sie kann sich auf einen andern Gebrauchswert oder Warenkörper als unmittelbares Wertdasein beziehn. Sie kann sich nicht zu der in ihr selbst, wohl aber zu der in andrer Warenart enthaltenen konkreten Arbeit als bloßer Verwirklichungsform abstrakter menschlicher Arbeit verhalten. Sie braucht dazu nur die andre Ware sich als *Äquivalent* gleichzusetzen. Der Gebrauchswert einer Ware existiert überhaupt nur für eine andre Ware, soweit er in dieser Weise zur Erscheinungsform ihres Werts dient. Betrachtet man in dem einfachen relativen Wertausdrucke: x Ware A = y Ware B nur das *quantitative* Verhältnis, so findet man auch nur die oben entwickelten Gesetze über die Bewegung des relativen Werts, die alle darauf beruhn, daß die Wertgröße der Waren durch die zu ihrer Produktion notwendige Arbeitszeit bestimmt ist. Betrachtet man aber das Wertverhältnis der beiden Waren nach seiner *qualitativen* Seite, so entdeckt man in jenem einfachen Wertausdruck das Geheimnis der Wertform und daher, in nuce, des Geldes.[20]

Unsre Analyse hat gezeigt, daß *der relative Wertausdruck einer Ware zwei verschiedne Wertformen einschließt.* Die Leinwand drückt ihren Wert und ihre *bestimmte Wertgröße* im Rock aus. Sie stellt ihren Wert dar im *Wertverhältnis* zu einer andern Ware, daher als *Tauschwert.* ||33| Andrerseits die andre Ware, der Rock, *worin* sie ihren Wert relativ ausdrückt, erhält eben dadurch die Form eines mit ihr unmittelbar austauschbaren Gebrauchswerts oder *Äquivalents.* Beide Formen, *relative Wertform* der einen Ware, *Äquivalentform* der andern, sind Formen des *Tauschwerts.* Beide sind in der Tat nur *Momente*, wechselseitig durcheinander bedingte Bestimmungen, *desselben relativen Wertausdrucks,* aber polarisch verteilt auf die zwei gleichgesetzten *Warenextreme.*

Quantitative Bestimmtheit ist nicht in der *Äquivalentform* einer Ware eingeschlossen. Das bestimmte Verhältnis z. B., worin Rock Äquivalent von Leinwand ist, entspringt nicht aus seiner Äquivalentform, *der Form seiner unmittelbaren Austauschbarkeit* mit der Leinwand, sondern aus der Bestimmung der Wertgröße durch Arbeitszeit. Die Leinwand kann ihren eignen Wert nur in Röcken darstellen, indem sie sich auf ein bestimmtes Rockquantum als *gegebenes Quantum* kristallisierter menschlicher Arbeit bezieht. Ändert sich der Rock*wert*, so ändert sich auch diese Beziehung. Damit sich aber der relative Wert der Leinwand ändere, muß er vorhanden sein, und er kann nur gebildet werden bei *gegebenem* Rockwert. Ob die Leinwand ihren eignen Wert nun in 1, 2 oder x Röcken darstellt, hängt unter dieser Voraussetzung ganz von der Wertgröße einer Elle Leinwand und der Ellenanzahl ab, deren Wert in Rockform dargestellt werden soll. Die *Wertgröße einer Ware* kann sich nur im Gebrauchswert einer andern Ware *ausdrücken*, als *relativer Wert.* Die Form eines unmittelbar austausch-

20 Es ist kaum verwunderlich, daß die Ökonomen, ganz unter dem Einfluß stofflicher Interessen, den Formgehalt des relativen Wertausdrucks übersehn haben, wenn vor Hegel die Logiker von Profession[20] sogar den Forminhalt der Urteils- und Schlußparadigmen übersahen.

baren Gebrauchswerts oder *Äquivalents* erhält eine Ware dagegen umgekehrt nur als das *Material, worin* der Wert einer andern Ware ausgedrückt wird.

Diese Unterscheidung ist getrübt durch eine charakteristische Eigentümlichkeit des relativen Wertausdrucks in seiner einfachen oder ersten Form. Die Gleichung: *20 Ellen Leinwand = 1 Rock*, oder 20 Ellen Leinwand sind einen Rock wert, schließt nämlich offenbar die identische Gleichung ein: *1 Rock = 20 Ellen Leinwand,* oder 1 Rock ist 20 Ellen Leinwand wert. Der relative Wertausdruck der Leinwand, worin der Rock als Äquivalent figuriert, enthält also *rückbezüglich* den relativen Wertausdruck des Rocks, worin die Leinwand als Äquivalent figuriert.

Obgleich beide Bestimmungen der *Wertform* oder beide Darstellungsweisen des Waren*werts* als *Tauschwert* nur *relativ* sind, *scheinen* beide nicht in demselben Grad relativ. Im *relativen Wert* der Leinwand: 20 Ellen Leinwand = 1 Rock, ist der *Tauschwert* der Leinwand ausdrücklich als *ihre Beziehung auf eine andre Ware* dargestellt. Der Rock seinerseits ist zwar auch nur *Äquivalent*, soweit sich die Leinwand auf ihn als Erscheinungsform ihres eignen Werts und daher mit ihr unmittelbar Austauschbares *bezieht*. Nur *innerhalb* dieser Beziehung ist er Äquivalent. Aber er verhält ||34| sich passiv. Er ergreift keine Initiative. Er findet sich in Beziehung, weil sich auf ihn bezogen wird. Der Charakter, der ihm aus dem Verhältnis mit der Leinwand erwächst, erscheint daher nicht als Resultat *seiner Beziehung*, sondern ohne sein Zutun vorhanden. Noch mehr. Die *bestimmte Art und Weise*, wie sich die Leinwand auf ihn bezieht, ist ganz dazu gemacht, es ihm »anzutun«, wäre er auch noch so bescheiden und keineswegs das Produkt eines »tailor run mad with pride«*. Die Leinwand bezieht sich nämlich auf den Rock als sinnlich existierende Materiatur der menschlichen Arbeit in abstracto** und daher als *vorhandnen Wertkörper.* Er *ist* dies nur, weil und sofern sich die Leinwand in dieser bestimmten Weise auf ihn *bezieht*. Sein *Äquivalentsein*

* »ein Schneider, der vor Stolz wahnsinnig wurde«

** im allgemeinen

ist sozusagen nur eine *Reflexionsbestimmung* der Leinwand. Aber es *scheint* grade umgekehrt. Einerseits gibt er sich selbst nicht die Mühe sich zu beziehn. Andrerseits bezieht sich die Leinwand auf ihn, nicht um ihn zu etwas zu machen, sondern weil er ohne sie etwas ist. Das fertige Produkt der Beziehung der Leinwand auf den Rock, seine Äquivalentform, seine Bestimmtheit als unmittelbar austauschbarer Gebrauchswert, scheint ihm daher auch *außerhalb* der Beziehung zur Leinwand *dinglich* anzugehören, ganz wie etwa seine Eigenschaft warm zu halten. In der ersten oder einfachen Form des relativen Werts: 20 Ellen Leinwand = 1 Rock, ist dieser falsche Schein *noch nicht befestigt,* weil sie unmittelbar auch das Gegenteil aussagt, daß der Rock Äquivalent der Leinwand und daß jede der beiden Waren diese Bestimmtheit nur besitzt, weil und sofern die andre sie zu ihrem relativen Wertausdruck macht.[21]

In der einfachen Form des relativen Werts oder dem Ausdrucke der Äquivalenz *zweier* Waren, ist die *Form*entwicklung des Werts für beide Waren *gleichmäßig*, obgleich jedesmal in *entgegengesetzter* Richtung. Der *relative Wertausdruck* ist ferner mit Bezug auf jede der beiden Waren *einheitlich*, denn die Leinwand stellt ihren Wert nur in *einer* Ware dar, dem Rocke und vice versa, aber für *beide* Waren ist dieser Wertausdruck *doppelt*, verschieden für jede derselben. Endlich ist jede der beiden Waren nur *Äquivalent* für die andre einzelne Warenart, also nur *einzelnes Äquivalent*.

Solche Gleichung, wie *20 Ellen Leinwand = 1 Rock*, oder zwanzig Ellen Leinwand *sind* einen Rock *wert*, drückt offenbar den Wert der Ware nur ganz beschränkt und einseitig aus. Vergleiche ich die Leinwand z. B., statt mit Röcken, mit andern Waren, so erhalte ich auch *andre relative Wertausdrücke,* andre *Gleichungen*, wie 20 Ellen Leinwand = u Kaffee, 20 Ellen Leinwand = v Tee usw. Die Leinwand hat *eben so viele verschiedne* ||35| *relative Wertausdrücke*, als es von ihr verschiedne Waren gibt und

[21] Es ist mit solchen Reflexionsbestimmungen überhaupt ein eigenes Ding. Dieser Mensch ist z. B. nur König, weil sich andre Menschen als Untertanen zu ihm verhalten. Sie glauben umgekehrt Untertanen zu sein, weil er König ist.

die Zahl ihrer relativen Wertausdrücke wächst beständig mit der Zahl neu auftretender Warenarten.[22]

Die erste Form *20 Ellen Leinwand = 1 Rock* gab *zwei relative Ausdrücke* für den Wert *zweier* Waren. Diese zweite Form gibt für *den Wert derselben Ware* die bunteste Mosaik[22] relativer Ausdrücke. Auch scheint weder für den Ausdruck der Wert*größe* irgend etwas gewonnen, denn in 20 Ellen Leinwand = 1 Rock ist die *Wertgröße* der Leinwand, die ja in jedem Ausdrucke dieselbe bleibt, eben so erschöpfend dargestellt als in 20 Ellen Leinwand = u Tee usw., noch für die Formbestimmung des *Äquivalents*, denn in 20 Ellen Leinwand = u Kaffee usw., sind Kaffee usw. nur *einzelne Äquivalente,* ganz wie es der Rock war.

Dennoch birgt diese zweite Form eine wesentliche Fortentwicklung. Es liegt darin nämlich nicht nur, daß die Leinwand ihren Wert zufällig bald in Röcken ausdrückt, bald in Kaffee usw., sondern daß sie ihn *sowohl* in Röcken *als* in Kaffee usw. ausdrückt, *entweder* in *dieser* Ware *oder* jener *oder* der dritten usw. Die Weiterbestimmung zeigt sich, sobald diese zweite oder *entfaltete Form des relativen Wertausdrucks* in ihrem *Zusammenhang* dargestellt wird. Wir erhalten dann:

II. *Zweite oder entfaltete Form des relativen Werts:*

20 Ellen Leinwand = 1 Rock *oder* = u Kaffee *oder* = v Tee *oder* = x Eisen *oder* = y Weizen *oder* = usw. usw. z Ware A = u Ware B *oder* = v Ware C *oder* = w Ware D *oder* = x Ware E *oder* = y Ware F *oder* = usw.

Zunächst bildet offenbar die erste Form das *Grundelement* der zweiten, denn letztere besteht aus vielen einfachen relativen Wertausdrük-

[22] »Da der Wert jeder Ware ihr Verhältnis im Austausch bezeichnet, können wir ihn bezeichnen als ... Kornwert, Tuchwert, je nach der Ware, mit der sie verglichen wird; und daher gibt es *tausend verschiedene Arten von Werten*, so viele, wie Waren vorhanden sind, und alle sind gleich real und gleich nominell.« (»A Critical Dissertation on the Nature, Measures, and Causes of Value; chiefly in reference to the writings of Mr. Ricardo and his followers. By the Author of Essays on the Formation etc. of Opinions«, London 1825, p. 39.) S. Bailey, der Verfasser dieser anonymen Schrift, die ihrer Zeit viel Lärm in England machte, wähnt durch diesen Hinweis auf die kunterbunten relativen Ausdrücke desselben Waren-Werts alle Begriffsbestimmung des Werts vernichtet zu haben. Daß er übrigens, trotz eigner Borniertheit, wunde Flecken der Ricardoschen Theorie sondiert hatte [siehe vorl. Bd. S. 47–86], bewies die Gereiztheit, womit die Ricardosche Schule[21] ihn angriff, z. B. in der »Westminster Review«[5].

ken, wie 20 Ellen Leinwand = 1 Rock, 20 Ellen Leinwand = u Kaffee usw.

In der ersten Form: *20 Ellen Leinwand = 1 Rock* kann es zufällige Tatsache scheinen, daß diese zwei Waren in diesem *bestimmten quantitativen Verhältnis* austauschbar sind. In der zweiten Form leuchtet dagegen sofort ein von der zufälligen Erscheinung wesentlich unterschiedner und sie bestimmender Hintergrund durch. Der Wert der Leinwand bleibt ||36| gleich groß, ob in Rock oder Kaffee oder Eisen usw. dargestellt, in zahllos verschiednen Waren, den verschiedensten Besitzern angehörig. Das zufällige Verhältnis zweier individueller Warenbesitzer fällt fort. Es wird offenbar, daß nicht der Austausch die Wertgröße der Ware, sondern umgekehrt die Wertgröße der Ware ihre Austauschverhältnisse reguliert.

In dem Ausdruck: *20 Ellen Leinwand = 1 Rock* galt der Rock als Erscheinungsform der *in der Leinwand* vergegenständlichten Arbeit. So wurde die in der Leinwand enthaltene Arbeit der im Rock enthaltnen gleichgesetzt und daher als gleichartige *menschliche* Arbeit bestimmt. Indes trat diese Bestimmung nicht *ausdrücklich* hervor. Unmittelbar setzt die erste Form die in der Leinwand enthaltne Arbeit nur der Schneiderarbeit gleich. Anders die zweite Form. In der endlosen, stets verlängerbaren Reihe ihrer relativen Wertausdrücke bezieht sich die Leinwand auf alle möglichen Warenkörper als bloße Erscheinungsformen der in ihr selbst enthaltenen Arbeit. Hier ist der Leinwand-*Wert* daher erst wahrhaft dargestellt als *Wert*, d. h. *Kristall menschlicher Arbeit überhaupt.*

Die zweite Form besteht aus einer *Summe* von lauter Gleichungen der ersten Form. Jede dieser Gleichungen, wie *20 Ellen Leinwand = 1 Rock* schließt aber auch die Rückbeziehung ein: *1 Rock = 20 Ellen Leinwand,* wo der Rock seinen Wert in der Leinwand und eben dadurch die Leinwand als Äquivalent darstellt. Da dies nun von jedem der zahllosen relativen Wertausdrücke der Leinwand gilt, erhalten wir:

III. *Dritte, umgekehrte oder rückbezogene zweite Form des relativen Werts:*

1 Rock	=	20 Ellen Leinwand.
u Kaffee	=	20 Ellen Leinwand.

v Tee	=	20 Ellen Leinwand.
x Eisen	=	20 Ellen Leinwand.
y Weisen	=	20 Ellen Leinwand.
usw.	=	20 Ellen Leinwand.

Der *relative Wertausdruck* der Waren kehrt hier zurück in seiner ursprünglichen Gestalt:1 Rock = 20 Ellen Leinwand. Jedoch ist diese einfache Gleichung jetzt weiter entwickelt. Ursprünglich enthielt sie nur, daß der Rock*wert* durch seinen Ausdruck in einer *andern* Ware eine vom *Gebrauchswert* Rock oder dem *Rockkörper selbst unterschiedne* und *unabhängige Form* erhält. Jetzt stellt dieselbe Form den Rock auch *allen andern Waren* gegenüber *als Wert* dar und ist daher seine allgemein gültige Wertform. Nicht nur der Rock, sondern Kaffee, Eisen, Weizen, kurz alle andern Waren drücken ihren Wert jetzt im *Material Leinwand* aus. Alle stellen sich so einander als *dieselbe Materiatur menschlicher Arbeit* dar. Sie ||37| sind nur noch *quantitativ* verschieden, weswegen 1 Rock, u Kaffee, x Eisen usw., *d. h. verschiedne Quanta* dieser verschiednen Dinge = 20 Ellen Leinwand, gleich *demselben Quantum* vergegenständlichter menschlicher Arbeit. Durch ihren *gemeinschaftlichen* Wertausdruck im Material Leinwand *unterscheiden* sich also alle Waren als *Tauschwerte* von ihren eignen *Gebrauchswerten* und beziehn sich zugleich aufeinander als *Wertgrößen*, setzen sich *qualitativ gleich* und *vergleichen* sich *quantitativ*. Erst in diesem *einheitlichen* relativen Wertausdruck *erscheinen* sie alle füreinander als Werte und erhält ihr Wert daher erst seine entsprechende *Erscheinungsform als Tauschwert.* Im Unterschied zur *entfalteten* Form des relativen Werts (Form II), die den Wert einer Ware im Umkreis *aller andern* Waren darstellt, nennen wir diesen *einheitlichen* Wertausdruck die *allgemeine relative Wertform.*

In der *Form II:* 20 Ellen Leinwand = 1 Rock *oder* = u Kaffee *oder* = v Tee *oder* = x Eisen usw., worin die Leinwand *ihren relativen Wertausdruck* entfaltet, bezieht sie sich auf jede einzelne Ware, Rock, Kaffee usw. als ein *besondres Äquivalent* und auf alle zusammen als den *Umkreis ihrer besondern Äquivalentformen.* Ihr gegenüber gilt keine einzelne Warenart noch als Äquivalent schlechthin, wie im *einzelnen* Äquivalent, sondern nur als *besondres* Äquivalent, wovon das eine das andre ausschließt. In der Form III, welche die rückbezogene zweite Form und also in ihr eingeschlossen ist, erscheint die Leinwand dagegen als die *Gattungsform* des Äquivalents für alle andern Waren. Es ist als ob neben und außer Löwen, Tigern, Hasen und allen andern wirklichen Tieren, die gruppiert die verschiednen Geschlechter, Arten, Unterarten, Familien usw. des Tierreichs bilden, auch noch *das Tier* existierte, die individuelle Inkarnation des ganzen Tierreichs. Ein solches Einzelne, das in sich selbst alle wirklich vorhandenen Arten derselben Sache einbegreift, ist ein *Allgemeines,* wie *Tier, Gott* usw. Wie die Leinwand daher *einzelnes Äquivalent* wurde, dadurch, daß sich *eine* andre Ware auf sie als Erscheinungsform des Werts bezog, so wird sie als allen Waren gemeinschaftliche Erscheinungsform des Werts das *allgemeine Äquivalent, allgemeiner Wertleib, allgemeine Materiatur der abstrakten menschlichen Arbeit.* Die in ihr materialisierte *besondre* Arbeit gilt daher jetzt als *allgemeine Verwirklichungsform* der menschlichen Arbeit, als *allgemeine Arbeit.*

Bei der Darstellung des Werts der Ware A in der Ware B, wodurch die Ware B *einzelnes Äquivalent* wird, war es gleichgültig, von welcher *besondern* Sorte die Ware B. Nur mußte die Körperlichkeit der Ware B *andrer* Art sein als die der Ware A, daher auch Produkt *andrer nützlicher Arbeit.* Indem der Rock seinen Wert in Leinwand darstellte, bezog er sich auf Leinwand als *die verwirklichte menschliche Arbeit,* und eben dadurch ||38| auf *Leineweberei* als die *Verwirklichungsform der menschlichen Arbeit,* aber die *besondre* Bestimmtheit, welche Leineweberei von andern Arbeitsarten *unterscheidet,* war durchaus gleichgültig. Sie mußte nur andrer Art sein als die Schneiderarbeit und im übrigen eine *bestimmte* Arbeitsart. Anders sobald die Leinwand *allgemeines Äquivalent* wird. Dieser Gebrauchswert in seiner *besondern* Bestimmtheit, wodurch er *Leinwand* im Unterschied von allen andern Warenarten, Kaffee, Eisen usw., wird jetzt die allgemeine Wertform aller andern Waren und daher *allgemeines Äquivalent.* Die in ihm dargestellte *besondre* nützliche Arbeitsart gilt daher jetzt als *allgemeine Verwirklichungsform der menschlichen Arbeit,* als *allgemeine* Arbeit, grade soweit sie Arbeit von *besondrer* Bestimmtheit ist, *Leineweberei* im Unterschied nicht nur von Schneiderarbeit, sondern von Kaffeebau, Minenarbeit und *allen* andern Arbeitsarten. Umgekehrt gelten alle andren Arbeitsarten, im *relativen Wertausdruck* der Leinwand, des allgemeinen Äquivalents (*Form* II), nur noch als *besondre Verwirklichungsformen* der menschlichen Arbeit.

Als *Werte sind* die Waren Ausdrücke *derselben Einheit,* der abstrakten menschlichen Arbeit. In der Form des *Tauschwerts erscheinen* sie einander *als Werte* und *beziehn* sich aufeinander *als Werte.* Sie beziehn sich damit zugleich auf die abstrakte menschliche Arbeit als ihre *gemeinsame gesellschaftliche Substanz.* Ihr *gesellschaftliches* Verhältnis besteht ausschließlich darin, einander als nur quantitativ verschiedne, aber qualitativ gleiche und daher durch einander ersetzbare und mit einander vertauschbare Ausdrücke dieser ihrer gesellschaftlichen Substanz zu gelten. Als nützliches Ding besitzt eine Ware gesellschaftliche Bestimmtheit, soweit sie Gebrauchswert für andre außer ihrem Besitzer ist, also gesellschaftliche Bedürfnisse befriedigt. Aber gleichgültig, auf wessen Bedürfnisse ihre nützlichen Eigenschaften sie beziehn, sie wird durch dieselben immer nur auf *menschliche Bedürfnisse bezogener Gegenstand,* nicht Ware für *andre Waren.* Nur was bloße Gebrauchsgegenstände in *Waren* verwandelt, kann sie *als Waren* auf einander beziehn und daher in *gesellschaftlichen* Rapport[23] setzen. Es ist dies aber ihr *Wert.* Die *Form,* worin sie sich als Werte, als menschliche Arbeitsgallerte *gelten,* ist daher ihre *gesellschaftliche Form. Gesellschaftliche Form* der Ware und *Wertform* oder *Form der Austauschbarkeit* sind also eins und dasselbe. Ist die Naturalform einer Ware zugleich Wertform, so besitzt sie die Form *unmittelbarer Austauschbarkeit* mit andern Waren und daher *unmittelbar gesellschaftliche Form.*

Die *einfache relative Wertform* (*Form* I) 1 Rock = 20 Ellen Leinwand unterscheidet sich von der *allgemeinen relativen Wertform* 1 Rock = 20 Ellen Leinwand nur dadurch, daß diese Gleichung jetzt ein Glied der Reihe bildet|

|39| 1 Rock = 20 Ellen Leinwand
u Kaffee = 20 Ellen Leinwand
v Tee = 20 Ellen Leinwand
usw.

Sie unterscheidet sich also in der Tat nur dadurch, daß die Leinwand aus einem *einzelnen* zum *allgemeinen Äquivalent* fortentwickelt ist. Wenn also im *einfachen* relativen Wertausdrucke nicht die Ware, die ihre *Wertgröße* ausdrückt, sondern die Ware, *worin* Wertgröße ausgedrückt wird, die *Form unmittelbarer Austauschbarkeit,* Äquivalentform, also *unmittelbar gesellschaftliche Form* erhält, so gilt dasselbe für den allgemeinen relativen Wertausdruck. Aber in der einfachen relativen Wertform ist dieser Unterschied nur noch formell und verschwindend. Wenn in 1 Rock = 20 Ellen Leinwand der Rock seinen Wert relativ, nämlich in Leinwand ausdrückt und die Leinwand dadurch Äquivalentform erhält, so schließt dieselbe Gleichung unmittelbar die Rückbeziehung ein: 20 Ellen Leinwand = 1 Rock, worin der Rock die Äquivalentform erhält und der Wert der Leinwand relativ ausgedrückt wird. Diese gleichmäßige und gegenseitige Entwicklung der Wertform beider Waren als relativer Wert und als Äquivalent findet jetzt nicht länger statt. Wird die allgemeine relative Wertform 1 Rock = 20 Ellen Leinwand, wo die Leinwand *allgemeines Äquivalent,* umgekehrt in 20 Ellen Leinwand = 1 Rock, so wird der Rock dadurch nicht allgemeines Äquivalent für alle andern Waren, sondern nur ein besondres Äquivalent der Leinwand. *Allgemein* ist die relative Wertform des Rocks nur, weil sie zugleich die relative Wertform aller andern Waren. Was vom Rock, gilt vom Kaffee usw. Es folgt daher, daß die allgemeine relative Wertform der Waren sie selbst von der allgemeinen Äquivalentform *ausschließt.* Umgekehrt ist eine Ware, wie Leinwand, sobald sie die allgemeine Äquivalentform besitzt, von der allgemeinen relativen Wertform ausgeschlossen. Die allgemeine, mit den andern Waren einheitliche relative Wertform der Leinwand wäre: 20 Ellen Leinwand = 20 Ellen Leinwand. Dies ist aber eine Tautologie, welche die *Wertgröße* dieser in allgemeiner Äquivalentform und daher in stets austauschbarer Form befindlichen Ware nicht ausdrückt. Vielmehr wird die *entfaltete relative* Wertform: 20 Ellen Leinwand = 1 Rock *oder* = u Kaffee *oder* = v Tee *oder* = usw. jetzt zum *spezifischen* relativen Wertausdrucke des allgemeinen Äquivalents.

In dem allgemeinen relativen Wertausdruck der Waren besitzt jede Ware, Rock, Kaffee, Tee usw. eine von ihrer Naturalform verschiedne *Wertform*, nämlich die Form Leinwand. Und eben in dieser Form beziehn sie sich auf einander als Austauschbare und in quantitativ bestimmten Verhältnissen Austauschbare, denn wenn 1 Rock = 20 Ellen Leinwand, ||40| u Kaffee = 20 Ellen Leinwand usw., so ist auch 1 Rock = u Kaffee usw. Indem alle Waren sich in einer und derselben Ware als Wertgrößen bespiegeln, widerspiegeln sie sich wechselseitig als Wertgrößen. Aber die Naturalformen, die sie als Gebrauchsgegenstände besitzen, gelten ihnen wechselseitig nur auf diesem Umweg, also nicht unmittelbar als Erscheinungsformen des Werts. Sowie sie unmittelbar sind, sind sie daher nicht unmittelbar austauschbar. Sie besitzen also nicht die *Form unmittelbarer Austauschbarkeit* füreinander oder ihre *gesellschaftlich gültige Form* ist eine *vermittelte*. Umgekehrt. Indem alle andern Waren auf Leinwand als Erscheinungsform des Werts sich beziehen, wird die Naturalform der Leinwand die *Form ihrer unmittelbaren Austauschbarkeit* mit allen Waren, daher *unmittelbar* ihre *allgemein gesellschaftliche Form.*

Eine Ware erhält nur die *allgemeine Äquivalentform*, weil und sofern sie allen andern Waren zur Darstellung ihrer *allgemeinen relativen,* daher *nicht unmittelbaren* Wertform dient. Waren müssen sich aber relative Wertform überhaupt geben, weil ihre Naturalformen nur ihre Gebrauchswertformen, und sie müssen sich einheitliche, daher allgemeine relative Wertform geben, um sich alle als Werte, als gleichartige Gallerten menschlicher Arbeit auf einander zu beziehen. *Eine* Ware befindet sich daher nur in der Form unmittelbarer Austauschbarkeit mit allen andern Waren und daher in unmittelbar gesellschaftlicher Form, weil und sofern *alle andern Waren* sich *nicht* darin befinden, oder weil die Ware überhaupt sich von Haus aus *nicht* in unmittelbar austauschbarer oder gesellschaftlicher Form befindet, indem ihre unmittelbare Form die Form ihres Gebrauchswerts, nicht ihres Wertes.

Man sieht es der Form *allgemeiner unmittelbarer Austauschbarkeit* in der Tat keineswegs an, daß sie eine *gegensätzliche* Warenform ist, von der Form *nicht unmittelbarer* Austauschbarkeit ebenso unzertrennlich, wie die Positivität eines Magnetpols von der Negativität des andern. Man kann sich daher einbilden, man könne allen Waren zugleich den Stempel unmittelbarer Austauschbarkeit aufdrücken, wie man sich auch einbilden kann, man könne alle Arbeiter zu *Kapitalisten* machen. In der Tat aber sind *allgemeine relative Wertform* und *allgemeine Äquivalentform* die gegensätzlichen, sich wechselweis voraussetzenden und wechselweis abstoßenden Pole *derselben* gesellschaftlichen Form der Waren.[23]|

|41| Als *unmittelbar gesellschaftliche Materiatur der Arbeit* ist die Leinwand, das allgemeine Äquivalent, *Materiatur unmittelbar gesellschaftlicher Arbeit,* während die andern Warenkörper, welche ihren Wert in Leinwand darstellen, Materiaturen *nicht unmittelbar gesellschaftlicher* Arbeiten sind.

In der Tat sind alle Gebrauchswerte nur Waren, weil *Produkte voneinander unabhängiger Privatarbeiten,* Privatarbeiten, die jedoch als besondere, wenn auch verselbständigte, Glieder des naturwüchsigen Systems der *Teilung der Arbeit* stofflich voneinander abhängen. Sie hängen so gesellschaftlich zusammen grade durch ihre *Verschiedenheit,* ihre *besondre Nützlichkeit.* Eben deswegen produzieren sie qualitativ verschiedne Gebrauchswerte. Wenn nicht, so würden diese Gebrauchswerte nicht zu

[23] Für den Kleinbürger, der in der Warenproduktion das nec plus ultra* menschlicher Freiheit und individueller Unabhängigkeit erblickt, wäre es natürlich sehr wünschenswert, zugleich der mit dieser Form verbundnen *Mißstände* überhoben zu sein, namentlich auch der *nicht unmittelbaren* Austauschbarkeit der Waren. Die Ausmalung dieser Philisterutopie[24] bildet Proudhons Sozialismus[25], der, wie ich anderswo gezeigt[26], nicht einmal das Verdienst der Originalität besitzt, vielmehr lange vor ihm von Gray, Bray und andern weit besser entwickelt wurde. Dies verhindert solche Weisheit nicht, heutzutage unter dem Namen der »science«** in Frankreich zu grassieren. Nie hat eine Schule mehr als die Proudhonsche mit dem Wort »science« um sich geworfen, denn »wo Begriffe fehlen, da stellt zur rechten Zeit ein Wort sich ein«.[27]

* der Gipfel

** »Wissenschaft«

Waren füreinander. Andrerseits macht diese verschiedne nützliche Qualität Produkte noch nicht zu Waren. Produziert eine bäuerliche Familie für ihren eignen Konsum Rock und Leinwand und Weizen, so treten diese Dinge der Familie als verschiedne Produkte ihrer Familienarbeit gegenüber, aber nicht sich selbst wechselseitig als Waren. Wäre die Arbeit *unmittelbar gesellschaftliche,* d. h. gemeinsame Arbeit, so erhielten die Produkte den unmittelbar gesellschaftlichen Charakter eines Gemeinprodukts für ihre Produzenten, aber nicht den Charakter von Waren füreinander. Indes haben wir hier nicht weit zu suchen, worin die *gesellschaftliche Form* der in den Waren enthaltenen und voneinander unabhängigen *Privatarbeiten* besteht. Sie ergab sich bereits aus der Analyse der Ware. Ihre gesellschaftliche Form ist ihre Beziehung aufeinander als *gleiche Arbeit,* also, da die *Gleichheit* toto coelo* *verschiedner* Arbeiten nur in einer *Abstraktion von ihrer Ungleichheit* bestehen kann, ihre Beziehung aufeinander als *menschliche Arbeit* überhaupt, *Verausgabungen menschlicher Arbeitskraft,* was alle menschlichen Arbeiten, welches immer ihr Inhalt und ihre Operationsweise, in der Tat *sind.* In jeder gesellschaftlichen Arbeitsform sind die Arbeiten der verschiednen Individuen auch als menschliche aufeinander bezogen, aber hier gilt diese *Beziehung selbst* als die *spezifisch gesellschaftliche Form* der Arbeiten. Nun besitzt aber keine dieser Privatarbeiten in ihrer Naturalform diese spezifisch gesellschaftliche Form abstrakter menschlicher Arbeit, so wenig, wie die Ware in ihrer Naturalform die gesellschaftliche Form bloßer Arbeitsgallerte, oder des Wertes, besitzt. Dadurch aber daß die Naturalform einer Ware, hier der Leinwand, allgemeine Äquivalentform wird, weil sich alle andern Waren auf dieselbe als Erscheinungsform ihres eignen Werts ||42| beziehn, wird auch die Leinweberei zur allgemeinen Verwirklichungsform abstrakter menschlicher Arbeit oder zu Arbeit in unmittelbar gesellschaftlicher Form. Der Maßstab der »Gesellschaftlichkeit« muß aus der Natur der jeder Produktionsweise eigentümlichen Verhältnisse, nicht aus ihr fremden Vorstellungen entlehnt werden. Wie vorhin gezeigt ward, daß die Ware von

* völlig

Natur die unmittelbare Form allgemeiner Austauschbarkeit ausschließt und die allgemeine Äquivalentform daher nur *gegensätzlich* entwickeln kann, so gilt dasselbe für die in den Waren steckenden Privatarbeiten. Da sie *nicht unmittelbar gesellschaftliche* Arbeit sind, so ist erstens die *gesellschaftliche Form* eine von den Naturalformen der wirklichen nützlichen Arbeiten unterschiedne, ihnen fremde, und abstrakte Form, und zweitens erhalten alle Arten Privatarbeit ihren *gesellschaftlichen* Charakter nur *gegensätzlich,* indem sie alle einer ausschließlichen Art Privatarbeit, hier der Leineweberei, *gleichgesetzt* werden. Dadurch wird letztere die unmittelbare und allgemeine Erscheinungsform abstrakter menschlicher Arbeit und *so* Arbeit in unmittelbar gesellschaftlicher Form. Sie stellt sich daher auch unmittelbar in einem gesellschaftlich geltenden und allgemein austauschbaren Produkt dar.

Der Schein, als ob die Äquivalentform einer Ware aus ihrer eignen dinglichen Natur entspringe, statt bloßer Reflex der Beziehungen der andern Waren zu sein, befestigt sich mit der Fortbildung des *einzelnen* Äquivalents zum *allgemeinen,* weil die gegensätzlichen Momente der Wertform sich nicht mehr *gleichmäßig* für die aufeinander bezognen Waren entwickeln, weil die allgemeine Äquivalentform eine Ware als etwas ganz apartes von allen andern Waren scheidet und endlich, weil diese ihre Form in der Tat nicht mehr das Produkt der Beziehung irgendeiner *einzelnen* andern Ware ist.

Indes ist auf unserm jetzigen Standpunkt das allgemeine Äquivalent noch keineswegs verknöchert. Wie wurde in der Tat die Leinwand in das allgemeine Äquivalent verwandelt? Dadurch, daß sie ihren Wert erst in einer einzelnen Ware (Form I), dann in allen andern Waren der Reihe nach *relativ* darstellte (Form II), und so *rückbezüglich* alle andern Waren in ihr ihre Werte relativ darstellten (Form III). Der einfache relative Wertausdruck war der Keim, woraus sich die allgemeine Äquivalentform der Leinwand entwickelte. Innerhalb dieser Entwicklung ändert sie die Rolle. Sie beginnt damit, ihre Wertgröße in *einer* andern Ware darzustellen und endet damit zum Material für den Wertausdruck *aller* andern Waren zu dienen. Was von der Leinwand, gilt von jeder Ware. In ihrem entfalteten relativen Wertausdrucke (Form II), der nur aus ihren *vielen, einfachen* Wertausdrücken besteht, figuriert die Leinwand noch nicht als allgemeines Äquivalent. Vielmehr bildet hier jeder andre Warenkörper *ihr Äquiva*||43|*lent,* ist daher unmittelbar austauschbar mit ihr und kann also die Stelle mit ihr wechseln.

Wir erhalten daher schließlich:

Form IV:

20 Ellen Leinwand = 1 Rock *oder* = u Kaffee *oder* = v Tee *oder* = x Eisen *oder* = y Weizen *oder* = usw.
1 Rock = 20 Ellen Leinwand *oder* = u Kaffee *oder* = v Tee *oder* = x Eisen *oder* = y Weizen *oder* = usw.
u Kaffee = 20 Ellen Leinwand *oder* = 1 Rock *oder* = v Tee *oder* = x Eisen *oder* = y Weizen *oder* = usw.
v Tee = usw.

Aber jede dieser Gleichungen *rückbezogen* ergibt Rock, Kaffee, Tee usw. als allgemeines Äquivalent, daher den Wertausdruck in Rock, Kaffee, Tee usw. als allgemeine relative Wertform aller andern Waren. Die allgemeine Äquivalentform kommt immer nur einer Ware zu im Gegensatz zu allen andern Waren; aber sie kommt jeder Ware im Gegensatz zu allen andern zu. Stellt aber jede Ware ihre eigne Naturalform allen andern Waren gegenüber als allgemeine Äquivalentform, so schließen alle Waren alle von der allgemeinen Äquivalentform aus und daher sich selbst von der gesellschaftlich gültigen Darstellung ihrer Wertgrößen.

Man sieht: Die Analyse der Ware ergibt alle *wesentlichen* Bestimmungen der *Wertform* und die Wertform selbst in ihren gegensätzlichen Momenten, die *allgemeine relative Wertform,* die *allgemeine Äquivalentform,* endlich die nie abschließende *Reihe einfacher relativer Wertausdrücke,* welche erst eine Durchgangsphase in der Entwicklung der Wertform bildet, um schließlich in die *spezifisch relative Wertform des allgemeinen Äquivalents* umzuschlagen. Aber die Analyse der Ware ergab diese Formen als *Warenformen* überhaupt, die also auch jeder Ware zukommen, nur *gegensätzlich,* so daß, wenn die Ware A sich in der *einen* Formbestimmung befindet, die

Waren B, C usw. ihr gegenüber die *andere* annehmen. Das entscheidend Wichtige aber war den inneren notwendigen Zusammenhang zwischen Wert*form*, Wert*substanz* und Wert*größe* zu entdecken, d. h. *ideell* ausgedrückt, zu beweisen, daß die Wert*form* aus dem Wert*begriff* entspringt.[24]|

|44| Eine *Ware* scheint auf den ersten Blick ein selbstverständliches, triviales Ding. Ihre Analyse ergibt, daß sie ein sehr vertracktes Ding ist, voller metaphysischer Spitzfindigkeit und theologischer Mucken. Als bloßer *Gebrauchswert* ist sie ein sinnliches Ding, woran nichts Mysteriöses, ob ich sie nun unter dem Gesichtspunkt betrachte, daß ihre Eigenschaften menschliche Bedürfnisse befriedigen oder daß sie erst als *Produkt* menschlicher Arbeit diese Eigenschaften erhält. Es liegt absolut nichts Rätselhaftes darin, daß der Mensch durch seine Tätigkeit die Formen der Naturstoffe

[24] Es ist einer der Grundmängel der klassischen politischen Ökonomie[28], daß es ihr nie gelang, aus der Analyse der Ware und spezieller des Waren*werts* die *Form des* Werts, die ihn eben zum *Tauschwert* macht, herauszufinden. Grade in ihren besten Repräsentanten, wie A. Smith und Ricardo, behandelt sie die Wert*form* als etwas ganz Gleichgültiges oder der Natur der Ware selbst Äußerliches. Der Grund ist nicht allein, daß die Analyse der *Wertgröße* ihre Aufmerksamkeit ganz absorbiert. Er liegt tiefer. Die *Wertform des Arbeitsprodukts* ist die abstrakteste, aber auch allgemeinste Form der *bürgerlichen Produktionsweise*, die hierdurch als eine *besondere* Art *gesellschaftlicher* Produktionsweise und damit zugleich *historisch* charakterisiert wird. Versieht man sie daher für die ewige Naturform gesellschaftlicher Produktion, so übersieht man notwendig auch das Spezifische der Wert*form*, also der *Waren*form, weiter entwickelt der *Geld*form, *Kapital*form usw. Man findet daher bei Ökonomen, welche über das Maß der Wertgröße durch Arbeitszeit durchaus übereinstimmen, die kunterbuntesten und widersprechendsten Vorstellungen von *Geld*, d. h. der fertigen Gestalt des allgemeinen Äquivalents. Dies tritt schlagend hervor z. B. bei der Behandlung des Bankwesens, wo mit den gemeinplätzlichen Definitionen des Geldes nicht mehr ausgereicht wird. Im Gegensatz entsprang daher ein *restauriertes Merkantilsystem*[29] (Ganilh usw.[30]), welches im Wert nur die *gesellschaftliche Form* sieht oder vielmehr nur ihren substanzlosen Schein. – Um es ein für allemal zu bemerken, verstehe ich unter *klassischer politischer Ökonomie* alle Ökonomie seit *W. Petty*, die den *innern Zusammenhang* der bürgerlichen Produktionsverhältnisse erforscht, im Gegensatz zur *Vulgärökonomie*[31], die sich nur innerhalb des *scheinbaren* Zusammenhangs herumtreibt, für eine plausible Verständlichmachung der sozusagen gröbsten Phänomene und den bürgerlichen Hausbedarf das von der wissenschaftlichen Ökonomie längst gelieferte Material stets von neuem wiederkaut, im übrigen aber sich darauf beschränkt, die banalen und selbstgefälligen Vorstellungen der bürgerlichen Produktionsagenten von ihrer eignen besten Welt zu systematisieren, pedantisieren und als ewige Wahrheiten zu proklamieren.

in einer ihm nützlichen Weise verändert. Die Form des Holzes z. B. wird verändert, wenn man aus ihm einen Tisch macht. Nichtsdestoweniger bleibt der Tisch Holz, ein ordinäres sinnliches Ding. Aber sobald er *als Ware* auftritt, verwandelt er sich in ein sinnlich übersinnliches Ding. Er steht nicht nur mit seinen Füßen auf dem Boden, sondern er stellt sich allen andern Waren gegenüber auf den Kopf und entwickelt aus seinem Holzkopf Grillen, viel wunderlicher, als wenn er aus freien Stücken zu tanzen begänne.[25]

Der mystische Charakter der Ware entspringt also nicht aus ihrem Gebrauchswert. Er entspringt ebensowenig aus den *Wert*bestimmungen, für sich selbst betrachtet. Denn erstens, wie verschieden die nützlichen Arbeiten oder produktiven Tätigkeiten sein mögen, es ist eine *physiologische* Wahrheit, daß sie Funktionen eines spezifisch *menschlichen* Organismus im Unterschied von *andern* Organismen sind, und daß jede solche Funktion, welches immer ihr Inhalt und ihre Form, wesentlich *Verausgabung* von *menschlichem* Hirn, Nerv, Muskel, Sinnesorgan usw. ist. Was zweitens der Bestimmung der Wertgröße zugrunde liegt, die *Zeitdauer* jener Verausgabung oder die *Quantität* der Arbeit, so ist die *Quantität* sogar sinnfällig von der *Qualität* der Arbeit unterscheidbar. In allen Zuständen mußte ||45| die Arbeits*zeit,* welche die Produktion der Lebensmittel kostet, den Menschen interessieren, obgleich nicht gleichmäßig auf verschiednen Entwicklungsstufen. Endlich, sobald die Menschen in irgendeiner Weise füreinander arbeiten, erhält ihre Arbeit auch eine *gesellschaftliche* Form.

Nehmen wir den Robinson auf seiner Insel.[32] Bescheiden, wie er von Haus aus ist, hat er doch verschiedenartige Bedürfnisse zu befriedigen und muß daher *nützliche Arbeiten verschiedner Art* verrichten, Werkzeuge machen, Möbel fabrizieren, Lama zähmen, fischen, jagen usw. Vom Beten u. dgl. sprechen wir hier nicht, da unser Robinson daran sein Vergnügen findet und derartige Tätigkeit als Erholung betrachtet. Trotz der Verschiedenheit seiner produktiven Funktionen weiß er, daß sie nur verschiedne Betätigungsformen desselben Robinson, also nur verschiedne Weisen *menschlicher* Arbeit sind. Die Not selbst zwingt ihn, seine *Zeit* genau zwi-

[25] Man erinnert sich, daß China und die Tische zu tanzen anfingen, als alle übrige Welt still zu stehn schien – pour encourager les autres.[33]

schen seinen verschiednen Funktionen zu verteilen. Ob die eine mehr, die andre weniger Raum in seiner Gesamttätigkeit einnimmt, hängt ab von der größern oder geringern Schwierigkeit, die zur Erzielung des bezweckten Nutzeffekts zu überwinden ist. Die Erfahrung lehrt ihm das und unser Robinson, der Uhr, Hauptbuch, Tinte und Feder aus dem Schiffbruch gerettet, beginnt als guter Engländer bald Buch über sich selbst zu führen. Sein Inventarium enthält ein Verzeichnis der Gebrauchsgegenstände, die er besitzt, der *verschiednen* Verrichtungen, die zu ihrer Produktion erheischt sind, endlich der *Arbeitszeit,* die ihm bestimmte Quanta dieser verschiednen Produkte im Durchschnitt kosten. Alle Beziehungen zwischen Robinson und den Dingen, die seinen selbstgeschaffnen Reichtum bilden, sind hier so einfach und durchsichtig, daß selbst Herr M. Wirth[34] sie ohne besondre Geistesanstrengung verstehn dürfte. Und dennoch sind darin alle wesentlichen Bestimmungen des *Werts* enthalten.

Setzen wir nun an die Stelle Robinsons einen Verein freier Menschen, die mit gemeinschaftlichen Produktionsmitteln arbeiten und ihre vielen individuellen Arbeitskräfte selbstbewußt als *eine* gesellschaftliche Arbeitskraft verausgaben. Alle Bestimmungen von Robinsons Arbeit wiederholen sich, nur *gesellschaftlich,* statt *individuell.* Ein wesentlicher Unterschied tritt jedoch ein. Alle Produkte Robinsons waren sein ausschließlich persönliches Produkt und daher unmittelbar Gebrauchsgegenstände *für* ihn. Das Gesamtprodukt des Vereins ist ein *gesellschaftliches* Produkt. Ein Teil dieses Produkts dient wieder als Produktionsmittel. Er bleibt gesellschaftlich. Aber ein anderer Teil wird als Lebensmittel von den Vereinsgliedern verzehrt. Er muß daher unter sie *verteilt* werden. Die *Art* dieser Verteilung wird wechseln mit der besondern Art des gesellschaftlichen Produktionsorganismus selbst und der entsprechenden geschichtlichen Entwicklungshöhe der Produzenten. Nur zur Parallele mit der Warenproduktion setzen ||46| wir voraus, der Anteil jedes Produzenten an den Lebensmitteln sei bestimmt durch seine *Arbeitszeit.* Die Arbeitszeit würde also eine doppelte Rolle spielen. Ihre gesellschaftlich planmäßige Verteilung regelt die richtige Proportion der verschiednen Arbeitsfunktionen zu den verschiednen Bedürfnissen. Andrerseits dient die Arbeitszeit zugleich als Maß des individuellen Anteils des Produzenten an der Gemeinarbeit und daher auch an dem individuell verzehrbaren Teil des Gemeinprodukts. Die gesellschaftlichen Beziehungen der Menschen zu ihren Arbeiten und ihren Arbeitsprodukten blieben hier durchsichtig einfach, in der Produktion sowohl als in der Distribution.

Woher also der rätselhafte Charakter des Arbeitsprodukts, sobald es die *Form der Ware* annimmt?

Wenn die Menschen ihre Produkte aufeinander *als Werte* beziehn, sofern diese Sachen für *bloß sachliche Hüllen* gleichartig menschlicher Arbeit gelten, so liegt darin zugleich umgekehrt, daß ihre verschiednen Arbeiten nur als gleichartige menschliche Arbeit gelten in *sachlicher Hülle.* Sie beziehn ihre verschiednen Arbeiten aufeinander als menschliche Arbeit, indem sie ihre *Produkte aufeinander als Werte* beziehn. Die persönliche Beziehung ist versteckt durch die *sachliche* Form. Es steht daher dem Wert nicht auf der Stirn geschrieben, *was* er ist. Um ihre Produkte aufeinander als Waren zu beziehn, sind die Menschen gezwungen, ihre verschiednen Arbeiten abstrakt menschlicher Arbeit gleichzusetzen. Sie wissen das nicht, aber sie *tun* es, indem sie das materielle Ding auf die Abstraktion *Wert* reduzieren. Es ist dies eine naturwüchsige und daher bewußtlos instinktive Operation ihres Hirns, die aus der besondern Weise ihrer materiellen Produktion und den Verhältnissen, worin diese Produktion sie versetzt, notwendig herauswächst. Erst ist ihr Verhältnis praktisch da. Zweitens aber, weil sie Menschen sind, ist *ihr Verhältnis als Verhältnis für sie da.* Die Art, wie es für sie da ist, oder sich in ihrem Hirn reflektiert, entspringt aus der Natur des Verhältnisses selbst. Später suchen sie durch die Wissenschaft hinter das Geheimnis ihres eignen gesellschaftlichen Produkts zu kommen, denn die Bestimmung eines Dings *als Wert* ist *ihr* Produkt, so gut wie die Sprache. Was nun ferner die *Wertgröße* betrifft, so werden die unabhängig voneinander betriebenen, aber, weil Glieder der *naturwüchsigen Teilung der Arbeit,* allseitig voneinander abhängigen Privatarbeiten dadurch fortwährend auf ihr gesellschaftlich proportionelles Maß reduziert, daß sich in den zufälligen und stets schwankenden *Austauschverhältnissen ihrer Produkte* die zu deren Produktion gesellschaftlich notwendige *Arbeitszeit* als regelndes *Naturgesetz* gewaltsam durchsetzt, wie etwa das Gesetz der Schwere, wenn einem das Haus über dem Kopf zusammenpurzelt.[26] Die ||47| Bestimmung der Wertgröße durch die Arbeitszeit ist daher ein unter den erscheinenden Bewegungen der relativen Warenwerte verstecktes Geheimnis. Die eigne gesellschaftliche Bewegung der Produzenten besitzt für sie die Form einer Bewegung von Sachen, unter deren Kontrolle sie stehn, statt sie zu kontrollieren. Was nun endlich die *Wertform* betrifft, so ist es ja grade diese Form, welche die gesellschaftlichen Beziehungen der Privatarbeiter und daher die gesellschaftlichen Bestimmtheiten der Privatarbeiten *sachlich verschleiert,* statt sie zu offenbaren. Wenn ich sage, Rock, Stiefel usw. beziehn sich auf Leinwand als allgemeine Materiatur abstrakter menschlicher Arbeit, so springt die Verrücktheit dieses Ausdrucks ins Auge. Aber wenn die Produzenten von Rock, Stiefel usw. diese Waren auf die Leinwand als *allgemeines Äquivalent* beziehn, erscheint ihnen die gesellschaftliche Beziehung ihrer Privatarbeiten genau in dieser verrückten *Form.*

Derartige Formen bilden eben die *Kategorien* der bürgerlichen Ökonomie. Es sind gesellschaftlich gültige, also objektive Gedankenformen für Produktionsverhältnisse *dieser historisch bestimmten* gesellschaftlichen Produktionsweise.

Die Privatproduzenten treten erst in gesellschaftlichen Kontakt vermittelst ihrer Privatprodukte, der Sachen. Die gesellschaftlichen Beziehungen ihrer Arbeiten *sind* und *erscheinen* daher nicht als unmittelbar gesellschaftliche Verhältnisse der Personen in ihren Arbeiten, sondern als *sachliche Verhältnisse* der Personen oder *gesellschaftliche Verhältnisse der Sachen.* Die erste und allgemeinste Darstellung der Sache als eines *gesellschaftlichen Dings* ist aber die Verwandlung des *Arbeitsprodukts* in *Ware.*

Der Mystizismus der Ware entspringt also daraus, daß den Privatproduzenten die *gesellschaftlichen* Bestimmungen ihrer *Privat*arbeiten *als*

---

[26] »Was soll man von einem Gesetze denken, das sich nur durch periodische Revolutionen durchsetzen kann? Es ist eben ein *Naturgesetz, das auf der Bewußtlosigkeit der Beteiligten beruht.*« (Friedrich Engels: »Umrisse zu einer Kritik der Nationalökonomie«, in: »Deutsch-Französische Jahrbücher«, herausg. von Arnold Ruge und Karl Marx, Paris 1844 [Siehe MEW, Bd. 1, S. 515].

gesellschaftliche Naturbestimmtheiten der Arbeitsprodukte, daß die *gesellschaftlichen Produktionsverhältnisse der Personen* als *gesellschaftliche Verhältnisse der Sachen* zueinander und zu den Personen erscheinen. Die Verhältnisse der Privatarbeiter zur gesellschaftlichen Gesamtarbeit *vergegenständlichen* sich ihnen gegenüber und existieren daher für sie in den *Formen von Gegenständen.* Für eine Gesellschaft von Warenproduzenten, deren allgemein gesellschaftliches Produktionsverhältnis darin besteht, sich zu ihren Produkten als *Waren,* also als *Werten* zu verhalten, und in dieser *sachlichen* Form ihre Privatarbeiten aufeinander zu beziehn als *gleiche menschliche Arbeit,* ist das *Christentum,* mit seinem Kultus des abstrakten ||48| Menschen, namentlich in seiner bürgerlichen Entwicklung, dem Protestantismus[35], Deismus[36] usw., die entsprechendste *Religionsform.* In den altasiatischen, antiken usw. Produktionsweisen[37] spielt die Verwandlung des Produkts in Ware, und daher das Dasein der Menschen als Warenproduzenten, eine untergeordnete Rolle, die jedoch um so bedeutender wird, je mehr die Gemeinwesen in das Stadium ihres Untergangs treten. Eigentliche Handelsvölker existieren nur in den Intermundien der alten Welt, wie Epikurs Götter[38], oder wie Juden in den Poren der polnischen Gesellschaft[39]. Jene alten gesellschaftlichen Produktionsorganismen sind außerordentlich viel einfacher und durchsichtiger als der bürgerliche, aber sie beruhen entweder auf der Unreife des individuellen Menschen, der sich von der Nabelschnur des natürlichen Gattungszusammenhangs mit andern noch nicht losgerissen hat, oder auf unmittelbaren Herrschafts- und Knechtschaftsverhältnissen. Sie sind bedingt durch eine niedrige Entwicklungsstufe der Produktivkräfte der Arbeit und entsprechend befangene Verhältnisse der Menschen innerhalb ihres materiellen Lebenserzeugungsprozesses, daher zueinander und zur Natur. Diese wirkliche Befangenheit spiegelt sich ideell wieder in den alten Natur- und Volksreligionen. Der *religiöse Widerschein* der wirklichen Welt kann nur verschwinden, sobald die Verhältnisse des praktischen Werkeltagslebens den Menschen tagtäglich durchsichtig vernünftige Beziehungen zueinander und zur Natur darstellen. Die Verhältnisse können sich aber nur als das darstellen, was sie sind. Die

Gestalt des gesellschaftlichen Lebensprozesses, d. h. des materiellen Produktionsprozesses, streift nur ihren mystischen Nebelschleier ab, sobald sie als Produkt frei vergesellschafteter Menschen unter deren bewußter planmäßiger Kontrolle steht. Dazu ist jedoch eine materielle Grundlage der Gesellschaft erheischt oder eine Reihe materieller Existenzbedingungen, welche selbst wieder das naturwüchsige Produkt einer langen und qualvollen Entwicklungsgeschichte sind.

Die politische Ökonomie hat nun zwar, wenn auch unvollkommen,[27] ||49| Wert und Wertgröße analysiert. Sie hat niemals auch nur die Frage gestellt, warum sich die Arbeit *im Wert* und das Maß der Arbeit durch

[27] Das Unzulängliche in Ricardos Analyse der *Wertgröße* – und es ist die beste – wird man aus dem dritten und vierten Buch dieser Schrift ersehn.[40] Was aber den *Wert* überhaupt betrifft, so unterscheidet die klassische politische Ökonomie nirgendwo ausdrücklich und mit klarem Bewußtsein die Arbeit, wie sie sich im *Wert*, von derselben Arbeit, soweit sie sich im *Gebrauchswert* ihres Produkts darstellt. Sie macht natürlich den Unterschied tatsächlich, da sie die Arbeit das einemal quantitativ, das andremal qualitativ betrachtet. Aber es fällt ihr nicht ein, daß bloß *quantitativer Unterschied* der Arbeiten ihre *qualitative Einheit* oder *Gleichheit* voraussetzt, also ihre Reduktion auf *abstrakt menschliche Arbeit*. Ricardo z. B. erklärt sich einverstanden mit *Destutt de Tracy*, wenn dieser sagt: »Da es sicher ist, daß unsere körperlichen und geistigen Fähigkeiten allein unser ursprünglicher Reichtum sind, ist der Gebrauch dieser Fähigkeiten, eine gewisse Art Arbeit, unser ursprünglicher Schatz; es ist immer dieser Gebrauch, welcher alle jene Dinge schafft, die wir Reichtum nennen ... Zudem ist es gewiß, daß *alle jene Dinge nur die Arbeit darstellen, die sie geschaffen hat, und wenn sie einen Wert haben, oder sogar zwei unterschiedliche Werte,* so können sie *dies* doch nur haben *aus dem*« (dem Wert) »*der Arbeit*, der sie entspringen.« (Ricardo, »The principles of Pol. Econ.«, 3. ed., Lond. 1821, p. 334.*) Wir deuten nur an, daß Ricardo dem Destutt seinen eignen tieferen Sinn unterschiebt. Destutt sagt in der Tat zwar einerseits, daß alle Dinge, die den Reichtum bilden, »*die Arbeit repräsentieren*, die sie geschaffen hat«, aber andrerseits, daß sie ihre »*zwei verschiedenen Werte*« (Gebrauchswert und Tauschwert) vom »*Wert* der Arbeit« erhalten. Er fällt damit in die Flachheit der Vulgärökonomie[31], die den Wert einer Ware (hier der Arbeit) *voraussetzt*, um dadurch hinterher den Wert der andren Waren zu bestimmen. Ricardo liest ihn so, daß sowohl im Gebrauchswert als Tauschwert sich *Arbeit* (nicht *Wert* der Arbeit) darstellt. Er selbst aber scheidet so wenig den *zwieschlächtigen* Charakter der Arbeit, die *doppelt* dargestellt ist, daß er in dem ganzen Kapitel: »Value and Riches, their Distinctive Properties«[41]** sich mühselig mit den Trivialitäten eines *J. B. Say* herumschlagen muß.[42] Am Ende ist er daher auch ganz erstaunt, daß Destutt zwar mit ihm selbst über *Arbeit* als *Wertquelle* und dennoch andrerseits mit Say über den Wertbegriff harmoniere.

* Vgl. Destutt de Tracy: »É émens d'idéologie.« 4e et 5e parties, Paris 1826, p. 35, 36.

** »Wert und Reichtum, ihre unterscheidenden Eigenschaften«

ihre Zeitdauer in der *Wertgröße* darstellt? Formen, denen es auf der Stirn geschrieben steht, daß sie einer Gesellschaftsformation angehören, worin der Produktionsprozeß die Menschen, der Mensch noch nicht den Produktionsprozeß bemeistert, gelten ihrem bürgerlichen Bewußtsein für eben so selbstverständliche Naturnotwendigkeit als die produktive Arbeit selbst. Vorbürgerliche Formen des gesellschaftlichen Produktionsorganismus werden daher von ihr behandelt, wie etwa von den Kirchenvätern[43] vorchristliche Religionen.[28]|

[28] »Die Ökonomen verfahren auf eine sonderbare Art. Es gibt für sie nur zwei Arten von Institutionen, künstliche und natürliche. Die Institutionen des Feudalismus sind künstliche Institutionen, die der Bourgeoisie natürliche. Sie gleichen darin den Theologen, die auch zwei Arten von Religionen unterscheiden. Jede Religion, die nicht die ihre ist, ist eine Erfindung der Menschen, während ihre eigene Religion eine Offenbarung Gottes ist ... Somit hat es eine Geschichte gegeben, aber es gibt keine mehr.« (Karl Marx: »Misère de la Philosophie. Réponse à la Philosophie de la Misère de M. Proudhon«, 1847, p. 113 [Siehe MEW, Bd. 4, S. 139]. Wahrhaft drollig ist Herr *Bastiat*, der sich einbildet, die alten Griechen und Römer hätten nur von *Raub* gelebt. Wenn man aber viele Jahrhunderte durch von Raub lebt, muß doch beständig etwas zu rauben da sein oder der *Gegenstand* des Raubes sich fortwährend reproduzieren. Es scheint daher, daß auch Griechen und Römer einen Produktionsprozeß hatten, also eine Ökonomie, welche ganz so die materielle Grundlage ihrer Welt bildete wie die bürgerliche Ökonomie die der heutigen Welt. Oder meint Bastiat etwa, daß eine Produktionsweise, die auf der *Sklavenarbeit* beruht, auf einem Raubsystem ruht?[44] Er stellt sich dann auf gefährlichen Boden. Wenn ein Denkriese wie *Aristoteles* in seiner Würdigung der Sklavenarbeit irrte[45], warum sollte ein Zwergökonom, wie *Bastiat*, in seiner Würdigung der *Lohnarbeit* richtig gehn? – Ich ergreife diese Gelegenheit, um einen Einwand, der mir beim Erscheinen meiner Schrift »*Zur Kritik der Pol. Oekonomie*«, 1859, von einem deutsch-amerikanischen Blatte[46] gemacht wurde, kurz abzuweisen. Es sagte, meine Ansicht, daß die bestimmte Produktionsweise und die ihr jedesmal entsprechenden Produktionsverhältnisse, kurz »die ökonomische Struktur der Gesellschaft die reale Basis sei, worauf sich ein juristischer und politischer Überbau erhebe und welcher bestimmte gesellschaftliche Bewußtseinsformen entsprächen«, daß »die Produktionsweise des materiellen Lebens den sozialen, politischen und geistigen Lebensprozeß überhaupt bedinge« [Siehe MEW, Bd. 13, S. 8/9], – alles dies sei zwar richtig für die heutige Welt, wo die materiellen Interessen, aber weder für das Mittelalter, wo der Katholizismus, noch für Athen und Rom, wo die Politik herrschte. Zunächst ist es befremdlich, daß jemand vorauszusetzen beliebt, diese weltbekannten Redensarten über Mittelalter und antike Welt seien irgend jemand unbekannt geblieben. Soviel ist klar, daß das Mittelalter nicht vom Katholizismus[47] und die antike Welt nicht von der Politik *leben* konnte. Die Art und Weise, wie sie ihr Leben gewannen, erklärt umgekehrt, warum dort die Politik, hier der Katholizismus die Hauptrolle spielte. Es gehört übrigens wenig Bekanntschaft z. B.

|50| Wie sehr ein Teil der Ökonomen von dem der Warenwelt anklebenden Fetischismus oder dem *gegenständlichen* Schein der *gesellschaftlichen* Arbeitsbestimmungen getäuscht wird, beweist u. a. der langweilig abgeschmackte Zank über die *Rolle der Natur* in der Bildung des Tauschwerts. Da Tauschwert eine bestimmte gesellschaftliche Manier ist, die auf ein Ding verwandte Arbeit auszudrücken, kann er nicht mehr Naturstoff enthalten als etwa der *Wechselkurs*.

Als allgemeinste und unentwickeltste Form der bürgerlichen Produktion, welche deswegen auch schon in früheren Produktionsperioden erscheint, obgleich nicht in derselben herrschenden, also charakteristischen Weise, war die *Warenform* noch relativ leicht zu durchschauen. Aber konkretere Formen, wie das *Kapital* z. B.? Der Fetischismus der klassischen Ökonomie wird hier handgreiflich.

Um jedoch nicht vorzugreifen, genüge hier noch ein Beispiel bezüglich der Warenform selbst. Man hat gesehn, daß in der Beziehung von Ware auf Ware, z. B. von Stiefel auf Stiefelknecht, der Gebrauchswert des Stiefelknechts, also die Nützlichkeit seiner wirklichen *dinglichen* Eigenschaften dem Stiefel durchaus gleichgültig ist. Nur als Erscheinungsform ihres eignen Werts interessiert die Stiefel*ware* der Stiefelknecht. Könnten die Waren also sprechen, so würden sie sagen, unser Gebrauchswert mag den Menschen interessieren. Er kömmt uns nicht als Dingen zu. Was uns aber *dinglich* zukömmt, ist unser Wert. Unser eigner Verkehr als Warendinge beweist das. Wir beziehn uns nur als Tauschwerte aufeinander. Man höre nun, wie der Ökonom aus der Warenseele heraus spricht: »*Wert* (Tauschwert) ist *Eigenschaft der Dinge*, Reichtum (Gebrauchswert) des Menschen. Wert in diesem Sinn schließt notwendig Austausch ein, Reichtum nicht.«[29] »Reichtum (Gebrauchswert) ist ein

mit der Geschichte der römischen Republik[48] dazu, um zu wissen, daß die Geschichte des Grundeigentums ihre Geheimgeschichte bildet. Andrerseits hat schon Don Quixote den Irrtum gebüßt, daß er die fahrende Ritterschaft mit allen ökonomischen Formen der Gesellschaft gleich verträglich wähnte.[49]

29 »Value is a property of things, riches of man. Value, in this sense, necessarily implies exchanges, riches do not.« (»Observations on some verbal disputes in Pol. Econ., particularly relating to value, and to supply and demand«, Lond. 1821, p. 16.)

Attribut des *Menschen, Wert ein Attribut der Waren*. Ein Mensch oder ein Gemeinwesen ist *reich;* eine Perle oder Diamant ist *wertvoll* ... Eine Perle oder Diamant *hat Wert als Perle oder Diamant.*«[30] Bisher hat noch kein Che||51|miker Tauschwert in Perle oder Diamant entdeckt. Unsere Verfasser, die besondern Anspruch auf kritische Tiefe machen, finden aber, daß der Gebrauchswert der Sachen unabhängig von ihren sachlichen Eigenschaften, dagegen ihr Tauschwert ihnen als Sachen zukömmt. Was sie hierin bestätigt, ist der sonderbare Umstand, daß der Gebrauchswert der Dinge sich für den Menschen *ohne Austausch* realisiert, also im unmittelbaren Verhältnis zwischen Ding und Mensch, ihr Wert umgekehrt nur *im Austausch*, d. h. in einem *gesellschaftlichen* Prozeß. Wer erinnert sich hier nicht des guten Dogberry, der den Nachtwächter Seacoal belehrt[[50]]: »Ein gut aussehender Mann zu sein, ist eine Gabe der *Umstände,* aber Lesen und Schreiben zu können, kömmt *von Natur.*«[31]

Die Ware ist *unmittelbare Einheit von Gebrauchswert und Tauschwert,* also zweier Entgegengesetzten. Sie ist daher ein unmittelbarer *Widerspruch.* Dieser Widerspruch muß sich entwickeln, sobald sie nicht wie bisher analytisch bald unter dem Gesichtspunkt des Gebrauchswerts, bald unter dem Gesichtspunkt des Tauschwerts betrachtet, sondern als ein Ganzes wirklich auf andere Waren bezogen wird. Die *wirkliche* Beziehung der Waren aufeinander ist aber ihr *Austauschprozeß.*

[30] »Riches are the attribute of man, value is the attribute of commodities. A man or a community is rich, a pearl or a diamond is valuable... A pearl or a diamond is valuable as a pearl or diamond.« (S. Bailey, l. c. p. 165 sq.)

[31] Der Verfasser der »Observations« und S. Bailey beschuldigen Ricardo [siehe vorl. Bd., S. 47–86], er habe den Tauschwert aus einem nur Relativen in etwas Absolutes verwandelt. Umgekehrt. Er hat die *Scheinrelativität*, die diese Dinge, Diamant und Perlen z. B., als Tauschwerte besitzen auf das hinter dem Schein verborgene wahre *Verhältnis* reduziert, auf ihre Relativität als bloße Ausdrücke menschlicher Arbeit. Wenn die Ricardianer dem Bailey grob, aber nicht schlagend antworten, so nur, weil sie bei Ricardo selbst keinen Aufschluß über den inneren Zusammenhang zwischen *Wert* und *Tauschwert* fanden.

Die Wertform[51]

Das Kapital
Erster Band. 1. Auflage
Anhang zu Kapitel I, 1[1]
(1867)

|626| Die Wertform.

Die Analyse der *Ware* hat gezeigt, daß sie ein *Doppeltes* ist, Gebrauchswert *und* Wert. Damit ein Ding daher *Warenform* besitze, muß es *Doppelform* besitzen, die Form eines Gebrauchswerts *und* die Form des Werts. Die *Form des Gebrauchswerts* ist die Form des Waren*körpers* selbst, Eisen, Leinwand *usw.*, seine handgreiflich sinnliche Daseinsform. Es ist dies die *Naturalform* der Ware. Die *Wertform* der Ware ist dagegen ihre *gesellschaftliche Form.*

Wie wird der *Wert* einer Ware nun *ausgedrückt?* Wie gewinnt er also *eigne Erscheinungsform?* Durch das *Verhältnis verschiedner Waren.* Um die in solchem Verhältnis enthaltene *Form* richtig zu analysieren, müssen wir von ihrer *einfachsten,* unentwickeltsten Gestalt ausgehn. Das *einfachste* Verhältnis einer Ware ist offenbar *ihr Verhältnis zu einer einzigen, andren Ware,* gleichgültig *welcher. Das Verhältnis zweier Waren* liefert daher *den einfachsten Wertausdruck für eine Ware.*

I. Einfache Wertform.

20 Ellen Leinwand = 1 Rock oder: 20 Ellen Leinwand sind 1 Rock wert.

Das Geheimnis *aller* Wertform muß in dieser *einfachen Wertform* stecken. Ihre Analyse bietet daher die eigentliche Schwierigkeit.|

[1] Neufassung des Haupttextes von Kapitel 1 »Ware und Geld«, Punkt 1 »Die Ware«, siehe vorl. Bd., S. 87–131.

|627| *§. 1. Die beiden Pole des Wertausdrucks: Relative Wertform und Äquivalentform.*

In dem einfachen Wertausdruck spielen die zwei Warenarten Leinwand und Rock offenbar *zwei verschiedne Rollen.* Die Leinwand ist die Ware, *welche ihren Wert in einem von ihr verschiedenartigen Warenkörper,* dem Rock, *ausdrückt.* Andrerseits dient die Warenart Rock *als das Material, worin Wert ausgedrückt wird.* Die eine Ware spielt eine aktive, die andre eine passive Rolle. Von der Ware nun, *welche ihren Wert in einer andren Ware ausdrückt,* sagen wir: *Ihr Wert* ist *als relativer Wert dargestellt,* oder sie befindet sich in *relativer Wertform.* Von der andern Ware dagegen, hier dem Rock, die *zum Material des Wertausdrucks dient,* sagen wir: Sie funktioniert *als Äquivalent* der ersten Ware, oder befindet sich *in der Äquivalentform.*

Ohne nun noch tiefer zu analysieren, sind von vornherein folgende Punkte klar:

a) Die Unzertrennlichkeit der beiden Formen.

Relative Wertform und Äquivalentform sind zueinander gehörige, sich wechselseitig bedingende, unzertrennliche Momente *desselben Wertausdrucks.*

b) Die Polarität der beiden Formen.

Andrerseits sind diese beiden Formen *einander ausschließende oder entgegengesetzte Extreme, d. h. Pole,* desselben Wertausdrucks. Sie *verteilen* sich stets auf die *verschiedenen* Waren, die der Wertausdruck aufeinander bezieht. Ich kann z. B. den Wert der Leinwand nicht in Leinwand ausdrücken. *20 Ellen Leinwand = 20 Ellen Leinwand* ist kein Wertausdruck, sondern drückt nur ein bestimmtes Quantum des *Gebrauchsgegenstands* Leinwand aus. Der *Wert* der Leinwand kann also nur *in andrer Ware,* d. h. nur *relativ* ausgedrückt werden. Die *relative Wertform* der Leinwand unterstellt also, daß *irgendeine andre Ware* sich ihr gegenüber *in der Äquivalentform* befindet. Andrerseits, *diese andre Ware,* hier der

Rock, die *als Äquivalent* der Leinwand figuriert, sich also *in Äquivalentform* befindet, kann sich *nicht gleichzeitig in relativer Wertform* befinden. Nicht *sie drückt ihren Wert aus.* Sie liefert nur *dem Wertausdruck andrer Ware das Material.*|

|628| Allerdings schließt der Ausdruck: *20 Ellen Leinwand = 1 Rock* oder: *20 Ellen Leinwand sind 1 Rock wert,* auch die Rückbeziehung ein: *1 Rock = 20 Ellen Leinwand* oder: *1 Rock ist 20 Ellen Leinwand wert.* Aber so muß ich doch die Gleichung *umkehren,* um den Wert des Rocks *relativ auszudrücken,* und sobald ich das tue, wird die Leinwand *Äquivalent* statt des Rockes. *Dieselbe* Ware kann also *in demselben Wertausdruck nicht gleichzeitig in beiden Formen auftreten.* Diese schließen sich vielmehr *polarisch* aus.

Denken wir uns Tauschhandel zwischen Leinwandproduzent A und Rockproduzent B. Bevor sie Handels einig werden, sagt A: *20 Ellen Leinwand sind 2 Röcke wert (20 Ellen Leinwand = 2 Röcke),* B dagegen: *1 Rock ist 22 Ellen Leinwand wert (1 Rock = 22 Ellen Leinwand).* Endlich, nachdem sie lang gemarktet, stimmen sie überein. A sagt: *20 Ellen Leinwand sind 1 Rock wert,* und B sagt: *1 Rock ist 20 Ellen Leinwand wert.* Hier befinden sich *beide,* Leinwand und Rock, *gleichzeitig* in relativer Wertform und in Äquivalentform. Aber, notabene[1], *für zwei verschiedene Personen* und *in zwei verschiedenen Wertausdrücken,* welche nur *gleichzeitig* ins Leben treten. Für A befindet sich *seine Leinwand* – denn für ihn geht die Initiative *von seiner Ware* aus – in relativer Wertform, *die Ware des andren,* der Rock dagegen, in Äquivalentform. *Umgekehrt* vom Standpunkt des B. *Dieselbe* Ware besitzt also *niemals,* auch nicht in diesem Fall, *die beiden Formen gleichzeitig in demselben Wertausdruck.*

c) Relativer Wert und Äquivalent sind nur Formen des Werts.

Relativer Wert und Äquivalent sind beide nur *Formen* des Waren*werts.* Ob eine Ware sich nun in der einen Form befindet oder in der polarisch entgegengesetzten, hängt ausschließlich von *ihrer Stelle im Wertausdruck* ab. Dies tritt schlagend hervor in der von uns hier zunächst

[1] merke wohl

betrachteten *einfachen Wertform.* Dem *Inhalt nach* sind die *beiden* Ausdrücke:

1) *20 Ellen Leinwand = 1 Rock* oder: *20 Ellen Leinwand sind 1 Rock wert,*

2) *1 Rock = 20 Ellen Leinwand* oder: *1 Rock ist 20 Ellen Leinwand wert,*

durchaus *nicht verschieden. Der Form nach* sind sie nicht nur *verschieden,* sondern *entgegengesetzt.* In dem Ausdruck 1) wird der Wert der Leinwand *relativ ausgedrückt.* Sie befindet sich daher *in der relativen Wertform,* während gleichzeitig der Wert des Rocks *als Äquivalent* ausgedrückt ist. Er befindet sich daher in der Äquivalentform. Drehe ich nun den Ausdruck 1) um, so erhalte ich den Ausdruck 2). Die Waren ||629| *wechseln die Stellen,* und sofort befindet sich der Rock in *relativer Wertform,* die Leinwand dagegen *in Äquivalentform.* Weil sie *die respektiven Stellen in demselben Wertausdruck gewechselt,* haben sie *die Wertform gewechselt.*

§. 2. Die relative Wertform.

a) Gleichheitsverhältnis.

Da es die Leinwand ist, *welche ihren Wert ausdrücken soll,* geht von ihr die Initiative aus. Sie *tritt in ein Verhältnis* zum Rock, *d. h. zu irgendeiner andren,* von ihr selbst *verschiedenartigen* Ware. Dies Verhältnis ist *Verhältnis der Gleichsetzung.* Die *Basis* des Ausdrucks: *20 Ellen Leinwand = 1 Rock* ist in der Tat: *Leinwand = Rock,* was in Worten ausgedrückt nur heißt: *die Warenart Rock ist gleicher Natur, gleicher Substanz mit der von ihr verschiedenen Warenart Leinwand.* Man übersieht das meist, weil die Aufmerksamkeit durch *das quantitative Verhältnis* absorbiert wird, d. h. durch die bestimmte *Proportion,* worin die eine Warenart der andern gleichgesetzt ist. Man vergißt, daß *die Größen verschiedner Dinge* erst *quantitativ vergleichbar* sind *nach ihrer Reduktion auf dieselbe Einheit.* Nur *als Ausdrücke derselben Einheit* sind sie *gleichnamige,* daher *kommensurable Größen.* In obigem Ausdruck *verhält* sich also die Leinwand zum Rock *als ihresgleichen,* oder der Rock wird auf die Leinwand *bezogen als Ding von derselben Substanz, wesensgleiches.* Er wird ihr also *qualitativ gleichgesetzt.*

b) Wertverhältnis.

Der Rock ist nur *dasselbe* wie die Leinwand, so weit beide *Werte* sind. Daß also die Leinwand sich zum Rock *als ihresgleichen verhält,* oder daß der Rock *als Ding von derselben Substanz* der Leinwand *gleichgesetzt* wird, drückt aus, daß *der Rock in diesem Verhältnis als Wert gilt.* Er wird der Leinwand *gleichgesetzt,* sofern sie ebenfalls *Wert* ist. Das *Gleichheitsverhältnis* ist also *Wertverhältnis,* das Wertverhältnis aber vor allem *Ausdruck des Werts* oder des *Wertseins* der Ware, *welche ihren Wert ausdrückt.* Als *Gebrauchswert* oder Warenkörper *unterscheidet sich* die Leinwand vom Rock. *Ihr Wertsein* kommt dagegen *zum Vorschein, drückt sich aus* in einem *Verhältnis,* worin eine *andre* Warenart, der Rock, *ihr gleichgesetzt* wird oder als *ihr Wesensgleiches gilt.*|

|630| c) Qualitativer Gehalt der im Wertverhältnis enthaltenen relativen Wertform.

Wert ist der Rock nur, so weit er *dinglicher Ausdruck der in seiner Produktion verausgabten menschlichen Arbeitskraft ist,* also *Gallerte abstrakter menschlicher Arbeit – abstrakter Arbeit,* weil von dem bestimmten, nützlichen, konkreten Charakter der in ihm enthaltenen Arbeit *abstrahiert* wird, *menschlicher Arbeit,* weil die Arbeit hier nur *als Verausgabung menschlicher Arbeitskraft überhaupt zählt.* Die Leinwand kann sich also nicht zum Rock *als einem Wertding verhalten* oder *nicht auf den Rock als Wert bezogen werden,* ohne auf ihn als einen Körper bezogen zu werden, *dessen einziger Stoff aus menschlicher Arbeit besteht.* Aber *als Wert* ist die Leinwand *Gallerte derselben menschlichen Arbeit.* Innerhalb dieses Verhältnisses *repräsentiert* also der Körper Rock die der Leinwand *mit ihm gemeinschaftliche Wertsubstanz, d. h. menschliche Arbeit. Innerhalb dieses Verhältnisses* gilt also der Rock *nur als Gestalt von Wert,* daher auch als *Wertgestalt* der Leinwand, *als sinnliche Erscheinungsform des Leinwandwerts.* So wird, *vermittelst des Wertverhältnisses,* der *Wert* einer Ware *im Gebrauchswert einer andern Ware ausgedrückt,* d. h. in einem andern, *von ihm selbst verschiedenartigen Warenkörper.*

d) Quantitative Bestimmtheit der im Wertverhältnis enthaltenen relativen Wertform.

Die *20 Ellen Leinwand* sind jedoch nicht nur *Wert überhaupt,* d. h. Gallerte menschlicher Arbeit, sondern sie sind *Wert von bestimmter Größe,* d. h. in ihnen *ist ein bestimmtes Quantum menschlicher Arbeit vergegenständlicht.* Im Wertverhältnis der Leinwand zum Rock wird daher die Warenart Rock nicht nur *als Wertkörper* überhaupt , d. h. als Verkörperung menschlicher Arbeit, der Leinwand *qualitativ gleichgesetzt,* sondern *ein bestimmtes Quantum dieses Wertkörpers,* 1 Rock, nicht 1 *Dutzend usw.,* soweit in 1 Rock grade so viel Wertsubstanz oder menschliche Arbeit steckt als in *20 Ellen Leinwand.*

e) Das Ganze der relativen Wertform.

Durch den *relativen Wertausdruck* erhält also erstens der *Wert* der *Ware eine von ihrem eignen Gebrauchswert unterschiedne Form.* Die Gebrauchsform dieser Ware ist z. B. *Leinwand. Ihre Wertform* besitzt sie dagegen ||631| *in ihrem Gleichheitsverhältnis zum Rock.* Durch dies Verhältnis der Gleichheit wird ein andrer sinnlich von ihr unterschiedner Warenkörper zum Spiegel ihres eignen Wertseins, zu ihrer eignen Wertgestalt. So gewinnt sie *eine von ihrer Naturalform unterschiedene, unabhängige und selbstständige Wertform.* Zweitens aber, als *Wert von bestimmter Größe,* als bestimmte Wertgröße, ist sie *quantitativ gemessen* durch das quantitativ bestimmte Verhältnis oder *die Proportion,* worin ihr der andre Warenkörper *gleichgesetzt* ist.

§. 3. Die Äquivalentform.
a) Die Form der unmittelbaren Austauschbarkeit.

Als Werte sind alle Waren *gleichgeltende, durch einander ersetzbare* oder *vertauschbare Ausdrücke derselben Einheit,* der menschlichen Arbeit. Eine Ware ist daher überhaupt mit andrer Ware *austauschbar,* sofern sie eine *Form* besitzt, worin sie *als Wert erscheint.* Ein Warenkörper ist *unmittelbar austauschbar* mit andrer Ware, soweit *seine unmittelbare Form,* d. h. seine eigne *Körper-* oder *Naturalform* andrer Ware gegenüber *Wert vorstellt* oder *als Wertgestalt gilt.* Diese Eigenschaft besitzt der Rock im *Wertverhältnis* der Leinwand zu ihm. Der *Wert* der Leinwand wäre sonst *nicht ausdrückbar in dem Ding Rock.* Daß eine Ware also überhaupt *Äquivalentform* hat, heißt nur: Durch ihren Platz im Wertausdruck *gilt ihre eigne Naturalform als Wertform für andre Ware* oder besitzt sie die *Form unmittelbarer Austauschbarkeit mit andrer Ware.* Sie braucht also nicht erst *eine von ihrer unmittelbaren Naturalform unterschiedne Form anzunehmen,* um andrer Ware *als Wert zu erscheinen, als Wert zu gelten* und *auf sie als Wert zu wirken.*

b) Quantitative Bestimmtheit ist nicht enthalten in der Äquivalentform.

Daß ein Ding, welches *die Form Rock* hat, *unmittelbar austauschbar* mit Leinwand, oder ein Ding, welches die *Form Gold* hat, *unmittelbar austauschbar* mit allen andren Waren ist – *diese Äquivalentform eines Dings* enthält durchaus *keine quantitative Bestimmtheit.* Die entgegengesetzte irrige Ansicht entspringt aus folgenden Ursachen:

Erstens: Die Ware Rock z. B., welche zum Material für den Wertausdruck der Leinwand dient, ist innerhalb eines solchen Ausdrucks ||632| auch *stets quantitativ bestimmt,* wie 1 Rock, nicht 12 Röcke *usw.* Aber warum? Weil die *20 Ellen Leinwand* in ihrem relativen Wertausdruck nicht nur als *Wert überhaupt* ausgedrückt, sondern zugleich als *bestimmtes Wertquantum gemessen sind.* Daß aber 1 Rock, nicht 12 Röcke, so viel Arbeit enthält als 20 Ellen Leinwand , daher den 20 Ellen Leinwand gleichgesetzt wird, hat durchaus nichts zu schaffen mit der *charakteristischen Eigenschaft* der Warenart Rock, *unmittelbar austauschbar* mit der Warenart Leinwand zu sein.

Zweitens: Wenn 20 Ellen Leinwand als Wert von bestimmter Größe in 1 Rock ausgedrückt sind, ist *rückbezüglich* auch die *Wertgröße von 1 Rock in 20 Ellen Leinwand* ausgedrückt, also ebenfalls *quantitativ gemessen,* aber nur indirekt, durch *Umkehrung des Ausdrucks,* nicht so weit der Rock die Rolle des Äquivalents spielt, sondern vielmehr seinen eignen Wert *relativ* in der Leinwand darstellt.

Drittens: Wir können die Formel: *20 Ellen Leinwand = 1 Rock* oder: *20 Ellen Leinwand sind 1 Rock wert* auch so ausdrücken: 20 Ellen Leinwand *und* 1 Rock *sind Äquivalente* oder *beide sind gleichgroße Werte.* Hier drücken wir nicht *den Wert* irgendeiner der beiden Waren *in dem Gebrauchswert der andern aus. Keine* der beiden Waren wird daher in *Äquivalentform* gesetzt. *Äquivalent* bedeutet hier nur *Größengleiches,* nachdem beide Dinge vorher in unsrem Kopf stillschweigend auf die Abstraktion *Wert* reduziert worden sind.

c) Die Eigentümlichkeiten der Äquivalentform.
α) Erste Eigentümlichkeit der Äquivalentform: Gebrauchswert wird zur Erscheinungsform seines Gegenteils, des Werts.

Die *Naturalform* der Ware wird zur *Wertform.* Aber, notabene, dies *quid pro quo*[1] ereignet sich für eine Ware B (Rock oder Weizen oder Eisen *usw.*) *nur innerhalb des Wertverhältnisses,* worin eine beliebige *andre* Ware A (Leinwand etc.) zu ihr tritt, *nur innerhalb dieser Beziehung.* Für sich, isoliert betrachtet, ist z. B. der Rock nur nützliches Ding, Gebrauchswert, ganz wie die Leinwand, seine Rockform daher nur Form von Gebrauchswert oder *Naturalform* einer bestimmten Warenart. Da aber keine Ware *sich auf sich selbst als Äquivalent beziehn,* also *auch nicht ihre eigne Naturalhaut zum Ausdruck ihres eignen Werts machen kann,* muß *sie sich auf andre Ware als Äquivalent beziehn* oder die Naturalhaut eines *andren Warenkörpers zu ihrer eignen Wertform machen.*

Dies veranschauliche uns das Beispiel eines *Maßes,* welches den ||633| Warenkörpern als Warenkörpern zukommt, d. h. *als Gebrauchswerten.* Ein *Zuckerhut,* weil Körper, ist *schwer,* und hat daher *Gewicht,* aber man kann keinem Zuckerhut seine Schwere ansehn oder anfühlen. Wir nehmen nun verschiedne *Stücke Eisen,* deren Gewicht vorher bestimmt ist. Die *Körperform* des Eisens, für sich betrachtet, ist ebensowenig *Erscheinungsform der Schwere* als die des Zuckerhuts. Dennoch, um den Zuckerhut *als Schwere* oder *Gewicht auszudrücken,* setzen wir ihn *in ein Gewichts-*

[1] *Verkehrung*

verhältnis zum Eisen. In diesem Verhältnis gilt das Eisen als ein Körper, der *nichts darstellt außer Schwere oder Gewicht.* Eisenquanta dienen daher zum Gewichtmaß des Zuckers und *repräsentieren* dem Zuckerkörper gegenüber *bloße Schweregestalt, Erscheinungsform von Schwere.* Diese Rolle spielt das Eisen nur innerhalb des Verhältnisses, worin der Zucker, oder irgendein andrer Körper, dessen Gewicht gefunden werden soll, zu ihm tritt. Wären beide Dinge *nicht schwer,* so könnten sie nicht *in dies Verhältnis* treten und *das eine daher nicht zum Ausdruck der Schwere des andren dienen.* Werfen wir beide auf die Waagschale, so sehn wir in der Tat, daß sie *als Schwere dasselbe* und daher *in bestimmter Proportion* auch von *demselben Gewicht* sind. Wie hier der *Eisenkörper* dem Zuckerhut gegenüber *nur Schwere,* so vertritt in unsrem Wertausdruck *der Rockkörper* der Leinwand gegenüber *nur Wert.*

β) Zweite Eigentümlichkeit der Äquivalentform: Konkrete Arbeit wird zur Erscheinungsform ihres Gegenteils, abstrakt menschlicher Arbeit.

Der Rock gilt im Wertausdruck der Leinwand *als Wertkörper,* seine *Körper-* oder *Naturalform* daher als *Wertform,* d. h. also als *Verkörperung unterschiedsloser menschlicher Arbeit,* menschlicher Arbeit schlechthin. Die Arbeit aber, wodurch das nützliche Ding Rock gemacht wird und seine bestimmte Form erhält, ist nicht *abstrakt menschliche Arbeit,* menschliche Arbeit schlechthin, sondern eine *bestimmte, nützliche, konkrete Arbeitsart – Schneiderarbeit.* Die einfache relative Wertform erheischt, daß der Wert einer Ware, der Leinwand z. B., nur *in einer einzigen andern Warenart* ausgedrückt werde. *Welches* die *andre* Warenart ist, ist aber für die einfache Wertform durchaus gleichgültig. Statt in der Warenart *Rock,* hätte der Leinwand*wert* in der Warenart *Weizen,* oder statt in der Warenart Weizen, in der Warenart *Eisen usw.* ausgedrückt werden können. Ob aber Rock, Weizen oder Eisen, stets gälte das *Äquivalent* der Leinwand ihr *als Wertkörper,* daher *als Verkörperung menschlicher Arbeit schlechthin.* Und stets bliebe *die bestimmte Körperform des Äquivalents,* ob Rock oder Weizen oder Eisen, *nicht Verkörperung abstrakt menschlicher Arbeit,* ||634| sondern *einer bestimmten, konkreten, nützli-*

chen Arbeitsart, sei es der Schneiderarbeit oder der Bauernarbeit oder der Minenarbeit. Die *bestimmte, konkrete, nützliche Arbeit,* die den Waren*körper* des *Äquivalents* produziert, muß also *im Wertausdruck* stets notwendig als *bestimmte Verwirklichungsform* oder *Erscheinungsform menschlicher Arbeit schlechthin, d. h. abstrakt menschlicher Arbeit gelten.* Der Rock z. B. kann nur als *Wertkörper,* daher *als Verkörperung menschlicher Arbeit schlechthin gelten,* soweit Schneiderarbeit *als bestimmte Form gilt,* worin menschliche Arbeitskraft verausgabt wird oder worin abstrakt menschliche Arbeit sich verwirklicht.

Innerhalb des Wertverhältnisses und des darin einbegriffenen Wertausdrucks gilt das abstrakt Allgemeine nicht als Eigenschaft des Konkreten, Sinnlich-Wirklichen, sondern umgekehrt das Sinnlich-Konkrete als bloße Erscheinungs- oder bestimmte Verwirklichungsform des Abstrakt-Allgemeinen. Die *Schneiderarbeit,* die z. B. in dem *Äquivalent* Rock steckt, besitzt, innerhalb des Wertausdrucks der Leinwand, nicht *die allgemeine Eigenschaft,* auch menschliche Arbeit zu sein. Umgekehrt. *Menschliche Arbeit zu sein* gilt als *ihr Wesen,* Schneiderarbeit zu sein nur als *Erscheinungsform* oder *bestimmte Verwirklichungsform dieses ihres Wesens.* Dies *quid pro quo*[1] ist unvermeidlich, weil die in dem Arbeitsprodukte dargestellte Arbeit nur *wertbildend* ist, soweit sie unterschiedslose menschliche Arbeit ist, so daß die in dem Wert eines Produkts vergegenständlichte Arbeit sich *durchaus nicht unterscheidet* von der im Wert eines verschiedenartigen Produkte vergegenständlichten Arbeit.

Diese *Verkehrung,* wodurch das Sinnlich-Konkrete nur als Erscheinungsform des Abstrakt-Allgemeinen, nicht das Abstrakt-Allgemeine umgekehrt als Eigenschaft des Konkreten gilt, charakterisiert den Wertausdruck. Sie macht zugleich sein Verständnis schwierig. Sage ich: Römisches Recht und deutsches Recht sind beide Rechte, so ist das selbstverständlich. Sage ich dagegen: *Das Recht,* dieses Abstraktum, *verwirklicht sich* im römischen Recht und im deutschen Recht, diesen konkreten Rechten, so wird der Zusammenhang mystisch.

1 *Verkehrung*

γ) Dritte Eigentümlichkeit der Äquivalentform: Privatarbeit wird zur Form ihres Gegenteils, zu Arbeit in unmittelbar gesellschaftlicher Form.

Arbeitsprodukte würden nicht *zu Waren,* wären sie nicht Produkte unabhängig voneinander betriebener, selbständiger *Privatarbeiten.* Der *gesellschaftliche Zusammenhang* dieser Privatarbeiten existiert *stofflich,* soweit sie *Glieder einer naturwüchsigen, gesellschaftlichen Teilung der* ||635| *Arbeit sind,* und daher durch ihre Produkte die *verschiedenartigen* Bedürfnisse befriedigen, aus deren *Gesamtheit* das ebenfalls *naturwüchsige System der gesellschaftlichen Bedürfnisse* besteht. Dieser *stoffliche* gesellschaftliche Zusammenhang der voneinander unabhängig betriebenen *Privatarbeiten* wird aber nur *vermittelt,* verwirklicht sich daher nur durch den *Austausch* ihrer Produkte. Das Produkt der Privatarbeit hat daher *nur gesellschaftliche Form,* soweit es *Wertform* und daher *die Form der Austauschbarkeit* mit andren Arbeitsprodukten hat. *Unmittelbar gesellschaftliche Form* hat es, soweit seine eigne Körper- oder Naturalform *zugleich* die Form seiner Austauschbarkeit mit andrer Ware ist, oder *andrer Ware als Wertform gilt.* Dies findet jedoch, wie wir gesehn, nur dann für ein Arbeitsprodukt statt, wenn es, durch das *Wertverhältnis andrer Ware zu ihm,* sich in *Äquivalentform* befindet oder andrer Ware gegenüber *die Rolle des Äquivalents* spielt.

Das *Äquivalent* hat *unmittelbar gesellschaftliche Form,* sofern es *die Form unmittelbarer Austauschbarkeit mit andrer Ware* hat, und es hat diese Form unmittelbarer Austauschbarkeit, sofern es für *andre Ware als Wertkörper gilt,* daher *als Gleiches.* Also gilt auch die in ihm enthaltene bestimmte nützliche Arbeit *als Arbeit in unmittelbar gesellschaftlicher Form,* d. h. als Arbeit, welche die *Form der Gleichheit* mit der in *andrer* Ware enthaltenen Arbeit besitzt. Eine bestimmte, konkrete Arbeit, wie *Schneiderarbeit,* kann nur *die Form der Gleichheit* mit der in verschiedenartigen Ware, z. B. der Leinwand, enthaltenen *verschiedenartigen* Arbeit besitzen, soweit ihre *bestimmte Form* als *Ausdruck von etwas gilt,* was wirklich *die Gleichheit* der verschiedenartigen Arbeiten oder *das Gleiche in denselben* bildet. *Gleich* sind sie aber nur, soweit sie *menschli-*

che Arbeit überhaupt, abstrakt menschliche Arbeit sind, d. h. *Verausgabung menschlicher Arbeitskraft.* Weil also, wie bereits gezeigt, die *im Äquivalent* enthaltene *bestimmte konkrete Arbeit* als *bestimmte Verwirklichungsform* oder *Erscheinungsform abstrakt menschlicher Arbeit gilt,* besitzt sie *die Form der Gleichheit* mit *andrer* Arbeit, und ist daher, *obgleich Privatarbeit,* wie alle andre, Waren produzierende Arbeit, dennoch *Arbeit in unmittelbar gesellschaftlicher Form.* Eben deshalb stellt sie sich dar in einem Produkt, das *unmittelbar austauschbar* mit andrer Ware ist.

Die beiden zuletzt entwickelten Eigentümlichkeiten der *Äquivalentform* werden noch faßbarer, wenn wir zu dem großen Forscher zurückgehn, der die *Wertform,* wie so viele Denkformen, Gesellschaftsformen und Naturformen zuerst analysiert hat, und meist glücklicher als seine modernen Nachfolger. Es ist dies *Aristoteles.*

Zunächst spricht *Aristoteles* klar aus, daß die *Geldform* der Ware nur *die weiterentwickelte Gestalt der einfachen Wertform* ist, d. h. des Ausdrucks ||636| des Werts einer Ware in irgendeiner beliebigen *andern* Ware, denn er sagt:

»5 Polster = 1 Haus« (»Κλίναι πέντε αντί οικίας«)

»unterscheidet sich nicht« von:

»5 Polster = so und so viel Geld«
(»Κλίναι πέντε αντί...όσου αί πέντε κλίναι«)[3]

Er sieht ferner ein, daß das *Wertverhältnis,* worin dieser *Wertausdruck* steckt, seinerseits bedingt, daß das Haus dem Polster *qualitativ gleichgesetzt* wird, und daß diese sinnlich verschiednen Dinge *ohne solche Wesensgleichheit nicht als kommensurable Größen* aufeinander beziehbar wären. »Der Austausch«, sagt er, »kann nicht sein *ohne die Gleichheit,* die Gleichheit, aber *nicht ohne die Kommensurabilität« (»ούτ' ισότης μη ούσης συμμετρίας«).* Hier aber stutzt er und gibt die weitere Analyse der Wertform auf. »Es ist aber *in Wahrheit unmöglich (»τη μεν ουν αληθεία αδύνατον«),* daß so verschiedenartige Dinge kommensurabel«, d. h, *qua-*

litativ gleich seien. Diese Gleichsetzung kann nur etwas der wahren Natur der Dinge Fremdes sein, also nur »Notbehelf für das praktische Bedürfnis«.

Aristoteles sagt uns also selbst, woran seine weitere Analyse scheitert, nämlich am Mangel des *Wertbegriffs*. Was ist *das Gleiche,* d. h. die gemeinschaftliche Substanz, die das Haus für den Polster im Wertausdruck des Polsters *vorstellt?* So etwas kann »*in Wahrheit nicht existieren*«, sagt Aristoteles. Warum? Das Haus stellt dem Polster gegenüber *ein Gleiches vor,* soweit es das in beiden, dem Polster und dem Haus, wirklich *Gleiche* vorstellt. Und das ist – *menschliche Arbeit.*

Daß aber in der Form der Waren*werte* alle Arbeiten als *gleiche menschliche Arbeit* und daher *als gleichgeltend* ausgedrückt sind, konnte Aristoteles nicht aus der Wertform der Waren *herauslesen,* weil die *griechische* Gesellschaft auf der *Sklavenarbeit* beruhte, daher *die Ungleichheit der Menschen und ihrer Arbeiten zur Naturbasis* hatte. Das Geheimnis des Wertausdrucks, die *Gleichheit* und *gleiche Gültigkeit aller Arbeiten,* weil und insofern sie *menschliche Arbeit überhaupt* sind, kann nur entziffert werden, sobald *der Begriff der menschlichen Gleichheit* bereits die Festigkeit eines Volksvorurteils besitzt. Das ist aber erst möglich in einer Gesellschaft, worin *die Warenform* die allgemeine Form des Arbeitsprodukts ist, also auch das Verhältnis der Menschen zueinander *als Warenbesitzer* das herrschende gesellschaftliche Verhältnis ist. Das Genie des Aristoteles glänzt grade darin, daß er *im Wertausdruck* der Waren ein *Gleichheitsverhältnis entdeckt.* Nur die historische Schranke der Gesellschaft, worin er lebte, verhindert ihn herauszufinden, worin denn »in Wahrheit« dies *Gleichheitsverhältnis* besteht.|

|637| δ) Vierte Eigentümlichkeit der Äquivalentform: Der Fetischismus der Warenform ist frappanter in der Äquivalentform als in der relativen Wertform.

Daß Arbeitsprodukte, solche nützlichen Dinge wie Rock, Leinwand, Weizen, Eisen usw., *Werte, bestimmte Wertgrößen* und überhaupt *Waren* sind, sind Eigenschaften, die ihnen natürlich nur *in unsrem Verkehr* zukommen, nicht von Natur, wie etwa die Eigenschaft schwer zu sein oder warm zu halten oder zu nähren. Aber *innerhalb unsres Verkehrs* verhalten sich diese Dinge *als Waren* zueinander. Sie *sind Werte,* sie *sind meßbar als Wertgrößen* und ihre gemeinsame *Werteigenschaft* setzt sie in ein *Wertverhältnis* zueinander. Daß nun z. B. *20 Ellen Leinwand = 1 Rock* oder *20 Ellen Leinwand 1 Rock wert sind,* drückt nur aus, daß 1) die *verschiedenartigen* zur Produktion dieser Dinge nötigen Arbeiten *als menschliche Arbeit gleichgelten;* 2) daß das in ihrer Produktion verausgabte *Quantum* Arbeit nach bestimmten gesellschaftlichen Gesetzen gemessen wird, und 3) daß Schneider und Weber in ein bestimmtes *gesellschaftliches Produktionsverhältnis* treten. Es ist eine *bestimmte gesellschaftliche Beziehung der Produzenten,* worin sie ihre verschiedenen nützlichen Arbeitsarten *als menschliche Arbeit gleichsetzen.* Es ist nicht minder *eine bestimmte gesellschaftliche Beziehung der Produzenten,* worin sie die Größe ihrer Arbeiten durch die *Zeitdauer der Verausgabung menschlicher Arbeitskraft messen.* Aber *innerhalb unsres Verkehrs erscheinen* ihnen *diese gesellschaftlichen Charaktere* ihrer eignen Arbeiten *als gesellschaftliche Natureigenschaften,* als *gegenständliche* Bestimmungen *der Arbeitsprodukte selbst,* die Gleichheit der menschlichen Arbeiten *als Werteigenschaft* der Arbeitsprodukte, das *Maß* der Arbeit durch die gesellschaftlich notwendige Arbeitszeit *als Wertgröße* der Arbeitsprodukte, endlich die gesellschaftliche Beziehung der Produzenten durch ihre Arbeiten als *Wertverhältnis* oder *gesellschaftliches Verhältnis dieser Dinge,* der Arbeitsprodukte.

Eben deshalb *erscheinen* ihnen die Arbeitsprodukte *als Waren,* sinnlich übersinnliche oder gesellschaftliche Dinge. So stellt sich der Lichteindruck eines Dings auf den Sehnerv nicht als subjektiver Reiz des Sehnervs selbst, sondern als *gegenständliche Form* eines Dings außerhalb des Auges dar. Aber beim Sehn wird wirklich Licht von einem Ding, dem äußeren Gegenstand, auf ein andres Ding, das Auge, geworfen. Es ist ein physisches Verhältnis zwischen physischen Dingen. Dagegen hat die *Warenform* und das *Wertverhältnis* der Arbeitsprodukte mit ihrer physischen Natur und den daraus entspringenden dinglichen Beziehungen absolut nichts zu schaffen. Es ist nur das bestimmte *gesellschaftliche Verhältnis der Menschen* selbst, welches hier für sie die phantasmagorische Form eines *Ver*||638|*hältnisses von Dingen* annimmt. Um daher eine Analogie zu finden, müssen wir in die Nebelregion der *religiösen Welt* flüchten. Hier *erscheinen die Produkte des menschlichen Kopfes* als mit eignem Leben begabte, untereinander und mit den Menschen in Verhältnis stehende *selbständige Gestalten.* So in der *Warenwelt* die *Produkte der menschlichen Hand.* Dies nenne ich den *Fetischismus,* der sich an die Arbeitsprodukte anklebt, sobald sie *als Waren* produziert werden, der also von der *Warenproduktion* unzertrennlich ist.

Dieser Fetischcharakter nun tritt schlagender an der *Äquivalentform* als an der *relativen Wertform* hervor. Die *relative Wertform* einer Ware ist *vermittelt,* nämlich *durch ihr Verhältnis* zu *andrer* Ware. Durch diese Wertform ist der *Wert* der Ware als etwas von ihrem eignen sinnlichen Dasein *durchaus Unterschiednes ausgedrückt.* Es liegt darin zugleich, daß das *Wertsein* eine dem Ding selbst *fremde Beziehung,* sein *Wertverhältnis* zu einem andern Ding daher nur die *Erscheinungsform* eines dahinter versteckten *gesellschaftlichen Verhältnisses* sein kann. Umgekehrt mit der *Äquivalentform.* Sie besteht grade darin, daß die *Körper-* oder *Naturalform* einer Ware *unmittelbar als gesellschaftliche Form gilt,* als *Wertform* für andre Ware. *Innerhalb unseres Verkehrs* erscheint es also als *gesellschaftliche Natureigenschaft* eines Dings, als eine ihm *von Natur* zukommende Eigenschaft, *Äquivalentform zu besitzen,* daher so wie es sinnlich da ist, *unmittelbar austauschbar* mit andern Dingen zu sein. Weil aber *innerhalb des Wertausdrucks der Ware A* die Äquivalentform von Natur der *Ware B* zukommt, scheint sie letztrer auch *außerhalb dieses Verhältnisses* von Natur anzugehören. Daher z. B. das Rätselhafte des *Goldes,* das neben seinen andren Natureigenschaften, seiner Lichtfarbe, seinem spezifischen Gewicht, seiner Nicht-Oxydierbarkeit an der Luft *usw.,* auch die Äquivalentform von Natur zu besitzen scheint oder die gesellschaftliche Qualität mit allen andern Waren *unmittelbar austauschbar* zu sein.

§. 4. Sobald der Wert selbständig erscheint, hat er die Form von Tauschwert.

Der Wertausdruck hat zwei Pole, *relative Wertform* und *Äquivalentform*. Was zunächst die als *Äquivalent* funktionierende Ware betrifft, so gilt sie für andre Ware als *Wertgestalt*, Körper *in unmittelbar austauschbarer* Form – *Tauschwert*. Die Ware aber, deren Wert *relativ* ausgedrückt ist, besitzt die Form von *Tauschwert*, indem 1) ihr *Wertsein* durch die *Austauschbarkeit* eines andern Warenkörpers mit ihr offenbart wird, 2) ihre ||639| *Wertgröße* ausgedrückt wird durch die *Proportion*, worin die andre Ware mit ihr austauschbar ist. – Der *Tauschwert ist* daher überhaupt *die selbständige Erscheinungsform des Warenwerts.*

§. 5. Die einfache Wertform der Ware ist die einfache Erscheinungsform der in ihr enthaltenen Gegensätze von Gebrauchswert und Tauschwert.

In dem *Wertverhältnis* der Leinwand zum Rock gilt die Naturalform der Leinwand nur *als Gestalt von Gebrauchswert*, die Naturalform des Rocks nur *als Wertform* oder *Gestalt von Tauschwert*. Der in der Ware enthaltene *innere Gegensatz* von Gebrauchswert und Wert wird also *dargestellt* durch einen *äußern Gegensatz, d. h. das Verhältnis zweier Waren*, wovon die eine unmittelbar nur als Gebrauchswert, die andere unmittelbar nur als Tauschwert gilt, oder worin die beiden gegensätzlichen Bestimmungen von Gebrauchswert und Tauschwert *polarisch* unter die Waren verteilt sind. – Wenn ich sage: *Als Ware* ist die Leinwand Gebrauchswert *und* Tauschwert, so ist das mein durch Analyse gewonnenes Urteil über *die Natur* der Ware. Dagegen im Ausdruck: *20 Ellen Leinwand = 1 Rock* oder: *20 Ellen Leinwand sind 1 Rock wert*, sagt die Leinwand selbst, daß sie 1) *Gebrauchswert* (Leinwand), 2) davon unterschiedner *Tauschwert* (Rock-Gleiches) und 3) *Einheit dieser beiden Unterschiede*, also *Ware* ist.

§. 6. Die einfache Wertform der Ware ist die einfache Warenform des Arbeitsprodukts.

Die Form eines Gebrauchswerts bringt das Arbeitsprodukt in seiner Naturalform mit auf die Welt. Es bedarf also nur noch der *Wertform*, damit es die *Warenform* besitze, d. h. damit es *erscheine als Einheit der Gegensätze Gebrauchswert und Tauschwert.* Die Entwicklung der Wertform ist daher identisch mit der Entwicklung der Warenform.

§. 7. Verhältnis von Warenform und Geldform.

Setzt man an die Stelle von:

20 Ellen Leinwand = 1 Rock oder *20 Ellen Leinwand sind 1 Rock wert,* die Form:|

|640| *20 Ellen Leinwand = 2 Pfd. St.* oder *20 Ellen Leinwand sind 2 Pfd. St. wert,* so zeigt der erste Blick, daß die *Geldform* durchaus nichts ist als *die weiterentwickelte Gestalt der einfachen Wertform der Ware,* also *der einfachen Warenform des Arbeitsprodukts.* Weil die Geldform nur *die entwickelte Warenform,* entspringt sie offenbar aus der *einfachen Warenform.* Sobald letztre daher begriffen ist, bleibt nur noch *die Reihe der Metamorphosen* zu betrachten, welche die einfache Warenform: *20 Ellen Leinwand = 1 Rock* durchlaufen muß, um die Gestalt: *20 Ellen Leinwand = 2 Pfd. St.* anzunehmen.

§. 8. Einfache relative Wertform und einzelne Äquivalentform.

Der Wertausdruck im Rock gibt der Leinwand eine *Wertform*, wodurch sie nur *als Wert* von sich selbst *als Gebrauchswert unterschieden* wird. Diese Form setzt sie auch nur *in Verhältnis* zum Rock, d. h. zu irgendeiner *einzelnen,* von ihr selbst verschiedenen Warenart. Aber *als Wert* ist sie *dasselbe* wie alle andren Waren. Ihre *Wertform* muß daher auch eine Form sein, welche sie in ein Verhältnis *qualitativer Gleichheit* und *quantitativer Proportionalität* zu allen andren Waren setzt. – Der *einfachen relativen Wertform* einer Ware entspricht *die einzelne Äquivalentform* einer *andren* Ware. Oder die Ware, worin Wert ausgedrückt wird, funktioniert hier nur *als einzelnes Äquivalent.* So besitzt der Rock, im relativen Wertausdruck der Leinwand, nur *Äquivalentform* oder *Form unmittelbarer Austauschbarkeit* mit Bezug auf diese *einzelne* Warenart Leinwand.

§.9. Übergang aus der einfachen Wertform in die entfaltete Wertform.

Die einfache Wertform bedingt, daß der Wert einer Ware in *nur einer,* aber gleichgültig welcher, Ware von *andrer* Art ausgedrückt werde. Es ist also ebensowohl *einfacher relativer Wertausdruck* der Leinwand, wenn ihr Wert in Eisen oder in Weizen *usw.,* als wenn er in der Warenart Rock ausgedrückt wird. Je nachdem sie also mit dieser oder jener andern Warenart in ein *Wertverhältnis* tritt, entstehn *verschiedne einfache relative Wertausdrücke* der Leinwand. Der Möglichkeit nach hat sie *ebenso viele Verschiedne einfache Wertausdrücke* als von ihr verschiedenartige Waren existieren. In der Tat besteht also ihr *vollständiger* ||641| *relativer Wertausdruck* nicht in einem *vereinzelten* einfachen relativen Wertausdruck, sondern *in der Summe* ihrer einfachen relativen Wertausdrücke.
So erhalten wir:

II. Totale oder entfaltete Wertform.

20 Ellen Leinwand = 1 Rock oder = 10 Pfd. Tee oder = 40 Pfd. Kaffee oder = 1 Quarter Weizen oder = 2 Unzen Gold oder = ½ Tonne Eisen oder = usw.

§. 1. Endlosigkeit der Reihe.

Diese *Reihe einfacher relativer Wertausdrücke* ist ihrer Natur nach stets verlängerbar oder schließt nie ab. Denn es treten stets neue Warenarten auf, und jede neue Warenart bildet das Material eines neuen Wertausdrucks.

§. 2. Die entfaltete relative Wertform.

Der Wert einer Ware, der Leinwand z. B., ist jetzt dargestellt in allen andren Elementen der Warenwelt. Jeder andre Warenkörper wird zum Spiegel des Leinwand*werts.* So *erscheint* dieser Wert selbst erst wahrhaft *als Gallerte unterschiedsloser menschlicher Arbeit.* Denn die den Leinwand*wert* bildende Arbeit ist nun *ausdrücklich* als Arbeit dargestellt, der *jede andre menschliche Arbeit,* welche Naturalform sie immer besitze, und ob sie sich daher in Rock oder Weizen oder Eisen oder Gold *usw.* vergegenständliche, *gleichgilt.* Durch ihre *Wertform* steht die Leinwand daher jetzt auch *in gesellschaftlichem Verhältnis* nicht mehr zu nur einer *einzelnen andren* Warenart, sondern zur *Warenwelt.* Als Ware ist sie Bürger dieser Welt. Zugleich liegt in der endlosen Reihe seiner Ausdrücke, daß der Waren*wert* gleichgültig ist gegen *jede besondre Form des Gebrauchswerts,* worin er *erscheint.*

§. 3. Die besondre Äquivalentform.

Jede Ware, Rock, Tee, Weizen, Eisen *usw.* gilt im Wertausdruck der Leinwand *als Äquivalent* und daher *als Wertkörper. Die bestimmte Naturalform* jeder dieser Waren ist jetzt eine *besondre Äquivalentform* neben ||642| vielen andern. Ebenso gelten die *mannigfaltigen* in den verschiedenen Warenkörpern enthaltenen *bestimmten, konkreten, nützlichen Arbeitsarten* jetzt als ebenso viele *besondre* Verwirklichungs- oder Erscheinungsformen *menschlicher Arbeit schlechthin.*

§. 4. Mängel der entfalteten oder totalen Wertform.

Erstens ist der *relative* Wertausdruck der Leinwand *unfertig,* weil seine Darstellungsreihe nie abschließt. Zweitens besteht er aus einer bunten Mosaik auseinanderfallender und verschiedenartiger Wertausdrücke. Wird endlich, wie dies geschehn muß, *der relative Wert jeder Ware* in dieser entfalteten Form ausgedrückt, so ist die relative Wertform jeder Ware eine von der relativen Wertform jeder andren Waren *verschiedne* endlose Reihe von Wertausdrücken. – Die Mängel der *entfalteten relativen* Wertform reflektieren sich in der ihr entsprechenden *Äquivalentform.* Da die Naturalform jeder einzelnen Warenart hier eine *besondre* Äquivalentform neben unzähligen andren *besondren* Äquivalentformen ist, existieren überhaupt *nur beschränkte Äquivalentformen,* von denen jede die andre *ausschließt.* Ebenso ist die in jedem besondern Warenäquivalent enthaltene *bestimmte, konkrete, nützliche Arbeitsart nur besondre,* also nicht *erschöpfende Erscheinungsform der menschlichen Arbeit.* Diese besitzt ihre vollständige oder totale Erscheinungsform zwar in dem

Gesamtumkreis jener *besondren* Erscheinungsformen. Aber so besitzt sie keine *einheitliche* Erscheinungsform.

§. 5. Übergang aus der totalen Wertform in die allgemeine Wertform.

Die *totale oder entfaltete relative Wertform* besteht jedoch nur aus einer *Summe* einfacher relativer Wertausdrücke oder *Gleichungen der ersten Form,* wie:

20 Ellen Leinwand	=	1 Rock
20 Ellen Leinwand	=	10 Pfd. Tee *usw.*

Jede dieser Gleichungen enthält aber rückbezüglich auch die identische Gleichung:

1 Rock	=	*20 Ellen Leinwand*
10 Pfd. Tee	=	*20 Ellen Leinwand usw.*

In der Tat: Tauscht der Besitzer der Leinwand seine Ware mit vielen andren Waren aus und *drückt daher den Wert seiner Ware* in einer Reihe ||643| von andren Waren aus, so müssen notwendig auch die vielen andren Warenbesitzer ihre Waren mit Leinwand austauschen und daher *die Werte* ihrer verschiedenen Waren *in derselben dritten Ware,* der Leinwand, ausdrücken. – Kehren wir also die Reihe*: 20 Ellen Leinwand = 1 Rock oder = 10 Pfd. Tee oder = usw.* um, d. h. drücken wir die *an sich,* implizit, schon in der Reihe enthaltene Rückbeziehung aus, so erhalten wir:

III. Allgemeine Wertform.

1 Rock	=	*20 Ellen Leinwand.*
10 Pfd. Tee	=	
40 Pfd. Kaffee	=	
1 Quarter Weizen	=	
2 Unzen Gold	=	
½ Tonne Eisen	=	
x Ware A	=	
usw. Ware	=	

§. 1. Veränderte Gestalt der relativen Wertform.

Die relative Wertform besitzt jetzt eine ganz veränderte Gestalt. Alle Waren drücken ihren Wert 1) *einfach* aus, nämlich *in einem einzigen andren Warenkörper,* 2) *einheitlich, d. h. in demselben andren* Warenkörper. Ihre Wertform ist einfach und gemeinschaftlich, *d. h. allgemein.* Allen verschiedenartigen Warenkörpern gilt jetzt die Leinwand als ihre gemeinschaftliche und allgemeine Wertgestalt. Die Wertform einer Ware, d. h. der Ausdruck ihres Werts in Leinwand, *unterscheidet* sie jetzt nicht nur *als Wert von ihrem eignen Dasein als Gebrauchsgegenstand, d. h. von ihrer eignen Naturalform,* sondern bezieht sie zugleich *als Wert auf alle andren Waren,* auf *alle Waren als ihresgleichen.* Sie besitzt daher in dieser Wertform *allgemein gesellschaftliche Form.*

Erst durch ihren *allgemeinen* Charakter entspricht die *Wertform* dem *Wertbegriff.* Die Wertform mußte eine Form sein, worin die Waren als *bloße Gallerte unterschiedsloser, gleichartiger, menschlicher Arbeit,* d. h. als *dingliche Ausdrücke derselben Arbeitssubstanz* füreinander *erscheinen.* Dies ist jetzt erreicht. Denn sie alle sind ausgedrückt *als Materiatur derselben Arbeit,* der in der Leinwand enthaltenen Arbeit, oder *als dieselbe Materiatur der Arbeit,* nämlich als Leinwand. So sind sie *qualitativ gleichgesetzt.*|

|644| Zugleich sind sie *quantitativ verglichen* oder *als bestimmte Wertgrößen füreinander dargestellt.* Z. B. *10 Pfd. Tee = 20 Ellen Leinwand,* und *40 Pfd. Kaffee = 20 Ellen Leinwand.* Also: *10 Pfd. Tee = 40 Pfd. Kaffee.* Oder in 1 Pfd. Kaffee steckt nur ¼ so viel Wertsubstanz, Arbeit, als in 1 Pfd. Tee.

§. 2. Veränderte Gestalt der Äquivalentform.

Die *besondere Äquivalentform* ist jetzt fortentwickelt zur *allgemeinen Äquivalentform.* Oder die in Äquivalentform befindliche Ware ist jetzt – *allgemeines Äquivalent.* – Indem die *Naturalform* des Warenkörpers Leinwand *als Wertgestalt* aller andren Waren gilt, ist sie *die Form ihrer Gleichgültigkeit oder unmittelbaren Austauschbarkeit mit allen Elementen der Warenwelt.* Ihre *Naturalform* ist also zugleich *ihre allgemeine gesellschaftliche Form.*

Für alle andren Waren, obgleich sie die Produkte der verschiedenartigsten Arbeiten sind, gilt die Leinwand *als Erscheinungsform der in ihnen selbst enthaltenen Arbeiten,* daher *als Verkörperung gleichartiger, unterschiedsloser, menschlicher Arbeit.* Die Weberei, diese *besondre konkrete Arbeitsart,* gilt also jetzt, durch das Wertverhältnis der Warenwelt zur Leinwand, *als allgemeine und unmittelbar erschöpfende Verwirklichungsform abstrakt menschlicher Arbeit,* d. h. der Verausgabung menschlicher Arbeitskraft überhaupt.

Die in der Leinwand enthaltene *Privatarbeit* gilt eben deshalb auch *als Arbeit,* welche sich *unmittelbar in allgemein gesellschaftlicher Form* oder der *Form der Gleichheit* mit allen andren Arbeiten befindet.

Wenn eine Ware also die *allgemeine Äquivalentform* besitzt oder *als allgemeines Äquivalent* funktioniert, gilt *ihre Natural- oder Körperform als die sichtbare Inkarnation, die allgemeine gesellschaftliche Verpuppung aller menschlichen Arbeit.*

§. 3. Gleichmäßiges Entwicklungsverhältnis von relativer Wertform und Äquivalentform.

Dem Entwicklungsgrad der relativen Wertform entspricht der Entwicklungsgrad der Äquivalentform. Aber, und dies ist wohl zu merken, *die Entwicklung der Äquivalentform ist nur Ausdruck und Resultat der Entwicklung der relativen Wertform.* Von der letzteren geht *die Initiative* aus.|

|645| Die *einfache relative* Wertform drückt den Wert einer Ware nur *in einer einzigen andren Warenart aus,* gleichgültig *in welcher.* Die Ware erhält so nur *Wertform* im *Unterschied zu ihrer eignen Gebrauchswerts- oder Naturalform.* Ihr Äquivalent erhält auch nur die *einzelne Äquivalentform.* Die *entfaltete, relative Wertform* drückt den Wert einer Ware in allen andren Waren aus. Letztre erhalten daher die Form vieler *besondren Äquivalente* oder *besondre Äquivalentform.* Endlich gibt sich *die Warenwelt* eine *einheitliche, allgemeine, relative Wertform,* indem sie *eine einzige Warenart* von sich *ausschließt,* worin *alle* andren Waren ihren Wert *gemeinschaftlich* ausdrücken. Dadurch wird die *ausgeschlossene* Ware *allgemeines Äquivalent* oder wird die Äquivalentform zur *allgemeine Äquivalentform.*

§. 4. Entwicklung der Polarität von relativer Wertform und Äquivalentform.

Der *polarische Gegensatz* oder die unzertrennliche Zusammengehörigkeit und ebenso beständige Ausschließung von relativer Wertform und Äquivalentform, so daß 1) eine Ware sich nicht in der einen Form befinden kann, ohne daß *andre* Ware sich in der *entgegengesetzten* Form befindet, und 2) daß sobald eine Ware sich in der einen Form befindet, sie sich nicht gleichzeitig innerhalb desselben Wertausdrucks in der andren Form befinden kann – dieser *polarische Gegensatz* beider Momente des Wertausdrucks *entwickelt* und *verhärtet* sich *in demselben Maße,* worin sich die Wertform überhaupt entwickelt oder ausgebildet wird.

In der *Form I* schließen sich schon die beiden Formen aus, aber *nur formell.* Je nachdem dieselbe Gleichung vorwärts oder rückwärts gelesen wird, befindet sich jedes der beiden Warenextreme, wie Leinwand und Rock, gleichmäßig bald in der relativen Wertform, bald in der Äquivalentform. Es kostet hier noch Mühe, den polarischen Gegensatz festzuhalten.

In der *Form II* kann immer nur *je eine Warenart ihren relativen Wert total* entfalten oder besitzt sie selbst nur *entfaltete relative Wertform,* weil und sofern *alle andren Waren* sich ihr gegenüber *in der Äquivalentform* befinden.

In der *Form III* endlich besitzt die *Warenwelt* nur *allgemein-gesellschaftliche relative Wertform,* weil und sofern alle ihr angehörigen Waren von der *Äquivalentform* oder *der Form unmittelbarer Austauschbarkeit ausgeschlossen sind.* Umgekehrt ist die Ware, die sich *in der allgemeinen Äquivalentform* befindet oder *als allgemeines Äquivalent* figuriert, von der *einheitlichen* und daher *allgemeinen relativen Wertform der Waren*||646|*welt ausgeschlossen.* Sollte die Leinwand, d. h. irgendeine in allgemeiner Äquivalentform befindliche Ware, auch zugleich an der *allgemeinen relativen Wertform* teilnehmen, so müsste sie *auf sich selbst als Äquivalent bezogen werden.* Wir erhalten dann: *20 Ellen Leinwand = 20 Ellen Leinwand,* eine Tautologie, worin weder Wert noch Wertgröße ausgedrückt ist. Um *den relativen Wert des allgemeinen Äquivalents auszudrücken,* müssen wir die *Form III* umkehren. Es besitzt keine mit den andren Waren gemeinschaftliche relative Wertform, sondern *sein Wert* drückt sich *relativ* aus *in der endlosen Reihe aller andren Warenkörper.* So erscheint jetzt die *entfaltete relative Wertform* oder Form II als *die spezifische relative Wertform* der Ware, welche die Rolle des *allgemeinen Äquivalents* spielt.

§. 5. Übergang aus der allgemeinen Wertform zur Geldform.

Die *allgemeine Äquivalentform* ist eine *Form des Werts* überhaupt. Sie kann also *jeder* Ware zukommen, aber stets nur im Ausschluß von allen andren Waren.

Indes zeigt schon der *bloße Formunterschied* zwischen Form II und Form III etwas *Eigentümliches,* was die Formen I und II nicht unterscheidet. Nämlich in der *entfalteten Wertform* (Form II) *schließt eine Ware alle andren* aus, um in ihnen den eignen Wert auszudrücken. *Diese Ausschließung* kann ein *rein subjektiver Prozeß* sein, z. B. ein Prozeß des Leinwandbesitzers, der den Wert seiner eignen Ware in vielen andren Waren schätzt. Dagegen befindet sich eine Ware nur in allgemeiner Äquivalentform (Form III), weil und sofern sie selbst *durch alle andren Waren als Äquivalent ausgeschlossen wird.*

Die *Ausschließung* ist hier ein von der ausgeschlossenen Ware unabhängiger, *objektiver Prozeß.* In der historischen Entwicklung der Warenform mag daher die allgemeine Äquivalentform bald dieser, bald jener Ware abwechselnd zukommen. Aber eine Ware funktioniert nie *wirklich* als allgemeines Äquivalent, außer sofern ihre Ausschließung und daher ihre Äquivalentform das Resultat eines *objektiven gesellschaftlichen Prozesses ist.*

Die *allgemeine Wertform* ist die entwickelte Wertform und daher *die entwickelte Warenform.* Die stofflich ganz verschiedenen Arbeitsprodukte können nicht *fertige Warenform* besitzen und daher auch nicht im Austauschprozeß *als Ware* funktionieren, ohne *als dingliche Ausdrücke derselben gleichen menschlichen Arbeit* dargestellt zu sein. Das heißt, um fertige Warenform zu erhalten, müssen sie *einheitliche, allgemeine relative Wertform* erhalten. Aber diese einheitliche relative Wertform können sie ||647| nur dadurch erwerben, daß sie eine *bestimmte Warenart als allgemeines Äquivalent* aus ihrer eignen Reihe *ausschließen.* Und erst von dem Augenblicke, wo *diese Ausschließung* sich endgültig auf eine *spezifische* Warenart *beschränkt,* hat die *einheitliche relative* Wertform *objektive Festigkeit* und *allgemein gesellschaftliche Gültigkeit* gewonnen.

Die *spezifische* Warenart nun, mit deren *Naturalform die Äquivalentform gesellschaftlich verwächst,* wird zur *Geldware* oder funktioniert *als Geld.* Es wird ihre *spezifisch gesellschaftliche Funktion,* und daher *ihr gesellschaftliches Monopol,* die Rolle des allgemeinen Äquivalents *innerhalb der Warenwelt* zu spielen. Diesen bevorzugten Platz hat unter den Waren, welche in *Form II* als *besondre Äquivalente* der Leinwand figurieren, und in *Form III* ihren *relativen Wert* gemeinsam in Leinwand ausdrücken, eine bestimmte Ware historisch erobert, das *Gold.* Setzen wir daher in Form III die Ware Gold an die Stelle der Ware Leinwand, so erhalten wir:

IV. Geldform.

20 Ellen Leinwand	=	
1 Rock	=	
10 Pfd. Tee	=	
40 Pfd. Kaffee	=	2 Unzen Gold.
1 Quarter Weizen	=	
½ Tonne Eisen	=	
x Ware A	=	
usw. Ware	=	

§. l. Verschiedenheit des Übergangs der allgemeinen Wertform zur Geldform von den früheren Entwicklungsübergängen.

Es finden *wesentliche Veränderungen* statt beim Übergang von Form I zu Form II, von Form II zu Form III. Dagegen unterscheidet Form IV sich durch nichts von Form III, außer daß jetzt statt Leinwand Gold die allgemeine Äquivalentform besitzt.

Gold bleibt in Form IV, was die Leinwand in Form III war – *allgemeines Äquivalent.* Der Fortschritt besteht nur darin, daß die *Form unmittelbarer allgemeiner Austauschbarkeit* oder *die allgemeine Äquivalentform* jetzt durch gesellschaftliche Gewohnheit *endgültig* mit der *spezifischen Naturalform* des *Warenkörpers Gold verwachsen* ist.|

|648| Gold tritt den andren Waren nur als *Geld* gegenüber, weil es ihnen bereits zuvor *als Ware* gegenüberstand. Gleich allen andren Waren funktionierte es auch *als Äquivalent,* sei es als *einzelnes* Äquivalent in vereinzelten Austauschakten, sei es als *besondres Äquivalent* neben andren Warenäquivalenten. Nach und nach funktionierte es in engeren oder weiteren Kreisen als *allgemeines Äquivalent.* Sobald es das Monopol dieser Stelle im *Wertausdruck der Warenwelt* erobert hat, wird es *Geldware,* und erst von dem Augenblick, *wo es bereits Geldware geworden ist,* unterscheidet sich Form IV von Form III, oder ist die *allgemeine Wertform* verwandelt in die *Geldform.*

§. 2. Verwandlung der allgemeinen relativen Wertform in Preisform.

Der einfache relative Wertausdruck einer Ware, z. B. der Leinwand, in der bereits *als Geldware* funktionierenden Ware, z. B. dem Gold, ist *Preisform.* Die Preisform der Leinwand daher:

20 Ellen Leinwand = 2 Unzen Gold,

oder, wenn *2 Pfd. St.* der *Münzname* von 2 Unzen Gold,

20 Ellen Leinwand= 2 Pfd. St.

§. 3. Die einfache Warenform ist das Geheimnis der Geldform.

Man sieht, die eigentliche Geldform bietet an sich gar keine Schwierigkeit. Sobald einmal die *allgemeine Äquivalentform* durchschaut ist, macht es nicht das geringste Kopfbrechen zu begreifen, daß sich diese Äquivalentform an eine *spezifische* Warenart wie Gold *festhaftet,* um so weniger als die allgemeine Äquivalentform von Natur *die gesellschaftliche Ausschließung einer bestimmten Warenart durch alle andren Waren* bedingt. Es handelt sich nur noch darum, daß diese Ausschließung *objektiv gesellschaftliche Konsistenz* und *allgemeine Gültigkeit* gewinnt, daher weder *abwechselnd* verschiedne Waren tritt, noch *eine bloß lokale Tragweite* in nur besondern Kreisen der Warenwelt besitzt. Die Schwierigkeit im Begriff der Geldform beschränkt sich auf das Begreifen der allgemeinen Äquivalentform, also der *allgemeinen Wertform* überhaupt, der Form III. Form III löst sich aber rückbezüglich auf in Form II , und das *konstituierende Element* der Form II ist Form I: *20 Ellen Leinwand = 1 Rock* oder *x Ware A = y Ware B.* Weiß man nun, was Gebrauchswert und Tauschwert sind, so findet man, daß diese Form I die einfachste, unentwickeltste Manier ist, ein beliebiges Arbeitsprodukt, wie die Leinwand z. B, ||649| *als Ware* darzustellen, d. h. *als Einheit der Gegensätze Gebrauchswert und Tauschwert.* Man findet dann zugleich leicht die *Metamorphosenreihe,* welche die *einfache Warenform: 20 Ellen Leinwand = 1 Rock durchlaufen muß,* um ihre fertige Gestalt: *20 Ellen Leinwand = 2 Pfd. St.,* d. h. die *Geldform* zu gewinnen.

(Fortzufahren p. 35 im Text des Buchs.[1]*)*

[1] Siehe vorl. Bd., S. 122.

3. Die Wertform[52]

Ergänzungen und Veränderungen
zum ersten Band des »Kapitals«
Manuskript (1871/72)

Die Neufassung der Einleitung zum Gliederungspunkt 3 »Die Wertform oder der Tauschwert« im ersten Kapitel der 2. Auflage besteht aus vier Entwürfen. [A] blieb unvollendet und wurde senkrecht mit Tinte und Rotstift durchgestrichen. [B] ist unvollständig und mehrfach senkrecht getilgt und ist daher im Variantenverzeichnis enthalten (siehe MEGA² II/6, S. 821/822). [C] blieb unvollendet und wurde senkrecht mit Tinte durchgestrichen. Der überarbeitete Entwurf [D] wurde geringfügig verändert in die 2. Auflage übernommen.

|7| [A]
3) Die Wertform oder der Tauschwert.

Die Wertgegenständlichkeit einer einzelnen, isolierten Ware bleibt unsichtbar, denn sie ist grade das Gegenteil des sichtbaren Warenkörpers. Waren besitzen überhaupt nur eine von ihren bunten Gebrauchsgegenständlichkeiten verschiedne *gesellschaftliche* Wertgegenständlichkeit, sofern sie *Ausdrücke derselben gesellschaftlichen Einheit* sind, der menschlichen Arbeit.

[B]

[C]
3) Die Wertform. (Note 17)[1]

Waren kommen zur Welt in der *Form von Gebrauchswerten* oder *Warenkörpern*. Es ist dies ihre hausbackne *Naturalform*. Ihre gespensterhafte

[1] Bezieht sich auf die 1. Auflage, siehe vorl. Bd., S. 103 (MEGA² II/5, S. 29).

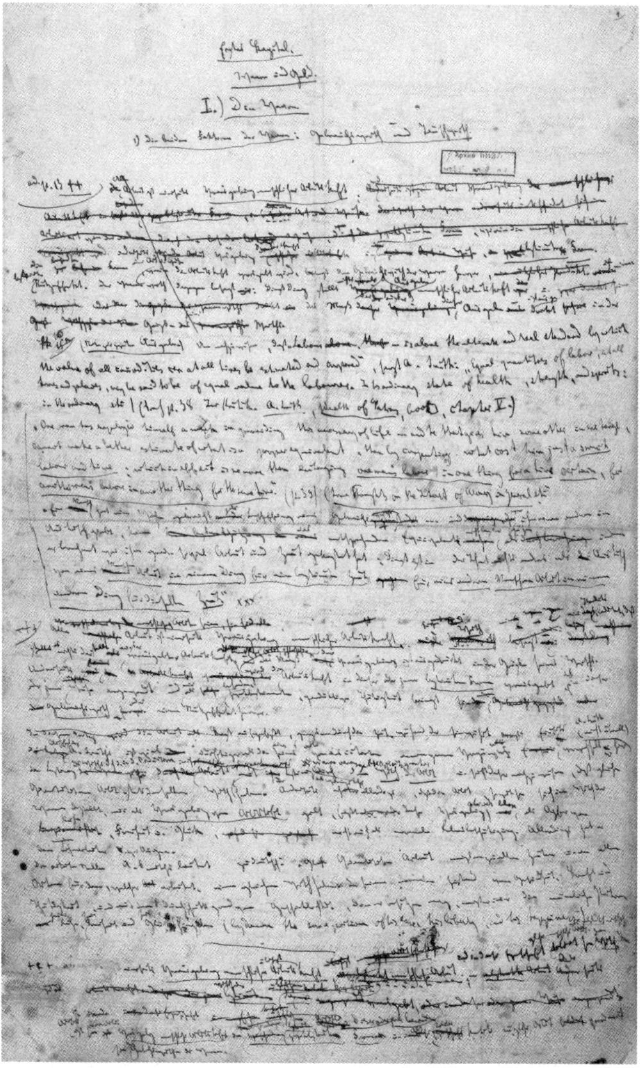

Manuskript »Ergänzungen und Veränderungen«, Seite [5]
(siehe MEGA² II/6, S. 756 und Text, S. 3–7)

Wertgegenständlichkeit ist dagegen nicht wahrnehmbar. In ihr ist vielmehr jedes Merkmal ausgelöscht, wodurch sich die Waren sinnlich voneinander unterscheiden.

[D]

Waren kommen zur Welt in der *Form von Gebrauchswerten* oder *Warenkörpern:* als Eisen, Leinwand, Weizen usw. Es ist dies ihre hausbackne *Naturalform*. Sie sind jedoch nur Waren, weil Doppeltes – Gebrauchsgegenstände und zugleich *Wert*träger. Sie *erscheinen* daher nur als Waren oder besitzen nur die Form von Waren, sofern sie *Doppelform* besitzen, *Naturalform* und *Wertform.*

Die *Wertgegenständlichkeit* der Waren unterscheidet sich dadurch von der Wittib Hurtig[53], daß man nicht weiß, wo sie zu haben ist. Im grellsten Gegensatz zur sinnlich groben Gegenständlichkeit der Warenkörper geht kein Atom Naturstoff in ihre *Wertgegenständlichkeit* ein. Man mag daher eine *einzelne* Ware drehen und wenden, wie man will, sie bleibt unfaßbar als Wertding. Erinnern wir uns jedoch, daß die Waren nur *Wertgegenständlichkeit* besitzen, sofern sie Ausdrücke derselben *gesellschaftlichen Einheit, menschlicher Arbeit*, sind, daß ihre Wertgegenständlichkeit also rein *gesellschaftlich* ist, so versteht sich auch von selbst, daß sie nur im *gesellschaftlichen* Verhältnis von Ware zu Ware *erscheinen* kann. Wir gingen in der Tat vom *Tauschwert* oder *Austauschverhältnis* der Waren ||8| aus, um ihrem darin versteckten Wert auf die Spur zu kommen. Wir müssen jetzt zu dieser *Erscheinungsform* des Werts zurückkehren.

Jedermann weiß, wenn er auch sonst nichts weiß, daß die Waren eine mit den bunten *Naturalformen* ihrer Gebrauchswerte höchst frappant kontrastierende, gemeinsame *Wertform* besitzen – die Geldform. Hier gilt es jedoch zu leisten, was die bürgerliche Ökonomie nicht einmal versucht hat, nämlich die *Genesis dieser Geldform* nachzuweisen, den im Wertverhältnis der Waren enthaltenen Wertausdruck von seiner einfachsten unscheinbarsten Gestalt bis zur blendenden Geldform zu entwickeln. Damit verschwindet zugleich das Geldrätsel.

3) Wertform.

Waren treten überhaupt nur in *ein Verhältnis* zueinander, sofern sie in ein Wertverhältnis treten etc.

3 Die Wertform.

1) *Als Tauschwert*, d. h. im *Verhältnis einer Ware zu andern Waren.*
2) d. h. davon, ob sie die Ware ist, *deren Wert*, oder aber die Ware, *worin* Wert ausgedrückt wird.

Wir werden nun die beiden Formen des gesamten Wertausdrucks – relative Wertform und Äquivalentform – jede für sich näher betrachten.

Im Manuskript sind zur Neufassung des ersten Unterpunktes des Paragraphen 2 »Die relative Wertform« zwei Entwürfe [A] und [B] mit mehreren Teilentwürfen enthalten. [A] enthält noch die Bezüge auf den Anhang; wurde senkrecht mit Rotstift durchgestrichen. [B] ist gegenüber [A] durch Gedanken aus dem Haupttext erweitert und wurde stark verändert in die 2. Auflage übernommen.

[A]
§ 2.) Die relative Wertform.
a) Inhalt der relativen Wertform.

3 In dem relativen Wertausdruck einer Ware, z. B. der Leinwand – 20 Ellen Leinwand = 1 Rock oder 20 Ellen Leinwand sind 1 Rock wert – ist man gewohnt ein nur *quantitatives Verhältnis* zu sehn, d. h. nur die *bestimmte Proportion*, worin die eine Warenart der andern gleichgilt. Man übersieht, daß *die Größen verschiedner Dinge* erst *quantitativ vergleichbar* sind *nach ihrer Zurückführung auf dieselbe Einheit*. Nur *als Ausdrücke derselben Einheit* sind sie *gleichnamige*, daher *kommensurable Größen*.|

|9| [A_1]
In der Tat wird in dem Ausdruck: 20 Ellen Leinwand = 1 Rock die Leinwand auf den Rock als ihm *gleichnamige* Größe bezogen, ihm *qualitativ* gleichgesetzt. Leinwand = Rock ist die Grundlage jener Gleichung, in

welche Proportion immer dies *Gleichheitsverhältnis* einer Ware zu einer andern, verschiedenartigen Ware gesetzt wird ist aber ihr *Wertverhältnis*. Rock und Leinwand sind *dasselbe*, soweit beide Werte sind. Als *Gebrauchswert* oder Warenkörper *unterscheidet* sich die Leinwand vom Rock, als *Wert* ist sie gleichen Wesens mit ihm.

[A_2]
In der Tat gelten in dem Ausdruck – *20 Ellen Leinwand = 1 Rock* – Leinwand und Rock als *gleichnamige* Größen. *Leinwand = Rock* ist die Grundlage dieser Gleichung. Ob *20* Ellen Leinwand = *1* oder *2* oder *x* Röcke die Ware Leinwand wird jedesmal bezogen auf die verschiedenartige Ware, Rock, als Ding von *derselben Natur*, als *ihresgleichen*, oder die Leinwand wird dem Rock *qualitativ gleichgesetzt*.

◊

4) Diese *Gleichsetzung* irgendeiner Ware A mit irgendeiner verschiedenartigen Ware B ist *Wertverhältnis* der einen Ware zur andren. Als Gebrauchsgegenstände sind die Waren verschiedenartig, ihr Wert bildet ihre Einheit, ihre gemeinschaftliche Substanz. Indem aber die Ware A in ein *Wertverhältnis* zu einer andern Ware B tritt, kommt ihr eigner Wert zum Vorschein. Wäre sie nicht selbst Wert, so könnte sie sich nicht auf die andre Ware als Wert, als *ihresgleichen*, beziehn. Diese Beziehung ist also ein *Ausdruck ihres eignen Werts*.[1]

5) *Wie* wird nun eine Ware A, z. B. die Leinwand, auf irgendeine andre Ware B, z. B. den Rock, als ihr *Wertgleiches* oder ihr *Äquivalent* bezogen?

Die Antwort ergibt sich einfach aus der Natur des Warenwerts. *Wert* ist eine Ware, soweit sie bloß *dinglicher Ausdruck, sachliche Hülle der in ihrer Produktion verausgabten menschlichen Arbeitskraft ist, also Gallerte menschlicher Arbeit schlechthin*, abstrakter menschlicher Arbeit. So ist die Kohle als Wärmestoff nur sachliche Hülle des von ihr eingesaugten Sonnenlichts.

[1] Bezieht sich auf den Anhang, siehe vorl. Bd., S. 136 (MEGA² II/5, S. 630.3–19).

Eine Ware A, z. B. die Leinwand, kann also einer andren Ware B, z. B. dem Rock, nur als Wert gleichgesetzt werden, sofern die andre Ware, der Rock, in dieser Beziehung als bloßes *Wertding* gilt, ein Ding, dessen *einziger Stoff aus menschlicher Arbeit besteh*t oder dessen Körperlichkeit daher *nichts darstellt außer menschlicher Arbeit.*|

|10| [B]

4 *2) Die relative Wertform.*

a) Gehalt der relativen Wertform.

Um herauszufinden, *wie* der einfache *Wertausdruck* einer Ware im *Wertverhältnis* zweier Waren steckt, muß man letztres zunächst ganz unabhängig von seiner *quantitativen* Seite betrachten. Man verfährt meist grade umgekehrt und sieht in dem Wertverhältnis nur die *bestimmte Proportion,* worin *bestimmte Quanta* zweier Warensorten einander gleichgelten. Man übersieht, daß *die Größen verschiedner Dinge* erst *quantitativ vergleichbar werden nach ihrer Zurückführung auf dieselbe Einheit.* Nur als *Ausdrücke derselben Einheit* sind sie *gleichnamige,* daher *kommensurable Größen.*

Ob *20* Ellen Leinwand = *1* Rock oder = *20* oder = *x* Röcke, d. h. wieviel oder wie wenig Röcke ein gegebnes Quantum Leinwand wert sei, jede solche Proportion schließt stets ein, daß Leinwand und Röcke als Wertgrößen *Ausdrücke derselben Einheit* sind, also Dinge *gleicher* Natur. *Leinwand = Rock* ist die Grundlage der Gleichung. Die *qualitative Gleichsetzung verschiedenartiger Waren* ist also der wirkliche Inhalt des Wertverhältnisses. Es handelt sich jetzt darum die *Form* zu betrachten, worin dieser Inhalt erscheint.

Die Warenanalyse ergibt uns das Resultat: *Als Werte* sind alle Waren, trotz der bunten Mannigfaltigkeit ihrer Körper, bloße *Ausdrücke derselben Einheit*, d. h. qualitativ gleich. *Wir* gelangen so zum Wertbegriff, aber nach wie vor verharren die Waren selbst in ihrer hausbacknen Naturalform, ohne das geringste Zeichen ihres *Wertcharakters* von sich zu geben.

[B_1]

Anders sobald eine Ware, die Leinwand z. B., in *Wertverhältnis* zu einer *andren* Ware, z. B. dem Rock, tritt. Dies Verhältnis ist nämlich *ihr eignes Verhalten* zu einer andren Ware. (Was uns vorher die Analyse, sagt jetzt die Leinwand selbst. Nur drückt sie ihre Gedanken aus in der ihr allein geläufigen Sprache, der Warensprache. Allerdings hat auch die Warensprache ihre verschiednen Mundarten. Das romanische Zeitwort *valer, valoir* sagt z. B. viel schlagender als das deutsche *Wertsein*, daß die Wertgleichheitsbeziehung zu der verschiedenartigen Ware B, deren Wert in Ware A ausgedrückt wird, *ihre eigne* Beziehung ist.) Als Gebrauchswert oder Gebrauchsgegenstand ist die Leinwand durch ihren steifleinenen Körper bereits sinnfällig unterschieden vom Gebrauchsgegenstand Rock. Aber *als Ware* ist sie nicht nur Gebrauchsgegenstand, ||11| Warenkörper, sondern zugleich etwas ganz andres, unsichtbares, nämlich *Wert*. Dies ihr *Wertsein* drückt sie aus, indem sie sich zu einer *verschiedenartigen* Ware, zum Rock, verhält, sich auf ihn bezieht als *ihresgleichen*, eine Beziehung, worin der Rock ohne vorherige Anfrage ihr *qualitativ gleichgesetzt* wird. Sie hat in ihm die stammverwandte schöne Wertseele erkannt.

[B_2]

Anders sobald eine Ware, die Leinwand z. B., in ein *Wertverhältnis* zu andrer Ware tritt, z. B. zum Rock. Dies Verhältnis ist *ihr eignes Verhalten* zu andren Waren. Als *Gebrauchswert* ist sie durch ihren steifleinenen Leib bereits sinnfällig unterschieden vom Gebrauchswert Rock. Aber sie ist Ware, also nicht nur ein materiell gemeines Gebrauchsding, Warenkörper, sondern ein höhres unsichtbares Wesen, – *Wert*. Sie drückt dies ihr *Wertsein* aus, indem sie sich zu einer verschiedenartigen, daher handgreiflich von ihr verschiednen Ware, zum Rock, als *ihresgleichen* verhält, eine Beziehung worin der Rock, ohne vorherige Anfrage ihr *qualitativ gleichgesetzt* wird. Sie hat trotz seiner zugeknöpften Erscheinung die stammverwandte schöne Wertseele in ihm erkannt. Was uns vorher die Analyse des Leinwand*werts* sagt die Leinwandware durch ihr Verhalten zum Rock jetzt selbst. Nur verrät sie ihre Gedanken in der ihr allein geläufigen Sprache, der Warensprache. Allerdings besitzt auch die Warensprache, außer dem Hebräischen,[39] noch verschiedne mehr oder minder prägnante Mundarten. So drückt z. B. das deutsche *Wertsein* nicht so anschaulich wie das romanische Zeitwort *valere, valer, valoir* die *Gleichheitsbeziehung* zur Ware B als die eigne Wertbeziehung der Ware A aus. »*Paris vaut bien une messe.*«[1]

◊

Im Wertverhältnis – dem Umgang mit andrer Ware – erwirbt also der *Wert* der Leinwand einen von ihrer Gebrauchsgegenständlichkeit *unterschiednen Ausdruck*. Aber wie? Indem sie als *Rockgleiches* ausgedrückt wird, ganz wie die Schafsnatur des Christen durch seine Gleichheit mit dem Lamm Gottes zum Vorschein kommt.

Der *Rock*, der Körper der Rockware, ist aber ein *bloßer Gebrauchswert*. *Der Wert der Leinwand wird also* a u s g e d r ü c k t *in seinem Gegenteil, in Gebrauchswert*, wenn auch im Gebrauchswert einer andren Warensorte. Der Gebrauchswert Rock drückt jedoch ebensowenig *Wert* aus als das erstbeste Stück Leinwand. Dies beweist nur, daß selbiger Rock innerhalb des *Verhältnisses* der Leinwand zu ihm mehr bedeutet als *außerhalb* des Verhältnisses, so wie mancher Mensch innerhalb eines galonierten Rocks[54] mehr bedeutet als außerhalb desselben.|

|12| In der Produktion des Rocks ist tatsächlich menschliche Arbeitskraft unter der Form der Schneiderei verausgabt, also menschliche Arbeit in ihm aufgehäuft worden. Nach dieser Seite hin ist also der Rockkörper *Träger* von Wert, obgleich diese seine Eigenschaft selbst durch seine größte Fadenscheinigkeit nicht durchblickt. Und im Wertverhältnis der Leinwand gilt der Rock nur nach dieser Seite. Sie verhält sich zum Rockkörper als *ihresgleichen*, weil und sofern er *Wertkörper* ist.

Es wird sich nun zeigen, daß die Leinwand ihr *Wertsein* erschöpfend dargestellt hat durch ihre Darstellung als *Rockgleiches*, nur durch den Ausdruck *ihres eignen Werts* im *Gebrauchswert* Rock.

[1] »Paris ist eine Messe wert«[55]

Als Wert besteht die Leinwand bloß aus verausgabter menschlicher Arbeitskraft und bildet daher eine durchsichtig kristallisierte Arbeitsgallerte. In der Wirklichkeit ist dieser Kristall jedoch sehr trüb. Soweit Arbeit in ihm zu entdecken, und nicht jeder Warenkörper zeigt die Spur der Arbeit, ist es nicht unterschiedslose, menschliche Arbeit, sondern Weberei, Spinnerei usw., die auch keineswegs seine einzige Substanz bilden, vielmehr mit Naturstoffen verquickt sind. Um Leinwand als bloß dinglichen Ausdruck der in ihrer Produktion verausgabten menschlichen Arbeitskraft festzuhalten, muß man von allem absehn, was sie wirklich zum Ding macht. Gegenständlichkeit menschlicher Arbeit schlechthin, die selbst abstrakt ist, ohne weitre Qualität und Inhalt, ist notwendig abstrakte Gegenständlichkeit, ein *Gedankending*. So wird das Flachsgewebe zum Hirngespinst.[1]

Ohne Hirn wie sie ist, geht die Leinwandware anders zu Werke, um auszudrücken, wes Schlags die Arbeit, woraus ihr Wert besteht. Die Beziehung auf den Rock als ihr *qualitativ Gleiche*s, als *Wertding* setzt die im Rock steckende Arbeit der in der Leinwand steckenden Arbeit gleich. Nun ist zwar die Schneiderei, die den Rock macht, eine von der Weberei, welche die Leinwand macht, verschiedenartige, konkrete Arbeit. Aber die Gleichsetzung mit der Weberei reduziert die Schneiderei tatsächlich auf das in beiden Arbeiten wirklich Gleiche, auf ihren gemeinsamen Charakter, menschliche Arbeit überhaupt. Auf diesem Umweg ist dann gesagt, daß auch die Weberei, soweit sie *Wert* webt, keine Unterscheidungsmerkmale von der Schneiderei besitzt, also *abstrakt menschliche Arbeit* ist.

Es genügt indes nicht, daß die *Gleichheitsbeziehung* der Leinwand zum Rock den *abstrakt menschlichen Charakter* der im Leinwandwert enthaltnen Arbeit ausdrückt. Menschliche Arbeit oder menschliche Arbeitskraft in *flüssigem* Zustand *bildet* Wert, aber *ist* nicht Wert. Sie wird Wert in *geronnenem* Zustand, in *gegenständlicher Form*.

Welches ist nun die *gegenständliche* Form des Leinwand*werts*? Die *Rock*form. Im *Wertverhältnis* der Leinwand gilt der Rockkörper, wie wir

[1] Der Text dieses Absatzes wurde aus dem Haupttext der 1. Auflage übernommen, siehe vorl. Bd., S. 104 (MEGA² II/5, S. 30.1–11).

||13| bereits gesehn, als *Wertkörper*, seine *Naturalform* die Rockform als *Wertform*. Als Gebrauchsding ist die Leinwand vom Rock verschieden. Als *Wert* dagegen ist sie [*Abbruch*] Der Rock kann in der Tat der Leinwand gegenüber nicht Wert darstellen, ohne daß sich für sie der Wert gleichzeitig in Rock darstellt. So kann sich das Individuum A zum Individuum B nicht als Majestät verhalten, ohne daß die Majestät für A zugleich die Leibesgestalt von B annimmt, daher ihre Gesichtszüge, Haare und manches andre noch mit dem jedesmaligen Landesvater wechselt.

Im *Wertverhältnis* der Leinwand zum Rock ist er in einem zugleich gemeiner Warenkörper und Gespensterleib, Verpuppung abstrakter menschlicher Arbeit. Innerhalb dieses Zusammenhangs gilt daher weder seine wollne Wohlbehäbigkeit, weder seine Modenarrheit, *noch* riecht einer seinen Heiligengeruch, noch irgendeine andre der nützlichen Körper- und Geistesgaben, die ihn als *Gebrauchswert* zieren. Ja an seine eigne Stelle kann ohne Schaden jeder andre von der Leinwand verschiedne Warenkörper untergeschoben werden, Eisen, Weizen, Assa Fötida[17], Poudrette[18] usw.

Durch die Beziehung auf den Rock als ihr *Wertgleiches* oder *Äquivalen*t erwirbt die Leinwand also eine von ihrer *Naturalform* getrennte *Wertform*. Einerseits drückt diese Beziehung den abstrakt menschlichen Charakter der Arbeit aus, welche die *Wertsubstanz* der Leinwand bildet, andrerseits besitzt diese Wertsubstanz *gegenständliche Form*. Als *Rockgleiches* erscheint der Leinwand*wert* in grell sinnlichem Kontrast zum Leinwand*körper*.

Vermittelst des *Wertverhältnisses* wird also die Naturalform der Ware B zur Wertform der Ware A, zum Wertspiegel der Warenart A. (Note 18a mit dem Menschen[1]) Indem sich Ware A auf die Ware B als inkarnierten Wert bezieht, d. h. als Materiatur menschlicher Arbeit, macht sie den Körper der fremden Ware zum Material ihres *eignen* Wertausdrucks. Der *Wert* einer Ware, so ausgedrückt im *Gebrauchswert* einer verschiedenartigen Ware, erhält die Form des *relativen Werts*.

[1] Damit ist die Note der 1. Auflage gemeint, siehe vorl. Bd., S. 105 (MEGA² II/5, S. 30), die in die 2. Auflage übernommen wurde (siehe MEGA² II/6, S. 85.35–40; vgl. MEW 23, S. 67).

Im Manuskript sind zwei Entwürfe [A] und [B] zur Neufassung des zweiten Unterpunktes des Paragraphen 2) enthalten. In der 2. Auflage wurde der Entwurf [A] verändert übernommen.

[A]

b) Quantitative Bestimmtheit der relativen Wertform.

7)[1] Jede Ware, deren Wert ausgedrückt werden soll, ist ein Gebrauchsgegenstand von gegebnem Quantum, soviel Scheffel Weizen, soviel Pfund Kaffee etc. Dieses gegebne Warenquantum enthält ein *bestimmtes Quantum menschlicher Arbeit.* Die Wertform hat also nicht nur Wert überhaupt, *sondern quantitativ bestimmten Wert* oder *Wertgröße* auszudrücken.[2] Im ||14| Wertverhältnis der Ware A zur Ware B wird ihr daher die Warenart B nicht nur *qualitativ gleichgesetzt*, sondern einem gegebnen Quantum A, *z. B. 20 Ellen Leinwand*, ein *bestimmtes Quantum des Äquivalents.*

Die Gleichung: *20 Ellen Leinwand = 1 Rock* oder *20 Ellen Leinwand sind 1 Rock wert*, setzt voraus, daß in 1 Rock grade soviel Wertsubstanz steckt als in 20 Ellen Leinwand, dass beide Warenquanta also gleichviel Arbeit kosten oder gleich große Arbeitszeit. Die zur Produktion von 20 Ellen Leinwand und 1 Rock respektiv notwendige Arbeitszeit wechselt aber mit jedem Wechsel in der Produktivkraft der Weberei oder der Schneiderei. Der Einfluß solcher Wechsel auf den *relativen Ausdruck der Wertgröße* soll nun näher untersucht werden.

◊

[B]

b) Quantitative Bestimmtheit der relativen Wertform.

Die Ware, deren Wert ausgedrückt werden soll, ist ein gegebnes Quantum, soviel Scheffel Weizen, soviel Pfund Kaffee usw. Das Warenquan-

[1] 7) bezieht sich auf den Anhang zur 1. Auflage, siehe vorl. Bd., S. 137 (MEGA² II.5, S. 630.25–30).

[2] Hier ist ein Hinweis (»p. 767, 768«) am Rand angeführt, der sich auf den Anhang zur 1. Auflage bezieht, siehe vorl. Bd., S. 137 (MEGA² II/5, S. 630.25–30).

tum enthält ein *bestimmtes Quantum menschlicher Arbeit*. Die Ware ist daher nicht nur als *Wert* überhaupt, sondern *als quantitativ bestimmter Wert* oder als Wertgröße auszudrücken.

7) (p. 767–768). (++)[1]

Die Gleichung: *20 Ellen Leinwand = 1 Rock* oder *20 Ellen Leinwand sind 1 Rock wert*, setzt also voraus, daß die beiden Warenquanta *gleichviel* Arbeit kosten oder in gleichgroßer Arbeitszeit produziert werden. Mit jedem Wechsel in der Produktivkraft verschiedenartiger Arbeiten wechselt aber die zur Produktion der respektiven Warenquanta notwendige Arbeitszeit. Betrachten wir nun den Einfluß solcher Wechsel auf den *relativen Ausdruck* der Wertgröße einer Ware, in unsrem Beispiel der Leinwand.

(Folgt) **(6** *(I–IV)*[2]

Wirkliche Wechsel der *Wertgröße* spiegeln sich also weder unzweideutig, noch erschöpfend wider in ihrem *relativen Ausdruck* oder in der *Größe des relativen Werts*. Der relative Wert einer Ware kann wechseln, obgleich ihr Wert konstant bleibt. Ihr relativer Wert kann konstant bleiben, obgleich ihr Wert wechselt, und endlich brauchen gleichzeitige Wechsel in ihrer Wertgröße und im relativen Ausdruck dieser Wertgröße sich keineswegs zu decken.

◊

Note 17[3] |

Das Manuskript enthält zwei Gruppen [A] und [B] von Teilentwürfen zur Umformung des Beginns von Paragraph 3 »Die Äquivalentform«. Beide

[1] 7) bezieht sich auf den Anhang zur 1. Auflage, siehe vorl. Bd., S. 137 (MEGA² II/5, S. 630.25–30).

[2] Bezieht sich auf die 1. Auflage, siehe vorl. Bd., S. 101 (MEGA² II/5, S. 27.24–28.26). Die Punkte I bis IV wurden in die 2. Auflage mit Veränderungen übernommen (MEGA² II/6, S. 86.9–39 und 87.1–13).

[3] Note 17 der 1. Auflage, vorl. Bd., S. 103 (MEGA² II/5, S, 29.38-42) hat Marx vermutlich zur Einarbeitung in die bisher abgehandelten Paragraphen des Gliederungspunktes »3) Die Wertform oder der Tauschwert« notiert.

Versionen haben mehrere Varianten, wobei [A] früher, [B] später angefertigt wurde. Passagen aus den Teilentwürfen zu [A] wurden für die 2. Auflage berücksichtigt, mitunter durch Teile von [B] umgeformt. Die Teilentwürfe aus [B] umfassen nur einige Gedanken.

|15| [A]

§3. Die Äquivalentform.

a) Die Form der unmittelbaren Austauschbarkeit.

8)[1] (p. 768, **8)**

9)[2] p. 768 p. 769 Wenn irgendeine Warenart, wie *Röcke*, einer andren Warenart, wie Leinwand, zum *Äquivalent* dient und Röcke daher die charakteristische Eigenschaft erhalten, sich in *unmittelbar austauschbarer Form* mit Leinwand zu befinden, so ist damit in keiner Weise *die Proportion* gegeben, worin Röcke mit Leinwand austauschbar sind.

Die Teilentwürfe [A_1], [A_2] und [A_3] schließen in der Marx' Niederschrift ohne Absatz an den Text an. [A_1] ist der Grundtext der Überarbeitung. [A_2] ist eine Überarbeitung dieses Entwurfs und wurde geringfügig verändert in die 2. Auflage übernommen (siehe MEGA² II/6, S. 88.11–20). [A_3] entspricht zu Teilen [A_2], wobei das letzte Fünftel die für die französische Ausgabe nachgetragene Variante ist (siehe MEGA² II/7, S. 22). Die Varianten [A'_1] und [A'_2] hat Marx mit Tintenkreuzen als Fortsetzung den Varianten [A_1] bzw. [A_2] zugeordnet.

[A_1]

Dies hängt, stets bei gegebner Wertgröße der Leinwand, von der *Wertgröße* der Röcke ab. Ob der Rock – als Äquivalent ausgedrückt sei und die Leinwand als relativer Wert ausgedrückt sei oder der Rock als relativer Wert und die Leinwand als Äquivalent ausgedrückt sind. – Es ist dies also eine von dieser *Wertform* unabhängige Bestimmung. Die Wertform oder der Wertausdruck entspringt überhaupt aus der Natur des Warenwerts und

[1] Bezieht sich auf die 1. Auflage, siehe vorl. Bd., S. 137 (MEGA² II/5, S. 631). Vermutlich sollte die Passage (MEGA² II/5, S. 631.11–25) in die 2. Auflage übernommen werden.

[2] Bezieht sich auf die 1. Auflage, siehe vorl. Bd., S. 137–139 (MEGA² II/5, S. 631.28–632.22). Die Passage ersetzt den Text des Anhangs der Erstauflage in der 2. Auflage.

seiner Größe, nicht umgekehrt Wert und Wertgröße aus ihrer eignen Ausdrucksweise als *Tausch*wert, wie einerseits mit Bezug auf den Wert überhaupt die Merkantilisten[29] und ihre modernen Aufwärmer, die *Ferrier (Note: F. L. A. Ferrier* (sous inspecteur des douanes[1]) »*Du Gouvernement considéré dans ses rapports avec le commerce*«, *Paris 1805*), *Ganilh* (Note: *Ch. Ganilh, Des systèmes d'Économie Politique, 2ème éd. Paris 1821*) bis zu Macleod[56] etc. wähnen; andrerseits mit Bezug auf die *Wertgröße* die modernen Freihandels-Commis-Voyageurs[57], die Bastiat und Konsorten[44].

[A_2]
Sie hängt, da die Wertgröße der Leinwand gegeben ist, von der *Wertgröße* der Röcke ab. Ob der Rock als Äquivalent und die Leinwand als relativer Wert oder umgekehrt die Leinwand als Äquivalent und der Rock als relativer Wert ausgedrückt sei, seine Wertgröße bleibt nach wie vor durch die zu seiner Produktion notwendige Arbeitszeit, also unabhängig von seiner Wertform bestimmt. Aber sobald der Rock im Wertausdruck die Stelle des Äquivalents einnimmt, erhält *seine Wertgröße* keinen Ausdruck *als Wertgröße*, figuriert vielmehr in der Wertgleichung nur als *bestimmtes Quantum Gebrauchswert.*|

|16| [A_3]
Sie hängt, da die Wertgröße der Leinwand gegeben ist, von der *Wertgröße* der Röcke ab. Ob der Rock als Äquivalent und die Leinwand als relativer Wert oder umgekehrt die Leinwand als Äquivalent und der Rock als relativer Wert ausgedrückt sei, die Proportion, worin sie sich austauschen, bleibt unverändert, ihre respektiven Wertgrößen, gemessen durch die zu ihrer Produktion notwendigen Arbeitszeiten, sind also von ihrer Wertform unabhängige Bestimmungen.

Die Ware, deren Wert relativ ausgedrückt wird, wird stets als *Wertgröße* ausgedrückt, während umgekehrt das *Äquivalent* niemals als *Wertgröße* in der Wertgleichung figuriert, sondern stets nur als bestimmtes Quantum Gebrauchswert.

[1] Zollinspektor

[A'$_1$]

Wird der Wert einer Ware relativ ausgedrückt, so auch ihre Wertgröße, denn sie tritt in die Wertgleichung ein – als bestimmtes Warenquantum, dessen Wertgröße auszudrücken ist. Die Ware dagegen, die als Äquivalent dient, wird nie als Wertgröße *ausgedrückt*, sondern nur als bestimmtes Quantum Gebrauchswert, z. B. in dem Ausdruck: *20 Ellen Leinwand sind 1 oder 2 oder x Röcke wert,* sind die 20 Ellen Leinwand so und so viel *wert* oder als quantitativ bestimmter *Wert* ausgedrückt, aber worin? In 1 oder 2 oder x Röcken, also einem Quantum des *Gebrauchsgegenstandes* Rock. Weil der Rock hier als Äquivalent figuriert[58], d. h. in seiner Gebrauchswert-form als Wert*körper* gilt, genügt auch ein bestimmtes Quantum von diesem Gebrauchswert, um ein Wertquantum einer andren Ware auszudrücken. (*Note*: Die ganz oberflächliche Auffassung dieser Tatsache, daß das Äquivalent in einer Wertgleichung stets nur als einfaches *Quantum von Gebrauchswert* figuriert, hat *Bailey* (*Money and its Vicissitudes, London 1837* 1. c.[1]) verleitet, im Wertausdruck ein nur quantitatives Verhältnis zu sehn.)

In der Äquivalentform einer Ware ist also keine quantitative Wertbestimmung enthalten.

[A'$_2$]

Z. B. 40 Ellen Leinwand *sind wert* – was? *2 Röcke*. Weil die Warenart Rock hier die Rolle des Äquivalents spielt, der *Gebrauchswert* Rock also der Leinwand gegenüber als *Wertkörper* gilt, genügt auch ein bestimmtes Quantum Röcke um ein bestimmtes *Wert*quantum Leinwand auszudrücken. Zwei Röcke können daher die Wertgröße von 40 Ellen Leinwand, aber sie können nicht ihre eigne Wertgröße ausdrücken. Die oberflächliche ||17| Auffassung dieser Tatsache, daß das Äquivalent in der Wertgleichung stets nur in der Form eines einfachen *Quantums* einer Sache figuriert, hat *Bailey*, wie viele seiner Vorgänger und Nachfolger verleitet, im Wertausdruck ein nur quantitatives Verhältnis zu sehn.

In der Äquivalentform einer Ware ist vielmehr keine quantitative Wertbestimmung enthalten.

[1] Siehe Note 17 in der 1. Auflage, vorl. Bd., S. 103, (MEGA² II/5, S, 29.38–42).

◊

Übergang zu den Eigentümlichkeiten der Äquivalentform.

Die Widersprüche, welche die Äquivalentform einschließt, machen es nötig ihre Eigentümlichkeiten mehr im Detail zu betrachten.[1]

[B]
3) Die Äquivalentform.

[B_1]
a) Man hat gesehn: Indem eine Ware A (die Leinwand) ihren *Wert* im *Gebrauchswert* einer verschiedenartigen Ware B (dem Rock) ausdrückt, drückt sie letzterer selbst eine eigentümliche Wertform auf, die des *Äquivalents*. Die Leinwand drückt ihr *Wertsein* aus, indem sie sich selbst als *Rockgleiches* ausdrückt. In diesem Ausdruck figuriert, wie man gesehn, der Rockkörper als Wertkörper, worin er der Leinwand gleichgilt, sie ersetzen kann, mit ihr *vertauschbar* ist, als *Ausdruck derselben Einheit*, der menschlichen Arbeit.

Schluß: Die Leinwand drückt folglich ihr eignes Wertsein, ihre gleiche Gültigkeit und daher Austauschbarkeit dadurch aus, dass *der Rock unmittelbar mit ihr austauschbar* ist. Die *Äquivalentform* einer Ware ist also *die Form ihrer unmittelbaren Austauschbarkeit mit andrer Ware*, und sie erhält diese Form nur, weil in ihr der Wert einer andern Ware ausgedrückt wird, also nur durch ihre Stelle im Wertausdruck andrer Ware.

b) Dadurch wird, wie wir gesehn, der Rockkörper zum Wertkörper gegenüber der Leinwand oder die *Naturalform* der Rockware zur *Wertform*.

◊

[B_2]
p. 768) **(8)**[1] Man hat gesehn: Indem eine Ware A (die Leinwand) ihren *Wert* im *Gebrauchswert* einer verschiedenartigen Ware B (dem Rock) ||18|

[1] Der Text wurde nicht in die 2. Auflage übernommen, sondern in der französischen Ausgabe nachgetragen (siehe MEGA² II/7, S. 22).

[2] Die Einfügung wurde mit einem roten Strich zugeordnet (siehe 8, vorl. Bd., S. 175).

ausdrückt, drückt sie letzterer selbst eine eigentümliche Wertform auf, die des *Äquivalents*. Die Leinwand bringt ihren eignen Wertcharakter zum Vorschein durch ein Verhältnis, worin ihr eine andre Ware, der Rock, so wie er geht und steht, in seiner Naturalform, *gleichgilt*. Sie drückt also in der Tat ihr *eignes Wertsein* dadurch aus, dass eine andre Ware, der Rock, *unmittelbar austauschbar mit ihr ist*. Die *Äquivalentform* einer Ware ist also die *Form ihrer unmittelbaren Austauschbarkeit mit andrer Ware*, und sie erwirbt diese Form nur, wenn in ihr der Wert einer andern Ware ausgedrückt wird, also nur durch ihre Stelle im Wertausdruck andrer Ware. Dieser Satz am Schluß von **8)**

◊

Zum Unterpunkt »Erste Eigentümlichkeit« sind zwei Entwürfe [A] und [B] im Manuskript enthalten. Der mit +++ gekennzeichnete Text schließt an den Anhang an (vorl. Bd., S. 140). Der Entwurf [A] besteht aus zwei Teilentwürfen und wurde abgebrochen und senkrecht durchgestrichen und letztlich als erledigt gekennzeichnet. Der Entwurf [B] wurde geringfügig umgeformt und in die 2. Auflage übernommen (MEGA[2] II/6, S. 89.24–38 und 90.1–11).

[A]
Äquivalentform. Erste Eigentümlichkeit.
(p. 770 +++ I) und (*p. 774*) (775)[1]

[A_1]
Hier hört jedoch die Analogie auf. *Schwere* ist eine dingliche Eigenschaft von Eisen und Zuckerhut. Der *Wertcharakter* von Leinwand und Rock, kurz aller Warenkörper, ist dagegen *gesellschaftlichen Gepräges* und wird demnach im Wertverhältnis zur dinglichen Eigenschaft der Waren. Dies Quid pro Quo[2] tritt schlagender hervor in der *Äquivalentform* als in der *relativen Wertform* der Ware, obgleich es beide Formen bezeichnet. Die

[1] Bezieht sich auf die 1. Auflage, siehe vorl. Bd., S. 140 und 146 (MEGA[2] II/5, S. 633.20 [p. 770] und 638.11–30 [p. 774/775]).
[2] Verkehrung

relative Wertform einer Ware ist nämlich *ausdrücklich vermittelt durch ihr Verhältnis zu andrer Ware.* Indem diese Form das *Wertsein* des Warenkörpers ausdrücklich unterscheidet von seinem sinnlichen Dasein und seinen dinglichen Eigenschaften, deutet sie zugleich an, daß sein *Wertverhältnis* selbst bloße *Erscheinungsform* eines dahinter versteckten *gesellschaftlichen* Verhältnisses sein kann. Umgekehrt mit der Äquivalentform.

Zwar spielt eine Ware nur die Rolle des Äquivalents, weil und sofern der Wert einer andren Ware in ihr ausgedrückt wird. Ihre Äquivalentform entspringt aus diesem Verhältnis, existiert nur innerhalb desselben und ist daher durch es vermittelt. So besteht der Hexencharakter eines alten Weibes auch nur im Verhältnis abergläubiger Bauern zu ihr, aber das alte Weib gilt nur als Hexe für den Bauern, weil sie ohne sein Zutun den Hexencharakter zu besitzen scheint. So ist eine Ware, der Rock z. B., nur Äquivalent einer andern Ware, z. B. der Leinwandware, weil sie *ohne* ihr Zutun diesen Charakter zu besitzen scheint. Der Rock erhält nur die Form des Äquivalents, weil die Leinwand ihn zu ihrem eignen Wertspie||19|gel macht. Sie scheint ihren eignen Wert in ihm widerzuspiegeln, weil er von Natur, Haus aus ein Wertspiegel ist. Es folgt dies aus der [Abbruch]

[A_2]
Hier hört jedoch die Analogie auf. Der Eisenkörper vertritt im Gewichtausdruck des Zuckerhuts eine beiden Körpern gemeinsame Natureigenschaft, ihre *Schwere*, während der Rockkörper im Wertausdruck der Leinwand eine *übernatürliche* Eigenschaft beider Dinge vertritt, ihren *Wert*, einen Charakter von rein gesellschaftlichem Gepräge. Indem die *relative Wertform* eines Warenkörpers, wie der Leinwand, sein *Wertsein* als etwas von seinem sinnlichen Dasein und seinen dinglichen Eigenschaften *durchaus Unterschiednes* ausdrückt, z. B. als Gleichheit von 20 Ellen Leinwand mit 1 Rock, deutet sie zugleich an, daß sein *Wertverhältnis* ein dahinter verstecktes *gesellschaftliches Verhältnis* darstellt. Umgekehrt mit der *Äquivalentform*. Sie besteht ja grade drin, daß der

Körper einer Ware, das Ding, wie es geht und steht, unmittelbar *Wert ausdrückt.*

Zwar gilt dies nur innerhalb des *Wertverhältnisses* einer andren Ware, z. B. der Leinwand, zur Rockware. (Note 21, p. 23[1]) Da aber eine bestimmte Körpereigenschaft eines Dings nicht aus dem Verhältnis zu andren Dingen entspringt, worin diese Eigenschaft wirksam wird, das Verhältnis vielmehr umgekehrt nur die schon vorhandne Eigenschaft zum Vorschein bringt, scheint der Rock, unabhängig vom *Wertverhältnis* seine Äquivalentform, die Eigenschaft unmittelbarer Austauschbarkeit ebenso sehr *von Natur* zu besitzen, wie die Eigenschaft schwer zu sein oder warm zu halten. Daher das *Rätselhafte* der Äquivalentform, das den roh praktischen Blick des politischen Ökonomen erst schlägt, sobald diese Form, das Äquivalent, ihm fertig gegenübertritt als *Geld*. Ohne die leiseste Ahnung, daß schon der einfachste Wertausdruck, wie *20 Ellen Leinwand = 1 Rock*, das Rätsel des Äquivalents enthält, wähnt er vielmehr den mystischen Geldcharakter von Gold und Silber wegzuklären, indem er ihnen minder blendende Waren unterschiebt und mit stets erneutem Vergnügen den Katalog all des Warenpöbels ableiert, der seiner Zeit die Rolle des Warenäquivalents gespielt hat.

◊

[B]

Äquivalentform. Erste Eigentümlichkeit.

+++ I (p. 770) und *p. (774, 775)*[2]

Hier hört jedoch die Analogie auf. Der Eisenkörper vertritt im Gewichtsausdruck des Zuckerhuts eine beiden Körpern gemeinsame Natureigen||20|schaft, – *ihre Schwere* –, während der Rockkörper im Wertaus-

[1] Bezieht sich auf Note 21 in der 1. Auflage, siehe vorl. Bd., S. 110 (MEGA² II/5, S. 34.39–41). Die Note wurde unverändert in die 2. Auflage übernommen (siehe MEGA² II/6, S. 89.39–41).

[2] Bezieht sich auf die 1. Auflage, siehe vorl. Bd. S. 140 und 146 (MEGA² II/5, S. 633.20 [p. 770] und 638.11–30 [p. 774/775]).

druck der Leinwand eine *übernatürliche* Eigenschaft beider Dinge vertritt, *ihren Wert*, etwas rein Gesellschaftliches.

Indem die *relative Wertform* einer Ware, z. B. der Leinwand, ihr *Wertsein* als etwas von ihrem eignen Körper und seinen Eigenschaften *durchaus Unterschiednes ausdrückt*, z. B. als *Rockgleiches*, deutet sie an, daß dieser Ausdruck ein *gesellschaftliches Verhältnis* verbirgt.

Umgekehrt mit der *Äquivalentform*. Sie besteht ja grade drin, daß ein *Körper* wie der Rock, dies Ding wie es geht und steht, *Wert ausdrückt*, also *von Natur* Wertform besitzt. Zwar gilt dies nur *innerhalb des Wertverhältnisses*, worin andre Ware, z. B. die Leinwand, auf die Rockware als Äquivalent bezogen ist. (*Note 21, p. 23*[1]) Da aber Körpereigenschaften eines Dings nicht aus seinem Verhältnis zu andren Dingen entspringen, sich vielmehr in solchem Verhältnis nur betätigen, scheint auch der Rock seine Äquivalentform, seine Eigenschaft unmittelbarer Austauschbarkeit, ebenso sehr *von Natur* zu besitzen als seine Eigenschaft schwer zu sein oder warm zu halten. Daher das Rätselhafte der Äquivalentform, das den bürgerlich rohen Blick des politischen Ökonomen erst schlägt, sobald diese Form ihm fertig gegenübertritt im *Geld*. Dann sucht er den mystischen Charakter von Gold und Silber wegzuklären, indem er ihnen minder blendende Waren unterschiebt und mit stets erneutem Vergnügen den Katalog all des Warenpöbels ableiert, der seiner Zeit die Rolle des Warenäquivalents gespielt hat. Er ahnt nicht, daß schon der einfachste Wertausdruck wie *20 Ellen Leinwand = 1 Rock* das Rätsel der Äquivalentform zu lösen gibt.

◊

Der folgende Manuskriptteil ist eine Neufassung des Anhangs der Erstauflage (siehe vorl. Bd., S. 140; MEGA² II/6, S. 633.24–634.19). Er wurde mit wenigen Veränderungen in das erste Kapitel der 2. Auflage übernommen (siehe MEGA² II/6, S. 21.9–16).

[1] Siehe Note 21 in der 1. Auflage, siehe vorl. Bd., S. 110 (MEGA² II/5, S. 34.39–41). Die Note wurde unverändert in die 2. Auflage übernommen (siehe MEGA² II/6, 89.39–41).

Wertform Zweite Eigentümlichkeit
(p. 770, 771)[1]

Der Körper der Äquivalent-Ware gilt im Wertausdruck stets als *Verkörperung abstrakt menschlicher Arbeit* und ist stets das *Produkt einer bestimmten nützlichen, konkreten Arbeit*. Diese konkrete Arbeitsweise dient hier also nur zum *Ausdruck* abstrakt menschlicher Arbeit. Gilt der *Rock* z. B. als bloße *Verwirklichung*, so die *Schneiderei*, die sich tatsächlich in ihm verwirklicht, auch als bloße *Verwirklichungsform* abstrakt menschlicher Arbeit. Im Wertausdruck der Leinwand besteht die Nützlichkeit der Schneiderei nicht darin, daß sie Kleider, also auch Leute, sondern daß sie einen Körper macht, dem man ansieht, daß er *Wert* ist, also Gallerte von Arbeit, die sich *durchaus nicht unterscheidet* von der im Wert der Leinwand vergegenständ||21|lichten Arbeit. Um solch einen *Wertspiegel* zu machen, muß die Schneiderei selbst nichts widerspiegeln außer ihrer abstrakten Eigenschaft menschliche Arbeit zu sein.

In der Form der Schneiderei wie in der Form der Weberei wird menschliche Arbeitskraft verausgabt. Beide besitzen daher die allgemeine Eigenschaft menschlicher Arbeit und mögen daher in bestimmten Fällen, z. B. bei der Wertproduktion, nur unter diesem Gesichtspunkt in Betracht kommen. All das ist nicht mysteriös. Aber im Wertausdruck der Ware wird die Sache verdreht. Um z. B. auszudrücken, daß das Weben nicht in seiner konkreten Form als Weben, sondern vielmehr in seiner allgemeinen Eigenschaft als menschliche Arbeit den Leinwandwert bildet, wird ihm die Schneiderei, die konkrete Arbeit, die das Leinwands-Äquivalent produziert, gegenübergestellt, die ausdrückliche Form, worin sich abstrakt menschliche Arbeit verwirklicht. Die Schneiderei selbst wird so verwandelt in bloßen Ausdruck ihrer abstrakten Eigenschaft.

◊

[1] Bezieht sich auf die 1. Auflage, siehe vorl. Bd., S. 140 (MEGA² II/5, S. 633.24–634.10). Sie wurde geringfügig verändert in die 2. Auflage aufgenommen (siehe MEGA² II/6, S. 90.12–35).

Das Manuskript enthält zwei Entwürfe [A] und [B] zur dritten Eigentümlichkeit der Äquivalentform. Grundlage ist der Anhang der Erstauflage. Der Entwurf [B] entstand später als [A] und wurde in die 2. Auflage übernommen.

[A]

Dritte Eigentümlichkeit *etc. (p. 771, 772)*

Das Produkt der Privatarbeit hat daher nur *gesellschaftliche Form* soweit es *Wertform* hat, d. h. die *Form* der Gleichgeltung und daher *Austauschbarkeit* mit andern Arbeitsprodukten. Ein Arbeitsprodukt hat *unmittelbar gesellschaftliche Form*, sobald es im Wertausdruck eines andern Arbeitsprodukts die Stelle des *Äquivalents* einnimmt, seine Körperform daher *zugleich* Wertform, die Form seiner Austauschbarkeit oder Gleichgeltung mit andrer Ware ist.

Man hat bereits gesehn: die im *Äquivalent* enthaltne konkrete, nützliche Arbeitsart gilt als *Verwirklichungsform menschlicher Arbeit überhaupt*. So besitzt sie die *Form der Gleichheit* und der *Gleichgeltung* mit *andrer* Arbeit und ist daher, obschon *Privatarbeit* wie alle andre, Waren produzierende Arbeit, dennoch Arbeit *in unmittelbar gesellschaftlicher Form*.

[B]

(p. 772) Indem aber diese konkrete Arbeit, die Schneiderei, als *bloßer Ausdruck unterschiedsloser menschlicher Arbeit gilt*, besitzt [sie] die *Form der Gleichheit* mit *andrer* Arbeit, der in der Leinwand steckenden Arbeit, und ist daher, *obgleich Privatarbeit* wie alle andre, Waren produzierende Arbeit, dennoch *Arbeit in unmittelbar gesellschaftlicher Form*. Eben deshalb stellt [sie] sich dar in einem Produkt, das *unmittelbar austauschbar* mit andrer Ware ist. *p. 772)* **+)** und dann p.771 **+**[1] |

Das Manuskript enthält die Entwürfe [A] und [B] für den Beginn des Paragraphen 4 »Das Ganze der einfachen Wertform«. Der Entwurf [A] wurde

[1] Bezieht sich auf die 1. Auflage, siehe vorl. Bd., S. 143 (MEGA² II/5, S. 635.34).

abgebrochen und als erledigt markiert. Der überarbeitete Entwurf [B] wurde mit wenigen Veränderungen in die 2. Auflage übernommen.

|22| [A]
§4.) Das Ganze der einfachen Wertform.

Betrachten wir nun die einfache Wertform im Ganzen, so ergibt sich zunächst, daß der *Tauschwert* bloße *Ausdrucksweise* oder *Erscheinungsform* des qualitativ und quantitativ bestimmten Warenwerts ist, aber eine Ausdrucksweise, die aus der *Natur des Warenwerts* selbst entspringt. Die Ware, deren Wert ausgedrückt werden soll, tritt in Verhältnis zu einer verschiedenartigen Ware als ihresgleichen – soweit beide Waren Kristalle menschlicher Arbeit sind – und drückt daher ihre Wertgröße | [Abbruch]

In folgendem Teil [B] zum *vierten* Paragraphen wurden Teile des Anhangs und des Haupttextes überarbeitet. Der Teil wurde mit einigen Veränderungen in die 2. Auflage übernommen (siehe MEGA² II/6, S. 92.13–93.41).

[B]
Wertform etc. p. 775, 776 (§4) *Note 24, p. 34.*[1]
§ 4) Das Ganze der einfachen Wertform.

Die einfache Wertform einer Ware ist enthalten in ihrem *Wertverhältnis* zu *einer* verschiedenartigen Ware oder in ihrem *Austauschverhältnis* mit letzterer. Der Wert der Ware A wird *qualitativ ausgedrückt* durch die unmittelbare Austauschbarkeit der Ware B mit der Ware A. Er wird *quantitativ* ausgedrückt durch die Austauschbarkeit eines bestimmten Quantums der Ware B mit dem gegebnen Quantum der Ware A. In andren Worten: Der Wert einer Ware ist *selbstständig ausgedrückt* durch seine Darstellung *als Tauschwert.*

◊

Wenn es im Eingang dieses Kapitels in der gang und gäben Manier hieß:

1 Die Note 24 der 1. Auflage hat Marx in der 2. Auflage als Note 32 in das Unterkapitel zum »Fetischcharakter der Ware und sein Geheimnis« verschoben (siehe MEGA² II/6, S. 111).

Die Ware *ist* Gebrauchswert und Tauschwert, so war dies, genau gesprochen, falsch. Die Ware *ist* Gebrauchswert oder Gebrauchsgegenstand und *Wert*. Sie stellt sich dar als dies Doppelte, was sie ist, sobald ihr Wert eigne von der Naturalform *unterschiedne* Erscheinungsform besitzt, die des *Tauschwerts,* und sie besitzt diese Form niemals isoliert betrachtet, sondern stets nur im Wertverhältnis zu einer zweiten verschiedenartigen Ware. Weiß man dies jedoch einmal, so tut jene Sprechweise keinen Harm, sondern dient zur Abkürzung.

Unsre Analyse bewies, daß die Wertform oder der Wertausdruck aus der Natur des Warenwerts entspringt, nicht umgekehrt Wert und Wertgröße aus ihrer *Ausdrucksweise als Tauschwert.* Das ist jedoch der Wahn sowohl der Merkantilisten und ihrer modernen Aufwärmer wie Ferrier (22. *Note*: zur zweiten Ausg. *F. L A. Ferrier* (sous-inspecteur des douanes): *Du Gouvernement considéré dans ses rapports avec le commerce, Paris* ||23| *1805*), *Ganilh* (Note: *Ch. Ganilh: Des Systèmes d'Économie Politique, 2ème éd. Paris. 1821*) usw., als auch ihrer Antipoden, der modernen Freihandels-Commis-Voyageurs[57] wie Bastiat und Konsorten. Die Merkantilisten[29] legen das Hauptgewicht auf die *qualitative* Seite des Wertausdrucks, daher auf die *Äquivalentform* der Ware, die im *Geld* ihre fertige Gestalt besitzt. Die modernen Freihandelshausierer[57] dagegen, die ihre Ware um jeden Preis losschlagen müssen, auf die *quantitative* Seite der *relativen Wertform* der Ware. Für sie existiert folglich weder *Wert* noch *Wertgröße* der Ware außer in dem Ausdruck durch das Austauschverhältnis, also praktisch im Zettel des täglichen *Preiskurants*. Der Schotte MacLeod[56], in seiner Funktion, die kreuzverwirrten ökonomischen Vorstellungen von Lombardstreet[59] möglichst gelehrt herauszuputzen, bildet die gelungene Synthese abergläubischer Merkantilisten und der aufgeklärten Freihandelshausierer.

Die nähre Betrachtung des im *Wertverhältnis* zur Ware B enthaltnen Wertausdrucks der Ware A hat gezeigt, daß innerhalb desselben die *Naturalform* der Ware A nur als *Gestalt von Gebrauchswert*, die Naturalform der Ware B nur als *Wertform* oder *Gestalt von Wert* gilt. Der in der Ware eingehüllte *innre Gegensatz* von Gebrauchswert und Wert wird also dargestellt durch einen *äußren Gegensatz*, d. h. durch das *Verhält-*

nis zweier Waren, worin die Ware A, deren Wert ausgedrückt werden soll, unmittelbar nur als Gebrauchswert, die Ware B hingegen, deren Wert ausgedrückt wird, unmittelbar nur als Tauschwert gilt. Die *einfache Wertform* einer Ware ist also die *einfache Erscheinungsform der in ihr enthaltnen Gegensätze von Gebrauchswert und Wert*. Das *Arbeitsprodukt* ist in allen gesellschaftlichen Zuständen Gebrauchswert oder Gebrauchsgegenstand aber nur eine historisch bestimmte Entwicklungsepoche der Gesellschaft, welche die in der Produktion eines Gebrauchsdings verausgabte Arbeit als *gegenständliche* Eigenschaft darstellt, d. h. als seinen Wert, verwandelt *das Arbeitsprodukt* in *Ware*. *Die Warenform* erhält es, sobald sein Wert die Form des *Tauschwerts*, eine der Naturalform seines Gebrauchswerts entgegengesetzte Form erhält, das Arbeitsprodukt daher zugleich als *Einheit* dieser Gegensätze dargestellt ist. Es folgt daher, daß die *einfache Wertform* der Ware die *einfache Warenform des Arbeitsprodukts* – also auch die Entwicklung der Warenform mit der Entwicklung der Wertform zusammenfällt.

Der erste Blick zeigt das Unzulängliche der *einfachen Wertform*, dieser Keimform, die erst durch eine Reihe von Metamorphosen zur *Preisform* heranreift.

Der Wertausdruck in irgendwelcher von ihr verschiedenartigen Ware B *unterscheidet* den *Wert* der Ware A *nur von ihrem eignen Gebrauchswert* und setzt sie daher auch nur in ein Austausch*verhältnis* zu ||24| irgendeiner *einzelnen*, von ihr selbst verschiednen Warenart, statt ihre *qualitative Gleichheit und quantitative Proportionalität* mit allen andren Waren darzustellen. Der *einfachen relativen Wertform* einer Ware entspricht *die einzelne Äquivalentform* einer *andren* Ware. So besitzt der Rock, im relativen Wertausdruck der Leinwand nur *Äquivalentform* oder *Form unmittelbarer Austauschbarkeit* mit Bezug auf diese *einzelne* Warenart Leinwand.

Indes geht die einfache Wertform von selbst in eine vollständige Form über. Vermittelst derselben wird der Wert einer Ware A zwar in *nur einer* Ware von *andrer Art* ausgedrückt. *Welcher Art* aber diese zweite Ware, ob Rock, ob Eisen, ob Weizen usw., ist durchaus gleichgültig. (p. 777, **4)**) Je nachdem sie daher zu dieser oder jeder andren Warenart in ein *Wert-*

verhältnis tritt, entstehn verschiedne einfache Wertausdrücke einer und derselben Ware. Die Anzahl ihrer möglichen Wertausdrücke ist nur beschränkt durch die Anzahl von ihr verschiedner Warenarten. Ihr *vereinzelter* Wertausdruck verwandelt sich daher in die stets verlängerbare *Reihe* ihrer v e r s c h i e d n e n einfachen Wertausdrücke.

◊

Im Manuskript sind drei Entwürfe zum ersten Paragraphen der »Allgemeinen Wertform« enthalten: [A], [B], [C]. Die Entwürfe [A] und [B] ersetzen Passagen des Anhangs der Erstauflage (vorl. Bd., S. 152 und MEGA² II/5, S. 643.16–644.5 bzw. 643.16–644.28). Die beiden Entwürfe sind abgebrochen, wobei [A] mit zwei Teilentwürfen ([A_1], [A_2]) fortgesetzt wurde, die Marx jedoch durchgestrichen hat. Dem Entwurf [B] sind fünf Teilentwürfe zuzuordnen, die seine Fortsetzung bilden und methodische Bemerkungen enthalten, die über den Text der 1. und 2 Auflage hinausgehen. [B_1] bis [B_4] sind im Variantenverzeichnis des Apparats (MEGA² II/6, S. 958–963) dokumentiert. [B5] wird hier wiedergegeben und entspricht MEGA² II/6, 27.32–28.8. Der Entwurf [B] bricht ab und erst später fügt Marx einen Entwurf [C] mit drei Teilentwürfen hinzu, wobei [C] mit einigen Veränderungen in die 2. Auflage übernommen wurde und weitere, nachträgliche Veränderungen an [C] in die französische Übersetzung (MEGA² II/7, S. 47/48).

[A]

Allgemeine Wertform, *p. 779.* [1]

§ 1. Veränderte Gestalt der relativen Wertform.

Betrachten wir jede einzelne Wertgleichung, welche ein Element der allgemeinen Wertform bildet, wie 1 Rock = 20 Ellen Leinwand, 1 Quarter Weizen = 20 Ellen Leinwand usw., so finden wir die ursprüngliche Gestalt des *relativen Wertausdrucks* wieder, die *einfache relative Wertform*. Der Wert des Rocks z. B. ist im Gebrauchswert nur einer von ihm verschiedenartigen Ware ausgedrückt, in Leinwand. Aber der Wert des Kaffees,

[1] Bezieht sich auf die 1. Auflage, siehe vorl. Bd., S. 152 (MEGA² II/5, S. 643.16–644.5).

des Tees, des Weizens, des Goldes, des Eisens, kurz jeder andren Warensorte, ist jetzt ebenfalls *in Leinwand* ausgedrückt. Die einfache relative Wertform gewinnt einen neuen Charakter durch den Zusammenhang der Wertgleichungen aller Waren. Das Schaffen des Wertausdrucks bleibt nicht länger Privatgeschäft der einzelnen Ware. Er resultiert jetzt aus der gemeinschaftlichen, gesellschaftlichen Aktion der Warenwelt.

In der ursprünglichen Wertform gehört die Ware B, die einer Ware A das Material ihres Wertausdrucks liefert, irgendeiner, gleichgültig welcher, von A verschiednen Warensorte an. Die neu gefundne Wertform entspringt umgekehrt daraus, daß nur eine bestimmte Warensorte, z. B. Leinwand, allen andren Waren zum Wertausdruck dient. ||25| Durch diese Darstellung in *demselben* Äquivalent erhält der Wert der bunt verschiednen Waren eine zugleich *einfache* oder *gemeinsame* oder *einheitliche* Form – die *allgemeine* relative Form.

Erst durch ihren *allgemeinen* Charakter entspricht die *Wertform* dem *Wertbegriff.* Während die ursprüngliche einfache Wertform den *Wert* einer Ware nur im *Unterschied* von ihrem eignen Körper, ihrer eignen Gebrauchsgegenständlichkeit darstellt, stellt ihn die *allgemeine* relative Wertform dar im *Unterschied* von dem *Gebrauchswert* aller andern Waren, mit einziger Ausnahme der Äquivalent-Ware. Als *Leinwandgleiches* ist z. B. der Rock jetzt eben so sehr von seinem eignen Rockkörper unterschieden als von Eisen, Gold, Weizen usw. Er erscheint *zugleich* als *Wert* oder besitzt die Form des Tauschwerts für alle andern Waren, denn alle andern Waren tragen ihren Wert jetzt ebenfalls in der Leinwanduniform zur Schau. Es ist erreicht, was in der zweiten oder entfalteten Wertform vergeblich angestrebt ward, der *allgemeine gesellschaftliche* Charakter der relativen Wertform.

[B]

Allgemeine Wertform p. 779.

§ 1. Veränderter Charakter der Wertform.

Betrachten wir die einzelne Wertgleichung, welche das Element der allgemeinen Wertform bildet, wie *1 Rock = 20 Ellen Leinwand, 1 Quarter Weizen = 20 Ellen Leinwand usw.*, so finden wir die *ursprüngliche Gestalt* des

Wertausdrucks wieder, die *einfache Wertform*. Der Wert des Rocks z. B. ist im Gebrauchswert *nur einer* von ihm verschiedenartigen Ware ausgedrückt, in Leinwand. Aber der Wert von Kaffee, Tee, Weizen, Gold, Eisen usw., kurz jeder andren Warensorte, ist jetzt ebenfalls *in Leinwand* ausgedrückt. Dieser Zusammenhang der Wertgleichungen prägt der Wertform einen ganz neuen Charakter auf.

In der ursprünglichen Wertform gehört die Ware B, worin die Ware A ihren Wert ausdrückt, irgendwelcher, gleichgültig welcher, von A verschiednen Warenart an. Die neu gefundne Wertform entspringt umgekehrt daraus, daß *nur eine ausschließliche Warensorte*, z. B. Leinwand, zum Material des Wertausdrucks dient. In *demselben Äquivalent* ausgedrückt, erhält der *Wert* der bunt verschiednen Waren eine gemeinsame Form, die zugleich *einfach* und *einheitlich*, also *allgemein* ist.

Die ursprüngliche Wertform ergibt Wertgleichungen wie *1 Rock = 20 Ellen Leinwand, 10 Pfd. Tee = ½ Tonne Eisen* usw. Der *Wert* der Rockware ist als *Leinwandgleiches* nur von ihrem *eignen Gebrauchswert*, ||26| dem Rockkörper unterschieden, ebenso der *Wert* der Teeware als *Eisengleiches* nur von ihrem *eignen Gebrauchswert*, Tee usw. Rockwert und Teewert, Leinwandgleiches und Eisengleiches unterscheiden sich aber wie die Gebrauchswerte Leinwand und Eisen. Solche einzelnen Wertausdrücke beziehn daher die Rockware und die Teeware, überhaupt die verschiednen Waren, nicht als *Werte* aufeinander, nicht als Ausdrücke *derselben Einheit*. Diese Form kommt offenbar praktisch nur vor in den ersten Anfängen, wo Arbeitsprodukte durch zufälligen und gelegentlichen Austausch in Waren verwandelt werden.

Die *entfaltete Wertform* wie *1 Rock = 20 Ellen Leinwand* oder = *10 Pfd. Tee oder = ½ Tonne Eisen oder = 1 Quarter Weizen* usw. stellt den *Wert* der Rockware dem *Rockkörper* nicht nur als *Leinwandgleiches* gegenüber, sondern abwechselnd auch als *Teegleiches, Eisengleiches, Weizengleiches* usw. Nach wie vor bleibt der *Wert* der Rockware nur im *Gegensatz zu ihrem eignen Gebrauchswert* dargestellt, obgleich vollständiger als in der ursprünglichen Wertform. Andererseits erscheint jetzt nicht nur der *Wert* der Rockware selbst in bunt verschiednen Formen. Seine

Darstellung schließt ausdrücklich jede andre Ware vom Ausdruck ihres eignen Werts, also auch von einem ihr mit der Rockware gemeinschaftlichen Wertausdruck aus. Der Wert des Tees kann nicht als Teegleiches, der des Eisens nicht als Eisengleiches usw. ausgedrückt werden. Diese entfaltete Wertform kommt zuerst tatsächlich vor, sobald ein Arbeitsprodukt wie Vieh usw. mit verschiednen andren Arbeitsprodukten nicht mehr ausnahmsweise und zufällig, sondern schon gewohnheitsmäßig ausgetauscht wird, sein Warencharakter also bereits mehr befestigt ist.

Einfache wie entfaltete Wertform sind nur die vorbereitenden Entwicklungsstufen der wirklichen Wertform. Der erste Schritt, den *Wert* einer Ware auszudrücken, ist notwendig, ihn als etwas *von ihrem eignen Gebrauchswert*, ihrem eignen Warenkörper *Unterschiednes* auszudrücken. Aber es ist auch nur der erste Schritt. Der Wert einer Ware ist erst wirklich dargestellt, sobald er nicht nur als von ihrem *eignen Gebrauchswert Unterschiednes*, sondern als ihr *Gemeinsames* mit allen andren Waren *ausgedrückt* ist. Nur in gemeinschaftlicher Wertform können daher die Waren einander *als Werte erscheinen* oder sich füreinander als *Tauschwerte* darstellen. Die Warenwelt erwirbt einheitliche, *allgemein relative Wertform*, indem alle Waren *ihren Wert* in einer und derselben ausschließlichen Warensorte ausdrücken. Dadurch machen sie die ausgeschloßne Ware zu ihrer gemeinsamen Äquivalent-Ware oder zum *allgemeinen Äquivalent*.

In den Wertausdrücken wie *1 Rock = 20 Ellen Leinwand, 10 Pfund Tee = ½ Tonne Eisen* usw. erscheint die Produktion der Wertform sozusagen als *Privatgeschäft der einzelnen Ware*, der Rockware, die ihren *Wert* ||27| als Leinwandgleiches von ihrem Rockkörper, der Teeware, die ihren *Wert* als Eisengleiches von ihrem Teekörper unterscheidet. Auch in totalen Wertausdrücken, wie *1 Rock = 20 Ellen Leinwand* oder = *10 Pfund Tee oder = ½ Tonne Eisen* oder = *1 Quarter Weizen* oder = *etc. und 1 Quarter Weizen = 1 Rock* oder = *20 Ellen Leinwand* oder = usw. verhelfen Rock wie Weizen wie kurz der Reihe nach jede Ware, sich zu einem eignen Wertausdruck ohne Zutun der andren Waren, die hier vielmehr *das* bloße passive

Materielle für fremden Wertausdruck liefern. Die *allgemein relative Wertform* einer Ware kommt dagegen nur als *gemeinsames Werk der Warenwelt* zustande und trägt von vornherein *gesellschaftlichen* Stempel. Daß die Waren in ihrer Werteigenschaft nicht voneinander verschiedne Naturdinge, sondern dasselbe *gesellschaftliche Ding* sind, ist schon in der Bildung der allgemeinen Wertform ausgedrückt.

Sehn wir nun näher zu, so ist jetzt der *Wert* von Rock, Eisen, Gold, kurz aller Waren mit Ausnahme der Leinwand selbst, dargestellt in einer und *derselben* Form, als *Leinwandgleiches.*

Diese Uniform *unterscheidet* den *Wert* jeder Ware von der Naturalform ihres eignen Gebrauchswerts wie von den Naturalformen aller andren Gebrauchswerte und ist daher die Erscheinungsform des ihr mit allen Waren *Gemeinschaftlichen*, ihres *Wertseins*. Dieser in der Warenwelt gang und gäbe, daher *allgemein gültige* Wertausdruck entspringt aber nur aus der Reihe der einfachen Wertgleichungen, worin jede Warensorte ihren Wert in Leinwand ausdrückt oder sich auf die Leinwand als ihr Äquivalent bezieht. Alle Waren stellen daher ihren Wert nur als *Tauschwert* dar, indem sie die *Leinwand als unmittelbar mit sich Austauschbares* darstellen. So wird Leinwand, die Naturalform des Äquivalents, zur *allgemeinen Wertgestalt* der Warenwelt, zur *gesellschaftlichen Wertinkarnation*.

Als *Leinwandgleiches* erhält das in den bunt verschiednen Leibern der Warenwelt versteckt Gemeinsame, ihre Wertsubstanz, die Arbeit, erst *dieselbe gesellschaftliche Hülle*, daher auch der spezifische Charakter der wertbildenden Arbeit erst seinen entsprechenden Ausdruck.

An das Satzende schließen ohne Absatz vier abgebrochene Versuche des Entwurfs [B] an. Alle Versuche sind mehrfach senkrecht getilgt. Mit einem fünften Anlauf wird der Text fortgesetzt (siehe MEGA² II/6, S. 958–963).

Jede der Wertgleichungen, deren Zusammenhang die allgemeine Wertform bildet, ist nur einfacher relativer Wertausdruck. Die Analyse der einfachen Wertform hat gezeigt, daß eine solche Gleichung, wie *1 Rock* =

20 Ellen Leinwand, Leinwand in den sinnlichen Ausdruck, in die Materiatur der den Rockwert bildenden Arbeit verwandelt. Aber die einzelne Gleichung ist jetzt ergänzt durch zahllos andre, die im Chorus sagen, daß Leinwand die augenfällige Materiatur der Arbeit ist, die den Eisenwert, den Kaffeewert, den Goldwert usw., in einem Wort, die Werte der Warenwelt bildet. Als Wertmateriatur ist die Leinwand – der Körper der Äquivalentware – daher die Materiatur der in allen andren Waren||28|körpern steckenden Arbeit – also *unterschiedloser menschlicher Arbeit*, und als *Leinwandgleiche* drücken alle Waren jetzt *allgemein* aus, was die frühre Wertform nur beschränkt ausdrückte – den allgemein menschlichen oder abstrakt menschlichen Charakter der Arbeit, die sie zu Werten macht. Da die bestimmte konkrete Arbeit, die den Leinwand*körper* bildet – die Leinweberei –, Arbeit derselben Art ist, wie die, welche die *Werte* aller andren Waren bildet, ist die Leinweberei die *allgemeine Erscheinungsform menschlicher Arbeit schlechthin*. Die Leinweberei, obgleich Privatarbeit, besitzt daher auch in ihrer Naturalform *die Form der Gleichheit* mit allen andren Arbeiten oder befindet sich *unmittelbar in allgemein gesellschaftlicher Form*.

> »Dadurch aber, daß die Naturalform einer Ware, hier der Leinwand, allgemeine Äquivalentform wird, weil sich alle andern Waren auf dieselbe als Erscheinungsform ihres eignen Werts beziehn, wird auch die Leinweberei zur allgemeinen Verwirklichungsform abstrakter menschlicher Arbeit oder zu Arbeit in unmittelbar gesellschaftlicher Form.« (p. 32)[1]

Alles, was von der Leinwand und der in ihr steckenden Arbeit ausgesagt wird, wird in der Tat von dem Wert einer Ware überhaupt und der ihn bildenden Arbeit ausgesagt, nur auf einem Umweg. Die Leinwand ist Wertkörper. So sind alle andren Waren. Ihre Körper wären sonst nicht Wertträger. Aber ihre Wertgegenständlichkeit ist nicht ihre Gebrauchsgegenständlichkeit. Es ist eine Gegenständlichkeit, worin eine Ware aus-

[1] Bezieht sich auf die 1. Auflage, siehe vorl. Bd., S. 119 (MEGA² II/5, S. 41.35–37 und 42.1–3).

sieht wie die andre. Dies wird darin ausgedrückt, daß sie als Wertdinge alle wie Leinwand aussehn, als dasselbe und daher als von allen ihren Gebrauchskörpern Unterschiednes. Die Leinweberei, die den Wertkörper Leinwand macht, ist bloße Form, worin abstrakt menschliche Arbeit sich verwirklicht. So ist die besondre Arbeitsart, die jeden andren Warenkörper macht, als wertbildend, bloße Verwirklichungsform besondre Naturalform menschlicher Arbeit schlechthin, und dies wird darin ausgedrückt, daß die *Leinwandweberei* die Erscheinungsform aller wertbildenden Arbeit ist. Ebenso mit der gesellschaftlichen Form der Privatarbeit. Soweit alle Waren produzierende Arbeit Wert produziert, ist sie gesellschaftliche Arbeit, gleiche Arbeit.

Der Gehalt der relativen Wertform und des Äquivalents bleibt derselbe in den drei Wertformen. Nur tritt in Form III allgemeine Form an die Stelle einzelner oder besondrer Form.

Abgesehn von der Verallgemeinerung tritt aber ein Charakter der Wertform überhaupt schlagender in Form III als in Form II und I hervor.

1) *Erstens*, was schon vorher zu bemerken ist: Der allgemeine oder ab||29|strakte Charakter der Arbeit ist in der Warenproduktion ihr *gesellschaftlicher* Charakter, weil der Charakter der *Gleichheit* der in den verschiednen Arbeitsprodukten steckenden Arbeiten.

Diese bestimmte Form der *gesellschaftlichen* Arbeit unterscheidet die Warenproduktion von andren Produktionsweisen. Z. B. in einer patriarchalischen Familie, in einer altasiatischen Gemeinde[37] usw. besitzen die verschiednen Arbeiten der Familienglieder oder Gemeindeglieder von vornherein einen *bestimmten* gesellschaftlichen Charakter. Sie sind besondre *Familien-* oder *Gemeindefunktionen*. (»Produziert eine bäuerliche Familie für ihren eignen Konsum Rock und Leinwand und Weizen, so treten diese Dinge der Familie als verschiedne Produkte ihrer Familienarbeit gegenüber, aber nicht sich selbst wechselseitig als Waren.«) (p. 32) (»Wäre die Arbeit *unmittelbar gesellschaftliche*, d. h. gemeinsame Arbeit {, wie die einer altasiatischen Gemeinde}, so erhielten die Produkte den unmittelbar gesellschaftlichen Charakter eines Gemeindeprodukts für ihre Produzenten, aber nicht den Charakter von Waren füreinander. Indes haben wir nicht weit zu suchen, worin die *gesellschaftliche Form* der in den Waren enthaltnen und voneinander unabhängigen *Privatarbeiten* besteht. Sie ergab sich bereits aus der Analyse der Ware. Ihre gesellschaftliche Form ist ihre Beziehung aufeinander als *gleiche Arbeit*, also, da die *Gleichheit* toto coelo[1] *verschiedner* Arbeiten nur in einer *Abstraktion von ihrer Ungleichheit* bestehn kann, ihre Beziehung aufeinander als *menschliche Arbeit* überhaupt, *Verausgabungen menschlicher Arbeitskraft*, was alle menschlichen Arbeiten, welches immer ihr Inhalt und ihre Operationsweisen, in der Tat *sind*. In jeder gesellschaftlichen Arbeitsform sind die Arbeiten der verschiednen Individuen auch als menschliche aufeinander bezogen, aber hier gilt *diese Beziehung selbst* als die *spezifisch gesellschaftliche Form* der Arbeiten. Nun besitzt aber keine dieser Privatarbeiten in ihrer Naturalform diese spezifisch gesellschaftliche Form abstrakter menschlicher Arbeit, so wenig wie die Ware in ihrer Naturalform die gesellschaftliche Form bloßer Arbeitsgallerte oder des Wertes besitzt. ... Der Maßstab der ›Gesellschaftlichkeit‹ muß aus der Natur der jeder Produktionsweise eigentümlichen Verhältnisse, nicht aus ihr fremden Vorstellungen entlehnt werden.«) *(p. 32 Text.)* Dies Alles in den *Schlußabschnitt* über die Ware zu setzen.[2]

Dies tritt in der allgemeinen Wertform erst recht hervor, weil in ihr die allgemein menschliche Arbeit selbst erst in ihr entsprechender *allgemeiner* Weise dargestellt ist.

2) *Wertausdruck* (Wertform) gewinnen Waren nur im *Verhältnis* zueinander. Der *Wertausdruck* einer Ware ist daher stets nur gegeben in ihrem *Wertverhältnis* zu andrer Ware. Woher dies? Wie entspringt diese ||30| allen Wertformen der Ware gemeinsame Eigentümlichkeit aus dem Wertbegriff?

Wir fanden ursprünglich den *Wert*begriff der Ware folgendermaßen:

Wir nahmen ein Austauschverhältnis wie *1 Rock = 20 Ellen Leinwand.* Wir sagten: Rock und Leinwand drücken hier etwas *Gemeinsames* aus,

[1] völlig

[2] Gemeint ist der Paragraph 4 »Der Fetischcharakter der Ware und sein Geheimnis«.

als dessen Darstellung sie Gleiches sind. Dies Gleiche sind nicht ihre Gebrauchswerte oder Gebrauchskörper. Als solche sind sie voneinander verschiedenartige und gegeneinander *gleichgültige* Dinge. Dies *Gemeinsame*, sie *Gleichsetzende* muß daher *gesellschaftlichen Charakters* sein. Es ist nicht ihr praktisch gesellschaftlicher Charakter als Gebrauchswerte, der hier in Betracht kommt. In ihrer Gleichsetzung ist davon eben abstrahiert. Es ist daher ihr Charakter als *Arbeitsprodukte.* Als Arbeitsprodukte sind sie nur Gleiches, nicht soweit sie die ihre Gebrauchswerte produzierenden wirklichen Arbeiten darstellen, denn in dieser Eigenschaft sind sie eben *als Gebrauchswerte* verschieden. Als Arbeitsprodukte sind sie gleich, soweit sie Produkte derselben Arbeit sind, der Rock also wie die Leinwand als bloße *Vergegenständlichung menschlicher Arbeit schlechthin* gilt. Dies ist ihr *Wertsein.*

So wurden der Rock und Leinwand als Werte, jedes für sich, auf *Vergegenständlichung menschlicher Arbeit schlechthin* reduziert. Aber in dieser Reduktion wurde vergessen, daß keines für sich *solche Wertgegenständlichkeit* ist, sondern daß sie solches nur sind, soweit das ihnen *gemeinsame Gegenständlichkeit* ist. Außerhalb ihrer Beziehung aufeinander – der Beziehung worin sie gleichgelten – besitzen weder der Rock noch die Leinwand *Wertgegenständlichkeit* oder ihre *Gegenständlichkeit* als bloße Gallerten menschlicher Arbeit schlechthin. Diese gesellschaftliche Gegenständlichkeit besitzen sie auch nur als gesellschaftliche Beziehung, (in gesellschaftlicher Beziehung.)

Sagen wir: *Als Werte* sind die Waren nur gegenständliche Ausdrücke *derselben Einheit, verschiedenartig aussehnde Gallerten derselben Arbeitssubstanz* (die aber zu ihrem wahren Ausdruck reduziert werden, indem man vor allem absieht, was sie sonst ausdrücken. Ein Warenkörper drückt weiter nichts aus, soweit er für alle andern Warenkörper als Ausdruck des ihnen gemeinschaftlichen gilt.), so sind sie also als solche *Gegenständlichkeit* auf dieselbe *Einheit* bezogen; sie sind auf abstrakt menschliche Arbeit reduziert, sofern diese als ihre *gemeinschaftliche* Einheit, als die *gesellschaftliche* Substanz gilt, die sich in verschiednen Warenkörpern nur verschieden darstellt. Sie sind also alle schon *relativ* ausgedrückt, nämlich *relativ zu der menschlichen Arbeit*, als der sie bildenden gesellschaftlichen Arbeit.

Sehn wir uns die Bestimmung der *Wertgröße* an, so tritt noch klar[er] hervor, daß im Wertbegriff das Wertverhältnis der Waren schon antizipiert ist oder daß in ihrer Wertgegenständlichkeit sie bereits *von vorn||31|herein* nicht nur auf abstrakt menschliche Arbeit reduziert sind, sondern auf abstrakt menschliche Arbeit als ihre *Einheit*, abstrakt menschliche Arbeit als eine *bestimmte* gesellschaftliche *Form* der Arbeit; nicht nur als ihre Substanz, sondern als ihre als Ware mit Ware gemeinsamer Substanz. Die Wertgröße stellt ein bestimmtes Quantum Arbeit vor, aber dies Quantum ist nicht das zufällige Quantum Arbeit, was A oder B in der Produktion einer Ware ausgeben. Es ist gesellschaftlich bestimmt, die zur Produktion des Dings *gesellschaftlich notwendige Arbeit*, also die Arbeit, die das Ding im gesellschaftlichen Durchschnitt kostet. Es ist Arbeit, die erstens den durchschnittlichen gesellschaftlichen Grad von Intensität und Geschick besitzt, zweitens unter den gesellschaftlich normalen Produktionsbedingungen verausgabt wird. (Die Konkurrenz regelt diesen Grad, der gesellschaftliche Druck, den alle auf jeden und jeder auf alle ausübt.) Die abstrakt menschliche Arbeit ist Verausgabung *menschlicher Arbeitskraft*, aber die menschliche Arbeitskraft des Einzelnen gilt hier nur als Teil der gesellschaftlichen Arbeitskraft und das Maß ihrer Verausgabung wird daher nicht in der einzelnen Arbeitskraft gefunden, sondern in Verhältnissen, worin sie als Bestandteil der gesellschaftlichen Arbeitskraft wirkt.

Fassen wir die Punkte zusammen:

Wertform der Ware gegeben im *Wertverhältnis verschiedner Waren*.

1) Die Produktion der Arbeitskörper als Werte reduziert sie auf Ausdrücke *derselben Einheit*, (des Ihnen Gemeinschaftlichen, des Gleichen in ihnen) auf *menschliche Arbeit schlechthin* als ihre *gemeinschaftliche Substanz*. Dies schließt ein: *Verhältnis* zur menschlichen Arbeit als *Einheit, Verhältnis der Waren* zueinander, als Ausdrücke *derselben* Einheit. Oder das *Verhältnis der Arbeitsprodukte zueinande*r als *Ausdrücke dieser selben Einheit* ist ihr *Wert-*

sein. Und nur durch dies Verhältnis werden aus bloßen *Arbeitsprodukten,* nützlichen Gebrauchsgegenständen – *Waren*. Ein Arbeitsprodukt, für sich isoliert betrachtet, ist also nicht Wert, so wenig wie es Ware ist. Es wird nur *Wert* in *seiner Einheit* mit andrem Arbeitsprodukt oder in dem *Verhältnis*, worin die verschiednen Arbeitsprodukte als Kristalle *derselben Einheit*, der menschlichen Arbeit, einander gleichgesetzt sind.

Es folgt daher: Da der *Wert* der Waren nichts ist außer ihrem *Verhältnis zur Arbeit* als ihrer gemeinschaftlichen Substanz oder ihr *Verhältnis zueinander* als Ausdruck dieser gemeinschaftlichen Substanz, kann dieser Wert einer Ware auch nur erscheinen in *einem Verhältnis*, worin sie sich zu andrer Ware als Wert verhält oder nur im *Wertverhältnis* verschiedner Waren. Hence[1] kann Wertausdruck nur gefunden werden, oder die Waren können nur Wertform erhalten, im *Verhältnis verschiedner Waren*. Dies zeigt uns, wie die Wertform aus der Natur des Werts selbst entspringt.|

|32| Sage ich, dieses Arbeitsprodukt ist Wert, weil menschliche Arbeit in ihm verausgabt ist, so ist das bloße Subsumtion des Arbeitsprodukts unter den Wertbegriff. Es ist ein abstrakter Ausdruck, der mehr einschließt, als er sagt. Denn dies Arbeitsprodukt wird bloß auf diesen Wertbegriff reduziert, um es als *Ding derselben* Substanz wie alle andren Arbeitsprodukte zu reduzieren. Das Verhältnis zu andren Arbeitsprodukten ist also unterstellt.

Sage ich z. B., der Stein ist schwer, so *drücke* ich Schwere als eine Eigenschaft aus, die dem Stein isoliert für sich betrachtet zukommt. In der Tat ist aber seine Schwere eine körperliche Eigenschaft, die er nur besitzt im Verhältnis zu andren Körpern. Der Ausdruck, obgleich er nichts von diesem Verhältnis sagt, schließt es ein.

2) *Gegenständlichkeit im Wertbegriff eingeschlossen.*

Die Reduktion des Arbeitsprodukts auf sein *Wertsein*, auf seinen Wert, wird vollbracht durch Abstraktion von seinem Gebrauchswert. Oder es wird als *Wertgegenständlichkeit* fixiert, indem von allen körperlichen Eigenschaften abgesehn wird, die es zu einem bestimmten Ding und daher auch

---

[1] Demzufolge

zu einem bestimmten nützlichen Ding (*Gebrauchswert*) machen. Was übrig bleibt, ist eine rein phantastische Gegenständlichkeit – Gegenständlichkeit abstrakt menschlicher Arbeit, *gegenständliche Form* abstrakt menschlicher Arbeit, also menschliche Arbeit, statt in flüssigem Zustand, in geronnenem Zustand, statt in der Form der Bewegung, in der Form der Ruhe.

Es ist hierbei zweierlei zu bemerken:

Erstens: Die Form der *Gegenständlichkeit* ist eingeschlossen im Wertbegriff. Diese Dinge, Eisen, Weizen, Gold, sind Wertdinge, Eisenwert, Weizenwert, Goldwert usw. Die Arbeitsprodukte können daher nicht als *Werte* ausgedrückt werden, ihr Wertsein kann nur zum Vorschein, zur Erscheinung kommen – oder ihr Wert kann nur *Wertform* gewinnen, eine Form, die das Wertsein der Ware unterscheidet von ihrem Gebrauchssein – sofern es gegenständlich ausgedrückt wird, also nur im Warenkörper selbst, denn die einzige Gegenständlichkeit der Ware ist ihre Gegenständlichkeit als Arbeitsprodukte – als Warenkörper.

Zweitens:

[C]

C.) Allgemeine Wertform.

1.) Veränderter Charakter der Wertform.

+)[1] a) Die Waren stellen ihre Werte jetzt, 1) *einfach* dar, weil in *einer einzigen Warenart*, 2) *einheitlich*, weil *in derselben Warenart*. Ihre Wertform ist einfach und gemeinschaftlich, also *allgemein*.|

|33|b) Die Formen I und II kamen beide nur dazu, den *Wert* einer Ware als etwas von *ihrem eignen Gebrauchswert* oder ihrem Körper *Unterschiednes* auszudrücken.

Die erste Form ergab Wertgleichungen wie *1 Rock = 20 Ellen Leinwand, 10 Pfd. Tee = ½ Tonne Eisen* usw. Der Rockwert wird als *Leinwandgleiches*, der *Teewert* als *Eisengleiches* ausgedrückt etc., aber Leinwandgleiches und Eisengleiches, diese Wertausdrücke von Rock und Tee, sind ebenso

[1] Marx markierte hier ein +, das sich vermutlich auf die Gleichungen im Anhang der 1. Auflage bezieht. Die Gleichungen wurden in der 2. Auflage übernommen, sind dort aber vor dem ersten Ordnungspunkt eingeordnet (siehe MEGA² II/6, S. 96.27–34).

voneinander *verschieden* wie Leinwand und Eisen. Diese Form kommt offenbar praktisch nur vor in den ersten Anfängen, wo Arbeitsprodukte durch zufälligen und vereinzelten[1] Austausch in *Waren* verwandelt werden.

b) Die zweite Form drückt vollständiger als die erste den *Unterschied* des *Werts* einer Ware, z. B. des Rocks, von ihrem *eignen Gebrauchswert* aus, denn ihr *Wert* tritt ihrer eignen Naturalform jetzt in allen möglichen Gestalten gegenüber, als *Leinwandgleiches, Eisengleiches, Teegleiches* usw., alles andre nur nicht *Rockgleiches.* Andrerseits macht diese Form *jeden gemeinsamen Wertausdruck der Waren* direkt unmöglich, denn im Wertausdruck je einer Ware sind alle andern Waren ihre Äquivalente, also vom eignen Wertausdruck ausgeschlossen. Diese entfaltete Wertform kommt zuerst tatsächlich vor, sobald ein Arbeitsprodukt, Vieh z. B., nicht mehr ausnahmsweise, sondern schon gewohnheitsmäßig mit verschiednen andren Waren ausgetauscht wird.

In dem allgemeinen relativen Wertausdruck besitzt dagegen jede Ware, Rock, Kaffee, Eisen usw., *eine und dieselbe* von ihrer Naturalform verschiedne *Wertform,* z. B. die Form *Leinwand.*[2]

b) Die neugewonnene Form drückt die Werte der Warenwelt in einer und derselben von ihr ausgeschlossenen Warenart aus, z. B. in *Leinwand*, und stellt so die Werte aller Waren dar durch ihre *Gleichheit* mit Leinwand. Als *Leinwandgleiches* ist der Wert jeder Ware jetzt nicht nur von ihrem eignen *Gebrauchswert unterschieden*, sondern von allem übrigen Gebrauchswerte, und eben zugleich als das ihr mit allen andren Waren Gemeinsame ausgedrückt. Erst diese Form bezieht daher die Waren als Werte aufeinander oder lässt sie einander als *Tauschwerte* erscheinen.

[1] Zuvor stand hier »gelegentlichen« und an das gestrichene Wort hat Marx wieder ein Kreuz gemacht, um anzuzeigen, dass das ursprüngliche »gelegentlichen« statt »vereinzelten« in die 2. Auflage übernommen werden sollte (siehe MEGA[2] II/6, S. 97.14).

[2] Marx hat den Absatz auf die gegenüberliegende Seite des Heftes geschrieben und mit zwei Kreuzen und einer Verbindungslinie zugeordnet. Die Passage wurde jedoch nicht in die 2. Auflage, sondern erst in die französische Ausgabe übernommen (MEGA[2] II/7, S. 47.19–21). In die 4., von Engels besorgte Auflage wurde sie nicht übernommen (siehe MEW, Bd. 23, S. 80).

c) Die beiden früheren Formen drückten den Wert je einer Ware, sei es in *einer* einzigen verschiedenartigen Ware, sei es in einer Reihe vieler von ihr verschiednen Waren, aus. Beidemal ist es sozusagen das Privatgeschäft der einzelnen Ware sich eine Wertform zu geben und sie vollbringt es ohne Zutun der andren Waren. Diese spielen ihr gegenüber die bloß passive Rolle des Äquivalents. Die *allgemeine relative Wertform* entsteht dagegen nur als *gemeinsames Werk der Warenwelt*. Eine Ware gewinnt nur ihren *allgemeinen* Wertausdruck, weil gleichzeitig alle andren ||34| Waren ihre Werte in Äquivalent ausdrücken, und jede neu auftretende Warenart muß es nachmachen. Es kommt damit zum Vorschein, daß die Wertgegenständlichkeit der Waren, weil ihr Dasein als bloß *gesellschaftlicher* Dinge, auch nur durch ihre allseitige gesellschaftliche Beziehung entsprechend *ausgedrückt* werden kann und ihre Wertform daher *gesellschaftlich gültige* Form sein muß.

δ) Die Leinwand, die Naturalform der gemeinschaftlichen Äquivalentware, ist jetzt die offizielle Wertuniform. In ihr zeigen die Waren einander nicht nur ihre *qualitativ[e] Gleichheit* als Werte, sondern zugleich ihre *quantitative Verschiedenheit als Wertgrößen*. Weil sie ihre Wertgrößen in einem und demselben Material, in Leinwand bespiegeln, widerspiegeln sich diese Wertgrößen wechselseitig. (p. 779) [1]

e) Die *allgemeine relative Wertform* der Warenwelt prägt der von ihr ausgeschlossenen Äquivalentware, der Leinwand, den Charakter des *allgemeinen Äquivalents* auf. Ihre eigne Naturalform ist die gemeinsame Wertgestalt dieser Welt, die Leinwand daher mit allen andern Waren *unmittelbar austauschbar*. ++) [p.] *780*[2]

f) Die Weberei, die Privatarbeit, welche Leinwand produziert, gilt zugleich als Arbeit in *allgemein gesellschaftlicher* Form, der Form der Gleichheit mit allen andern Arbeiten. Die zahllosen Gleichungen, woraus die allgemeine Wertform besteht, setzen der Reihe nach die in der Leinwand verwirklichte Arbeit jeder in andrer Ware enthaltenen

[1] Bezieht sich auf die 1. Auflage, siehe vorl., Bd. S. 152 (MEGA² II/5, S. 644.2–5). Die Beispiele wurden in die 2. Auflage übernommen (siehe MEGA² II/6, S. 98.12–15).

[2] Bezieht sich auf die 1. Auflage, siehe vorl. Bd., S. 153 (MEGA² II/5, S. 644.26–28,) und wurde überarbeitet in die 2. Auflage übernommen (siehe MEGA² II/6, S. 98.20–21).

Arbeit *gleich* und machen daher die Weberei zur *allgemeinen Erscheinungsform menschlicher Arbeit überhaupt.*

ζ) So ist die im Warenwert vergegenständlichte Arbeit nicht nur negativ dargestellt als Arbeit, worin von allen konkreten Formen und nützlichen Eigenschaften der wirklichen Arbeiten *abstrahiert* wird. Ihre *positive* Natur tritt ausdrücklich hervor. Sie ist die Reduktion aller wirklichen Arbeiten auf den ihnen *gemeinsamen Charakter menschlicher Arbeit*, der *Verausgabung menschlicher Arbeitskraft.*

Die *allgemeine Wertform,* welche die Arbeitsprodukte als gleichartige *Gallerten* derselben *unterschiedslosen menschlichen Arbeit darstellt*, zeigt durch ihren eignen Bau, daß sie der gesellschaftliche Ausdruck der Warenwelt ist. So offenbart sie, daß innerhalb dieser Welt der *allgemein menschliche Charakter der Arbeit* ihren *spezifisch gesellschaftlichen Charakter bildet.*

◊|

Das Überarbeitungsmanuskript enthält einen Entwurf des Paragraphen »Entwicklungsverhältnis von relativer Wertform und Äquivalentform«. Zum Entwurf gehören die Teilentwürfe [A], [B], [C] und [D] sowie erneut [A] und [B] mit [B_1] und [B_2]. Grundlage war der Anhang der 1. Auflage (siehe vorl. Bd., S. 153–155 und MEGA² II/5, S. 644.29–646.12). Die Teilentwürfe [C], [B] und [B_2] wurden mit wenigen Veränderungen in die 2. Auflage übernommen. [D] ist eine nachträglich Veränderung, die in der französischen Ausgabe berücksichtigt wurde (siehe MEGA² II/7, S. 49/50).

|35| *2.) Entwicklungsverhältnis von relativer Wertform und Äquivalentform. (p. (780) (781))*[1]

Erster Satz +[2]

Die *einfache oder einzelne relative Wertform* einer Ware macht eine andre Ware zum *einzelnen* Äquivalent. Die *entfaltete Form des relativen Werts,* die-

[1] Bezieht sich auf den Anhang der 1. Auflage, siehe vorl. Bd., S. 153–155 (MEGA² II/5, S. 644.29–646.12,).

[2] Bezieht sich auf den ersten Satz des Anhangs zur 1. Auflage, siehe vorl. Bd. S. 153 (MEGA² II/5., S. 644.31–32). Die beiden ersten Sätze wurden in die 2. Auflage übernommen (siehe MEGA² II/6, S. 99.3–6).

ser Ausdruck des Werts einer Ware in allen andren Warensorten, prägt ihnen die Form verschiedenartiger *besondrer Äquivalente* auf. Endlich erhält eine besondre Warenart *allgemeine Äquivalentform,* weil alle andren Waren sie zum Material ihrer *allgemeinen relativen Wertform* machen.

In demselben Grad jedoch, worin sich die Wertform überhaupt entwickelt, entwickelt sich der Gegensatz zwischen ihren beiden Polen, der *relativen Wertform* und der *Äquivalentform.*

Schon die erste Wertform, 20 Ellen Leinwand = 1 Rock, enthält diesen Gegensatz, fixiert ihn aber nicht. In der Wertgleichung, z. B. *20 Ellen [Leinwand] = 1 Rock,* befindet sich das eine Extrem, der Rock, in der relativen Wertform und das entgegengesetzte Extrem, die Leinwand, in Äquivalentform. Liest man nun dieselbe Gleichung rückwärts, so wechseln Rock und Leinwand einfach die Rollen, aber die Form der Gleichung bleibt unverändert. Es kostet hier daher noch Mühe, den Gegensatz festzuhalten. ++ **b)** (p.781)[1]

p. 781 **b)** *(Folgt hier)*

Das Manuskript enthält vier Teilentwürfe, die den Gedanken ausformulieren. Der Teilentwurf [A] ist mehrfach getilgt. [B] ist ebenfalls getilgt, aber in Teilentwurf [C] umformuliert. Die Spätvariante [D] wurde für die französische Ausgabe berücksichtigt. Die beiden letzteren Teilentwürfe sind hier dokumentiert.

[A]

[B]

[C]

Hier kann man daher schon nicht mehr die zwei Seiten der Wertgleichung wie *20 Ellen Leinwand = 1 Rock oder = 10 Pfd. Tee oder = 1 Quarter Weizen* oder usw. umsetzen, ohne ihren Gesamtcharakter zu verändern und sie aus der *totalen* in die *allgemeine Wertform* zu verwandeln.

[1] Bezieht sich auf den Anhang der 1. Auflage, siehe vorl. Bd., S. 154 (MEGA² II/5, S. 645.29–32). Der Absatz schließt in der 2. Auflage an den hier abgedruckten Text (MEGA² II/6, S. 35.21) an (siehe MEGA² II/6, S. 99.23–26).

[D]

Hier kann man daher schon nicht mehr die beiden Seiten der Wertgleichung umsetzen, ohne ihren Gesamtcharakter zu verändern und sie aus der totalen in die allgemeine Wertform zu verwandeln.|

Das Überarbeitungsmanuskript zur »Form III« enthält die Teilentwürfe [A], [B] mit [B_1] und [B_2], die die Fortsetzung des Paragraphen zum Entwicklungsverhältnis von relativer Wertform und Äquivalentform darstellen. Danach bricht die Überarbeitung der Wertform ab und Marx beginnt damit, den Text auszuarbeiten, der in der 2. Auflage der vierte Unterabschnitt des ersten Kapitels, mit der Überschrift »Der Fetischcharakter der Ware und sein Geheimnis« wird, der im Anhang der Erstauflage noch als vierte Eigentümlichkeit der Äquivalentform dargestellt wurde (siehe S. 122–131).

|36| [A]

In der Form III endlich, wie:

1 Rock	=	
10 Pfd.Tee	=	
1 Quarter Weizen	=	*20 Ellen Leinwand*
x Ware A	=	
usw. *Ware*	=	

besitzt die *Warenwelt* nur *allgemein gesellschaftliche, relative Wertform*, weil und sofern alle Waren mit einer einzigen Ausnahme von der *Äquivalentform ausgeschlossen* sind. Eine Ware, die *Leinwand*, befindet sich hier in der Form unmittelbarer Austauschbarkeit mit allen andern Waren oder in unmittelbar gesellschaftlicher Form, weil und sofern *alle andren Waren sich nicht drin befinden*. (*Note dazu*, p. 31 im Text und Note 23[1])

Hier schließt also ihre *relative Wertform* selbst die Ware von ihrer *Äquivalentform* aus. Umgekehrt ist die Ware, welche als *allgemeines Äquiva-*

[1] Bezieht sich auf die 1. Auflage, siehe vorl. Bd., S. 118 (MEGA^{2} II/5, S. 40.26–32 sowie 40.36–42 und 41.38–41).

lent funktioniert, von der *einheitlichen* und daher *allgemeinen relativen Wertform der Ware ausgeschlossen.* {*Folgt Satz etc 781.*[1]}

(*p. 781*) Wird der relative Wert der Ware, die als allgemeines Äquivalent funktioniert, so ausgedrückt durch Umkehren der Gleichung, also aufgelöst in die [Abbruch]

[B]

Die letztre Form, *Form III*, endlich gibt der *Warenwelt allgemeine relative Wertform*

[B_1]

(weil etc. p. 78 1 **c**))[2]

[B_2]

, weil und sofern alle Waren, mit einer einzigen Ausnahme, von der *Äquivalentform ausgeschlossen* sind. Eine Ware, die *Leinwand*, befindet sich daher in der Form unmittelbarer Austauschbarkeit mit allen andern Waren oder in unmittelbar gesellschaftlicher Form, weil und sofern *alle andren Waren sich nicht drin befinden.* (*Note dazu*, p. 31 im Text und Note 23[3])

Umgekehrt ist die Ware, welche als *allgemeines Äquivalent* funktioniert von der *einheitlichen* und daher *allgemeinen relativen Wertform der Ware ausgeschlossen.* {*Folgt Satz etc 781.*[4]} |

[1] Bezieht sich wahrscheinlich auf den Anhang der 1. Auflage, vorl. Bd., S. 154 f. (MEGA² II/5, S. 646.1–7).

[2] Bezieht sich vermutlich auf den Anhang der 1. Auflage, siehe vorl. Bd. S. 154 (MEGA² II/5, S. 645.34–646.12).

[3] Text und Note wurden in der 2. Auflage als Note 24 übernommen (siehe MEGA² II/6, S. 100.3–13).

[4] Bezieht sich wahrscheinlich auf den Anhang der 1. Auflage, vorl. Bd., S. 154f (MEGA² II/5, S. 646.1–7). Die gegenüber [A] und [B_2] erweiterte Passage wurde wenig verändert in die 2. Auflage übernommen (siehe MEGA² II/6, S. 100.3–13).

Die Wertform – Redaktion durch Marx[60]

Johann Most[61]
Kapital und Arbeit
2. Auflage (1876)

|739| Ware und Geld

Der Reichtum der Gesellschaften, in welchen kapitalistische Produktionsweise herrscht, erscheint als eine ungeheure Warensammlung, die einzelne Ware als seine Elementarform.

Ein Ding, welches sich eignet, menschliche Bedürfnisse irgendeiner Art zu befriedigen, als Gebrauchsgegenstand zu dienen, ist ein *Gebrauchswert*. Um *Ware* zu werden, muß es noch eine andere Eigenschaft besitzen – *Tauschwert*.

Der Tauschwert ist das Größenverhältnis, worin nützliche Dinge einander gleichgelten und daher miteinander austauschbar sind, z. B. 20 Ellen Leinwand = (gleich) 1 Zentner Eisen. Aber verschiedene Dinge sind nur vergleichbare Größen, wenn sie *gleichnamige* Größen sind, d. h. Vielfache oder Teile *derselben Einheit*, eines ihnen *Gemeinsamen*. Also können auch in unsrem Beispiel 20 Ellen Leinwand nur gleich 1 Zentner Eisen sein, sofern Leinwand und Eisen etwas Gemeinsames darstellen, wovon gerade so viel in 20 Ellen Leinwand steckt als in 1 Zentner Eisen. Dies Dritte, beiden Gemeinsame, ist ihr *Wert*, welchen jedes der beiden Dinge, unabhängig vom andern, besitzt. Es folgt daher, daß der *Tauschwert* der Waren nur eine *Ausdrucksweise ihres Wertes* ist, nur die Form, die ihr Wertsein zum Vorschein bringt und so zur Vermittlung ihres wirklichen Austauschs dient. Wir kommen später auf diese *Wertform* zurück, wenden uns aber zunächst zu ihrem Inhalt, dem Waren*wert*.

Der Wert der Waren, der sich in ihrem Tauschwert ausdrückt, *besteht* aus nichts andrem als der *Arbeit*, die in ihrer Erzeugung verbraucht wird oder in ihnen vergegenständlicht ist. Doch muß man sich genau

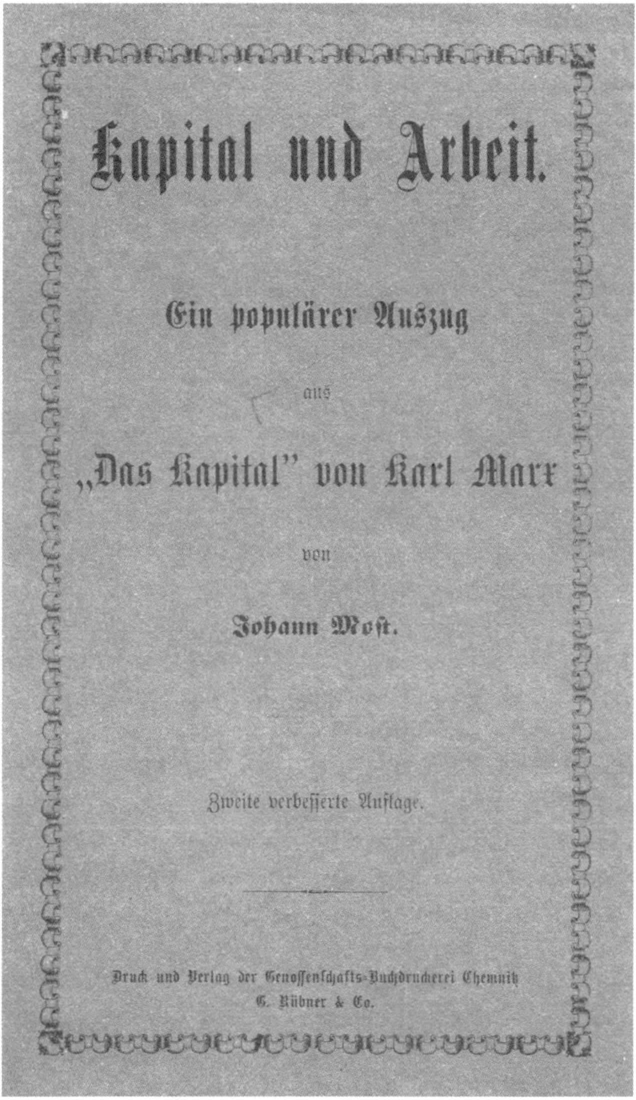

Kapital und Arbeit.

Ein populärer Auszug

aus

„Das Kapital" von Karl Marx

von

Johann Most.

Zweite verbesserte Auflage.

Druck und Verlag der Genossenschafts-Buchdruckerei Chemnitz
G. Rübner & Co.

Titelblatt der Broschüre von Johannes Most (Reprintausgabe)

klar machen, in welchem Sinne die Arbeit die einzige Quelle des Wertes ist.

In unentwickelten Gesellschaftszuständen verrichtet derselbe Mensch abwechselnd Arbeiten sehr verschiedener Art; bald bestellt er den Acker, bald webt, bald schmiedet, bald zimmert er usw. Aber wie mannigfach seine Beschäftigungen seien, sie sind doch immer nur *verschiedene nützliche Weisen*, worin er sein eigenes Hirn, seine Nerven, Muskeln, Hände usw. verwendet, worin er mit einem Wort *seine eigene Arbeitskraft* verausgabt. Seine Arbeit bleibt stets Kraftaufwand – Arbeit schlechthin –, während die nützliche Form dieses Aufwands, die Arbeitsart, je nach der von ihm bezweckten Nutzleistung wechselt.|

|740| Mit dem gesellschaftlichen Fortschritt vermindern sich nach und nach die verschiedenen nützlichen Arbeitsarten, welche dieselbe Person der Reihe nach verrichtet; sie verwandeln sich mehr und mehr in selbständige, neben einander laufende Berufsgeschäfte verschiedener Personen und Personengruppen. Die kapitalistische Gesellschaft aber, wo der Produzent von vornherein nicht für eigenen, sondern für fremden Bedarf, für den Markt produziert, wo sein Produkt von Haus aus bestimmt ist, die Rolle der Ware zu spielen, ihm selbst daher nur als Tauschmittel zu dienen, – die kapitalistische Gesellschaft ist nur möglich, sobald sich die Produktion bereits zu einem vielgliedrigen System selbständig nebeneinander betriebener nützlicher Arbeitsarten entwickelt hat, zu einer weitverzweigten *gesellschaftlichen Teilung der Arbeit.*

Was aber früher für ein Individuum galt, welches abwechselnd verschiedene Arbeiten verrichtet, gilt jetzt für diese Gesellschaft mit ihrer gegliederten Arbeitsteilung. Der nützliche Charakter jeder besonderen Arbeitsart spiegelt sich wieder in dem besonderen *Gebrauchswert* ihres Produkts, d. h. in der eigentümlichen Formveränderung, wodurch sie einen bestimmten Naturstoff einem bestimmten menschlichen Bedürfnisse dienstbar gemacht hat. Aber der selbständige Betrieb jeder dieser unendlich mannigfachen nützlichen Arbeitsarten ändert nichts daran, daß eine wie die andere Verausgabung menschlicher Arbeitskraft ist, und nur in dieser ihnen gemeinsamen Eigenschaft von menschlichem Kraftaufwand bilden sie den Waren*wert.* Der Wert der Waren besagt weiter nichts, als daß die Herstellung dieser Dinge Verausgabung menschlicher Arbeitskraft gekostet hat, und zwar der *gesellschaftlichen* Arbeitskraft, da bei entwickelter Teilung der Arbeit jede individuelle Arbeitskraft nur noch als ein Bestandteil der gesellschaftlichen Arbeitskraft wirkt. Jede Menge individueller Arbeit – im Sinne von Kraftaufwand – zählt daher fortan auch nur als größere oder geringere Menge von gesellschaftlicher *Durchschnittsarbeit*, d. h. von Durchschnitts-Aufwand der gesellschaftlichen Arbeitskraft. Je mehr Durchschnittsarbeit in einer Ware vergegenständlicht ist, desto größer ist deren Wert.

Würde die zur Herstellung einer Ware notwendige Durchschnittsarbeit sich beständig gleichbleiben, so bliebe auch deren Wertgröße unverändert. Dies ist aber nicht der Fall, weil die Produktivkraft der Arbeit durch den Durchschnittsgrad des Geschickes der Arbeiter, die Entwickelungsstufe der Wissenschaft und ihre technische Anwendbarkeit, die gesellschaftlichen Kombinationen des Produktionsprozesses, den Umfang und die Wirkungsfähigkeit der Produktionsmittel und durch Naturverhältnisse bestimmt wird, also sehr verschiedenartig sein kann. Je größer die Produktivkraft der Arbeit, desto kleiner die zur Herstellung eines Artikels erheischte Arbeitszeit, desto kleiner die in ihm kristallisierte Arbeitsmasse, desto kleiner sein Wert. Umgekehrt, je kleiner die Produktivkraft der Arbeit, desto größer die zur Herstellung eines Artikels notwendige Arbeitszeit, desto größer sein Wert. Daß hier nur von der jeweiligen *gesellschaftlich normalen* Produktivkraft und der ihr entsprechenden gesellschaftlich notwendigen Arbeitszeit die Rede ist, versteht sich von selbst. Der Handweber braucht z. B. mehr Arbeit als der Maschinenweber, um eine bestimmte Anzahl Ellen zu liefern. Er erzeugt deshalb keinen höheren Wert, sobald die Maschinenweberei einmal eingebürgert ist. Es wird dann ||741| vielmehr die ganze Arbeit, welche bei der Handweberei *mehr* verbraucht wird, als zur Herstellung einer gleichen Warenmenge durch die Maschinenweberei nötig wäre, *nutzloser* Kraftaufwand und bildet daher keinen Wert.

Dinge, welche nicht durch Arbeit entstanden sind, wie z. B. Luft, wildwachsendes Holz, etc. können wohl Gebrauchswert haben, nicht aber *Wert*. Andererseits werden Dinge, welche die menschliche Arbeit erzeugt, nicht zu *Waren*, wenn sie nur zur Befriedigung von Bedürfnissen ihrer unmittelbaren Erzeuger dienen. Um Ware zu werden, muß ein Ding fremde Bedürfnisse befriedigen, also *gesellschaftlichen* Gebrauchswert haben.

Kehren wir jetzt zum *Tauschwert* zurück, also zur *Form*, worin sich der *Wert* der Waren ausdrückt. Diese Wertform entwickelt sich nach und nach aus und mit dem Produktenaustausch.[62]

Solange die Produktion ausschließlich auf den Selbstbedarf gerichtet ist, kommt Austausch nur selten vor und nur mit Bezug auf den einen oder anderen Gegenstand, wovon die Austauschenden gerade einen Überfluß besitzen. Es werden z. B. Tierfelle gegen Salz ausgetauscht, und zwar zunächst in ganz zufälligem Verhältnisse. Bei öfterer Wiederholung des Handels wird das Austauschverhältnis schon näher bestimmt, so daß sich ein Tierfell nur gegen eine gewisse Menge Salz austauscht. Auf dieser untersten Stufe des Produktenaustausches dient jedem der Austauschenden der Artikel des andern als Äquivalent (Gleichwertiges), d. h. als ein *Wertding*, das als solches nicht nur mit dem von ihm produzierten Artikel austauschbar ist, sondern auch der Spiegel ist, worin der Wert seines eigenen Artikels zum Vorschein kommt.

Die nächst höhere Stufe des Austausches finden wir noch heute, z. B. bei den Jägerstämmen Sibiriens[63], die sozusagen nur einen für den Austausch bestimmten Artikel liefern, nämlich Tierfelle. Alle fremden Waren, die man ihnen zuführt, Messer, Waffen, Branntwein, Salz, etc., dienen ihnen als ebenso viele *verschiedene Äquivalente* ihres eigenen Artikels. Die Mannigfaltigkeit der Ausdrücke, welche der Wert der Tierfelle so erhielt, machten es zur Gewohnheit, sich ihn vom Gebrauchswert des Produkts getrennt vorzustellen, während andererseits die Notwendigkeit denselben Wert in einer stets wachsenden Anzahl verschiedener Äquivalente zu berechnen, zur festen Bestimmung seiner Größe führte.

Der Tauschwert der Tierfelle besitzt also hier schon eine viel ausgeprägtere Gestalt als bei dem früher nur vereinzelten Produktenaustausch, und diese Dinge selbst besitzen daher nun auch in ungleich höherem Grade schon den Charakter von *Ware.*

Betrachten wir jetzt den Handel von Seiten der fremden Warenbesitzer. Jeder derselben muß den sibirischen Jägern gegenüber den Wert seines Artikels in Tierfellen ausdrücken. Letztere werden so das *allgemeine Äquivalent*, welches nicht nur gegen alle die fremden Waren unmittelbar austauschbar ist, sondern auch ihnen allen zum *gemeinsamen Wertausdruck*, daher auch zum *Wertmesser* und *Wertvergleicher* dient. In anderen Worten: Das Tierfell wird innerhalb dieses Gebiets des Produktenaustauschs zu – *Geld*. In derselben Art hat überhaupt bald diese, bald jene Ware in engerem oder weiterem Kreise die Rolle des Geldes gespielt. Mit der Verallgemeinerung des Warenaustausches geht diese Rolle auf Gold und Silber über, d. h. auf Warenarten, welche von Natur am besten zu die||742|sem Dienste taugen. Sie werden das allgemeine Äquivalent, welches gegen alle anderen Waren unmittelbar austauschbar ist und worin Letztere allesamt ihre Werte ausdrücken, messen und vergleichen. Der in Geld ausgedrückte Wert der Ware heißt ihr *Preis*. Die Wertgröße von 20 Ellen Leinwand z. B. drückt sich in einem Preise von 10 Talern aus, wenn 20 Ellen Leinwand – ½ Unze Gold, und 10 Taler der Geldname für ½ Unze Gold ist.

Wie jede Ware, kann das Geld seine eigene Wertgröße nur in *anderen* Waren ausdrücken. Sein eigener Wert ist bestimmt durch die zu seiner Produktion erheischte *Arbeitszeit* und drückt sich in dem Quantum jeder anderen Ware aus, worin gleichviel Arbeitszeit geronnen ist. Man lese die einzelnen Posten eines Preiscourantes[64] rückwärts und man findet die Wertgröße des Geldes in allen möglichen Waren ausgedrückt.

Vermittelst des Geldes wird der Produktenaustausch in zwei verschiedene und einander ergänzende Vorgänge zerlegt. Die Ware, deren Wert bereits in ihrem Preise ausgedrückt ist, wird in Geld verwandelt und dann wieder aus ihrer Geldgestalt in eine andere, zum Gebrauche bestimmte Ware von gleichem Preise rückverwandelt. Was aber die handelnden Personen betrifft, so veräußert ein Warenbesitzer erst seine Ware an einen Geldbesitzer, verkauft, und tauscht dann mit dem gelösten Gelde Artikel eines anderen Warenbesitzers ein, er kauft. Es *wird verkauft, um zu kaufen*. Die Gesamtbewegung der Ware nennt man – *Warenzirkulation*.[65]

Auf den ersten Blick scheint es, als ob die Menge des in einem Zeitabschnitt umlaufenden Geldes lediglich durch die Preissumme aller zum Verkauf gelangenden Waren bestimmt sei, allein dem ist nicht so. Werden z. B. 3 Pfd. Butter, 1 Bibel, 1 Flasche Schnaps und 1 Kriegsdenkmünze von vier verschiedenen Verkäufern an vier verschiedene Käufer gleichzeitig zu je 1 Taler entäußert, so sind in der Tat zur Bewerkstelligung dieser vier Verkäufe zusammen 4 Taler nötig. Verkauft aber der Eine seine Butter und trägt den erlangten Taler zum Bibelhändler, der seinerseits wieder für 1 Taler Schnaps kauft, und schafft sich der Schnapsbrenner für diesen Taler eine Kriegsdenkmünze an, so ist zur Bewerkstelligung des Umlaufs von Waren, die zusammen einen Preis von 4 Taler haben, nur 1 Taler nötig. Wie im Kleinen, so im Großen. Die Menge des umlaufenden Geldes wird daher bestimmt durch die Preissumme der zum Verkauf gelangenden Waren, dividiert durch die Anzahl der Umläufe der nämlichen Geldstücke.

Zur Vereinfachung des Zirkulationsprozesses werden bestimmte Gewichtsteile der als Geld anerkannten Dinge mit eigenen Namen belegt und in festen Gestalten ausgeprägt, d. h. zu *Münze* gemacht.

Da sich aber Gold- oder Silbermünzen im Umlauf verschleißen, ersetzt man sie teilweis durch Metalle von niederem Wert. Die geringsten Bruchteile der kleinsten Goldmünze z. B. werden durch Marken aus Kupfer etc. (Scheidemünze[66]) vertreten; endlich stempelt man fast wertlose Dinge zu Geld, z. B. Papierzettel, welche eine bestimmt Menge von Gold oder Silber *symbolisch* (sinnbildlich) darstellen. Letzteres ist ganz unmittelbar der Fall bei Staatsnoten mit Zwangskurs.

Wird Geld aus der Zirkulation herausgenommen und festgehalten, so entsteht *Schatzbildung*. Wer Waren verkauft, ohne neuerdings solche zu kaufen, ist Schatzbildner. Bei Völkern mit unentwickelter Produktion,

z. B. bei den Chinesen[67], wird ||743| die Schatzbildung ebenso emsig als planlos betrieben; man *vergräbt* Gold und Silber.

Aber auch in Gesellschaften mit kapitalistischer Produktionsweise ist Schatzbildung notwendig. Da Maße, Preise und Umlaufsgeschwindigkeit der in Zirkulation befindlichen Waren beständigem Wechsel unterworfen sind, erfordert auch ihre Zirkulation bald weniger, bald mehr Geld. Es sind also *Reservoirs* (Behälter) nötig, wohin Geld aus dem Umlauf abfließt und woraus es, je nach Bedarf, wieder in Umlauf kommt. Die entwickelste Form solcher Zufuhr- und Abzugskanäle des Geldes oder Schatzkammern sind die *Banken*. Als Notwendigkeit stellen sich solche Einrichtungen umsomehr heraus, je weniger in der entwickelten bürgerlichen Gesellschaft der Warenumlauf: Ware-Geld-Ware sich in Bezug aufs Geld in direkt greifbarer Form vollzieht. Abgesehen vom eigentlichen Kleinhandel funktioniert vielmehr das Geld vorzugsweise als bloßes *Rechengeld* und in letzter Instanz als *Zahlungsmittel*. Käufer und Verkäufer werden Schuldner und Gläubiger. Die Schuldverhältnisse werden durch Bescheinigungen festgestellt, mittelst welcher die verschiedenen, bei der Warenzirkulation beteiligten, bald kaufenden, bald verkaufenden Personen die gegenseitig geschuldeten Summen ausgleichen. Nur die Differenzen werden von Zeit zu Zeit durch eigentliches Geld getilgt. Tritt bei diesem Verfahren eine allgemeine Stockung ein, so nennt man dies eine *Geldkrise*, die sich dadurch fühlbar macht, daß jedermann *leibhaftiges* Geld verlangt und vom ideellen Nichts wissen will.

Von besonderer Wichtigkeit sind die Schatzreservoirs für den Weltverkehr, da das Weltgeld in der Regel in Form von Gold- und Silberbarren auftritt.[68]

Anhang

Anmerkungen

1 Im Vorwort von »Zur Kritik der Politischen Ökonomie« (1859) schrieb Marx: »Das ungeheure Material für Geschichte der politischen Ökonomie, das im British Museum aufgehäuft ist [...], bestimmten mich, ganz von vorn wieder anzufangen und mich durch das neue Material kritisch durchzuarbeiten.« (MEW, Bd. 13, S. 10 f.) Zwischen 1850 und 1853 entstanden die sogenannten 24 Londoner Hefte (MEGA² IV/7–11), mit Exzerpten von englischen, französischen und deutschen Autoren zur Ökonomie, Philosophie und Geschichte. Angesichts der Wirtschaftskrise 1857 entstand ein Manuskript, das bei seiner Erstveröffentlichung (1939/41) den redaktionellen Titel »Grundrisse der Kritik der Politischen Ökonomie« bekam. Zu diesem Manuskript gehört auch eine Einleitung (geschrieben August/September 1857), in der er die Struktur eines geplanten ökonomiekritischen Werkes skizzierte (siehe MEW, Bd. 42, S. 42). In einem Brief an Ferdinand Lassalle bekam es im Rahmen eines Sechs-Bücher-Plans Kontur. Es sollte aus den Büchern zu Kapital, Grundeigentum, Lohnarbeit, Staat, auswärtigem Handel und Weltmarkt bestehen. An Lassalle schrieb Marx: »Die Arbeit, um die es sich zunächst handelt, ist Kritik der ökonomischen Kategorien oder, if you like [wenn Du willst], das System der bürgerlichen Ökonomie kritisch dargestellt. Es ist zugleich Darstellung des Systems und durch die Darstellung Kritik desselben.« (MEW, Bd. 29, S. 550.) Im selben Brief bat Marx Lassalle darum, in Berlin einen Verleger für sein Werk »aufzutreiben«.
Bereits im Frühjahr 1858 kam Marx dank Lassalle mit dem Verleger Franz Duncker (Berlin) überein, das Werk in mehreren Heften zu veröffentlichen. Obwohl Marx ankündigte, daß er die »erste Abteilung ›Das Kapital im allgemeinen‹«, das zwei Hefte einnehmen sollte, bald schicken werden, verzögerte sich die Arbeit. Marx sandte schließlich Ende Januar 1859 Teile des Manuskripts, das jedoch nur die Kategorien Ware und Geld umfaßte. Die Schrift erschien Mitte Juni 1859 und obwohl es günstig gewesen wäre, die weiteren, geplanten Hefte auch bei Duncker zu drucken, wurde die Zusammenarbeit nach Unstimmigkeiten nicht fortgesetzt.
»Zur Kritik der Politischen Ökonomie« enthält neben einem Vorwort die Kapitel »Die Ware« und »Das Geld oder die einfache Zirkulation«. Zwei wesentliche Unterschiede zum späteren »Kapital« sind herauszustellen: Marx analysierte den Tauschwert nicht separat vom Austauschprozeß. Der hier dokumentierte Auszug ist aus dem ersten Kapitel, zur Ware und endet vor dem Teil »Historisches zur Analyse der Ware«, eine Analyse, die er im »Kapital« nicht vornimmt.
Nach der Veröffentlichung arbeitete Marx zwar zunächst weiter an »Zur Kritik der Politischen Ökonomie«, aber unter der Hand weitete sich aus, was ursprünglich so nicht geplant war.[4, 10] **32**

2 Kattun – festes Gewebe aus Baumwolle. **33**

3 Marx bezieht sich auf die erste Fußnote in »Zur Kritik der Politischen Ökonomie«, wo er Aristoteles' »De republica libri VIII« (Opera ex recensione Immanuelid Bekkeri T. 10. Oxonii 1837) zitiert. Siehe MEW, Bd. 13, S. 15. **45**

4 Auf den englischen Ökonomen und Philosophen Samuel Bailey stieß Marx während seiner erneuten Beschäftigung mit David Ricardo in der Bibliothek des Britischen Museums. Bis dahin war Marx nicht sehr kritisch gegenüber Ricardo: Im Grunde habe die politische Ökonomie, so schrieb er am 2. April 1851 an Engels, »seit A. Smith und D. Ricardo keine Fortschritte mehr gemacht« (MEW, Bd. 27, S. 228). Die Auseinandersetzung mit Ricardo machte deutlich, daß die Kritik von Bailey, den er als Autor, im Gegensatz zu Ricardo, nicht sonderlich schätzte, einen richtigen Punkt traf. Bailey warf Ricardo begriffliche Konfusion vor, eine Konfusion, mit der sich auch Marx konfrontiert sah.
Das ökonomische Manuskript von 1861–63 »Zur Kritik der Politischen Ökonomie« umfaßt 23 Hefte. Einerseits setzte Marx die Analyse aus Heft I[1] mit dem dritten Kapitel »Das Kapital im allgemeinen« fort, andererseits unterbrach er die Darstellung und schrieb die »Theorien über den Mehrwert« nieder (Hefte VI bis XV und XVIII). Bereits in Heft XI wandte Marx sich in seiner Auseinandersetzung mit Ricardo Bailey zu (erste hier dokumentierte Passage), die in Heft XIV in einer Darstellung mündete, die Marx als »Auflösung der Ricardoschen Schule« bezeichnete.[21] In Heft XIV diskutierte Marx neben den Ökonomen Robert Torrens, James Mill, John Ramsay MacCulloch und Edward Gibbon Wakefield auch einige Streitschriften, so u. a. die Arbeit von Bailey. D. h., obwohl Baileys Ricardo-Kritik für die Entwicklung des Marxschen Problemverständnisses und seine Analyse der Wertform sehr bedeutsam war, wurde er scheinbar wie nebenbei abgehandelt. Im »Kapital« wurde Bailey jedoch im Rahmen der Analyse der Wertform mehrmals erwähnt, was die Bedeutung der Auseinandersetzungen im Manuskript von 1861–63 unterstrich. **47 | 212 | 217**

5 Die liberale Zeitschrift »Westminster Review« erschien von 1824 bis 1914 viermal jährlich in London. **111**

6 Samuel Bailey kritisierte in seiner Schrift »A critical dissertation on the nature, messures, and causes of value…« (London 1825) das Buch »Principles of Political Economy considered with a view to their practical application« (London 1820) von Thomas Robert Malthus. **47**

7 Obwohl Marx Bailey hier als »Fetischist« verspottet, ist die Fetischismus-Konzeption des »Kapitals« noch nicht entwickelt (siehe S. 77) – auch wenn er der Sache nach die sogenannten Eigentümlichkeiten der relativen Wertform ansprach. In »Zur Kritik« spricht er in einem ähnlichen Zusammenhang von »Verkehrung« (siehe S. 43). **62**

8 David Ricardo: On the principles of political economy, and taxation. 3. Ed. London 1821. **65**

9 Die Fußnote wurde aus dem Text von MEGA^2 II/3, S. 1446 hier eingefügt. **72**

10 Auf Grundlage eines neuen Planentwurfs vom Januar 1863 (siehe MEW, Bd. 26.1, S. 389–391) setzte Marx die Ausarbeitung von »Zur Kritik der Politischen Ökonomie« fort (siehe die Manuskripte von 1863–65 in MEGA^2 II/4.1 und 4.2). Erst im Herbst 1866 fällt er die Entscheidung, sein Werk »Das Kapital« in drei Bänden (4 Büchern) herauszugeben (Marx an Kugelmann, 13. Oktober 1866, in: MEW, Bd. 31, S. 533 f.).

Auf der Grundlage der Manuskripte von 1863–65 formulierte Marx 1866/67 das in sechs (ursprünglich sieben) Kapiteln unterteilte erste Buch »Der Produktionsprozeß des Kapitals« aus, es erschien im September 1867. Darin finden sich gleich zwei Fassungen der Analyse der Wertform: im Haupttext und im Anhang (siehe Vorwort). Vom ersten Band ist lediglich das Manuskript zum sechsten Kapitel »Resultate des unmittelbaren Produktionsprozesses« (siehe »Das Kapital 1.1«) erhalten, das in die Druckfassung nicht aufgenommen wurde.

Der hier präsentierte Text umfaßt den Unterabschnitt »Ware« aus dem ersten Kapitel der 1. Auflage, der vollständig dokumentiert wird. Das erleichtert die Lektüre der Analyse der Wertform, da sie nicht aus dem Zusammenhang gerissen wird und zudem der Teil der 1. Auflage ist, der sich mit der 2. Auflage am stärksten verändert hat. Das gleiche gilt für den Anhang.[51] **87**

11 Nicholas Barbon: A discourse concerning coining the new money lighter. In answer to Mr. Locke's considerations about raising the value of money, London 1837. **90**

12 Marx beginnt im »Kapital« mit der Darstellung der Kategorie »Ware«. Auch wenn »Kapital«, »Ware«, »Geld« und »Lohnarbeit« gleichzeitig existieren, thematisiert und stellt sie im »Kapital« Marx nacheinander dar. Die Kategorie »Kapital« ist Gegenstand des 4. Kapitels und den Arbeitslohn diskutiert Marx erst ab dem 17. Kapitel. **98**

13 Hier beginnt in der 1. Auflage die eigentliche Analyse der Wertform. **100**

14 Siehe Georg Wilhelm Friedrich Hegel: Wissenschaft der Logik. Abt. 1: Die Lehre vom Seyn, Berlin 1833, S. 125: »Seyn-für-Anderes und Ansichseyn machen die zwei Momente des Etwas aus.« **16 | 215**

15 Samuel Bailey: Money and ist vicissitudes in value; as they affect national industry and pecuniary contracts: with a postscript on joint-stock banks, London 1825. **103**

16 Die Fußnote entfiel in der 2. Auflage. **105**

17 Assa Fötida – steht für Teufelsdreck, der heilsame Saft aus den Wurzeln einer Schirmpflanze, der gegen Krämpfe eingesetzt wurde. **106**

18 Poudrette – französischer Ausdruck für Mistpulver und ein aus menschlichen Exkrementen verarbeiteter Dünger. **106**

19 Wahrscheinlich spielte Marx in diesem Zusammenhang auf die derbe Redewendung an: »Alles dieselbe Wichse«. Diese bedeutet: einerlei (sein), auf dasselbe hinauskommen. **106**

20 Gemeint ist hier vor allem der Philosoph Christian Wolff, den Hegel in der Einleitung zur »Wissenschaft der Logik«[14] kritisierte (siehe MEGA² II/5, S. 701). **108**

21 Als Ricardosche Schule bezeichnete Marx die Anhänger von David Ricardo, die sich trotz der theoretischen Inkonsistenzen positiv auf ihn bezogen, diese aber nicht korrigieren konnten, was schließlich zu einem Zerfall der Schule führte. Diese Auflösungstendenzen behandelte Marx bereits in den 1860er Jahren. Siehe MEGA² II/3.4, S. 1260 ff. bzw. MEW 26.3, S. 64 ff. Zu den Anhängern Ricardos gehörten u. a. John Ramsay McCulloch, James Mill und dessen Sohn John Stuart Mill. Kritiker der Ricardoschen Schule waren u. a. Samuel Longfield, Nassau William Senior und Samuel Bailey. **13 | 47 | 111 | 213**

22 Mosaik – Marx verwendet Mosaik hier als Plural; es müßte im Text eigentlich »das bunteste Mosaik« heißen. **111**

23 Mit gesellschaftlichem Rapport ist hier gesellschaftlicher Zusammenhang gemeint. **115**

24 Philister – kleinbürgerlich-engstirniger Mensch; Spießbürger. Als Philisterutopie bezeichnete Marx die Vorstellung u. a. von John Gray, Pierre Joseph Proudhon oder Robert Owen, die das Geld durch Arbeitsstundenzettel ersetzen wollten. Siehe MEW, Bd. 13, S. 66–68; Bd. 23, S. 82, Fn. 24, S. 109, Fn. 50; Bd. 7, S. 291; Bd. 42, S. 49 ff., 75 ff. **118 | 215**

25 Proudhons Sozialismus kritisierte Marx in seiner Schrift »Das Elend der Philosophie«[26] und im »Kapital«[24]. **118 | 215**

26 Karl Marx: Misère de la philosophie. Réponse à la philosophie de la misère de M. Proudhon, Paris, Bruxelles 1847. Siehe die deutsche Fassung, erstmals von Engels 1883 herausgegeben, in: MEW, Bd. 4, 63–182. **118 | 215**

27 Marx spielte hier auf eine Szene in Goethes »Faust« an, in der Mephistopheles über die wissenschaftlichen Anmaßungen der Theologie spottet. Dort heißt es in Vers 1995–2000, Studierzimmer:
Denn eben wo Begriffe fehlen,
da stellt ein Wort zur rechten Zeit sich ein.
Mit Worten läßt sich trefflich streiten,
mit Worten ein System bereiten,
an Worte läßt sich trefflich glauben,
von einem Wort läßt sich kein Iota rauben. **118**

28 Unter klassischer politischer Ökonomie verstand Marx »alle Ökonomie seit W. Petty, die den innern Zusammenhang der bürgerlichen Produktionsverhältnisse erforscht im Gegensatz zur Vulgärökonomie, die sich nur innerhalb des scheinbaren Zusammenhangs herumtreibt, für eine plausible Verständlichmachung der sozusagen gröbsten Phänomene und den bürgerlichen Hausbedarf das von der wissenschaftlichen Ökonomie längst gelieferte Material stets von neuem wiederkaut, im übrigen aber sich darauf beschränkt, die banalen und selbstgefälligen Vorstellungen der bür-

gerlichen Produktionsagenten von ihrer eignen besten Welt zu systematisieren, pedantisieren und als ewige Wahrheiten zu proklamieren.« (MEW, Bd. 23, S. 95.) Zur Klassik zählte Marx neben William Petty u. a. Adam Smith und David Ricardo. Ihnen gemeinsam ist, daß sie eine »Arbeitswertlehre« vertreten, von der sich u. a. Samuel Bailey und die von Marx sogenannte Vulgärökonomie abwendet.[31] **122**

29 Das Merkantilsystem ist eine ökonomische Schule die v. a. darauf setzt, daß ein Land im Außenhandel mehr an das Ausland verkauft, als von dort eingekauft. Der so entstehende Handelsbilanzüberschuß führt dazu, daß Geld ins Land strömt. **122 | 172 | 182**

30 Charles Ganilh: Des systèmes d'économie politique, de la valeur comparative de leurs doctrines, et de celle qui paraît la plus favorable aux progrès de la richesse. 2. Éd. T. 1.2, Paris 1821. Der zweite Band befand sich in der persönlichen Bibliothek von Marx. **122**

31 Marx charakterisierte in seinem Manuskript zum dritten Buch des »Kapitals« die Vulgärökonomie als diejenige, die »in der Tat nichts tut als die Vorstellungen der in den bürgerlichen Produktionsverhältnissen befangenen Agenten dieser Produktion doktrinär zu verdolmetschen, zu systematisieren und zu apologisieren«. Siehe MEGA² II/4.2. S. 720/721, MEW, Bd. 25, S. 825; siehe auch MEGA² II/6. S. 111. **24 | 63 | 122 | 128 | 216**

32 Der Roman »Robinson Crusoe« von Daniel Defoe erschien 1719 und erzählt die Geschichte eines schiffbrüchigen Seemanns, der etwa 28 Jahre alleine auf einer Insel verbrachte. Das literarische Motiv ist Vorlage für die sogenannte Robinsonade, auf die Marx in der »Einleitung« von 1857 einging (siehe MEW, Bd. 42, S.19 f.). **123**

33 Nach dem ersten Opiumkrieg (1839–1842) wurde China von einem Bürgerkrieg zerrissen, der mindestens 20 Millionen Todesopfer forderte. Die Taiping-Revolte (1850–1865) hatte die Herrschaft der Mandschu in Frage gestellt. Die Taiping bzw. die Anhänger des »Himmlischen Wegs« wollten eine neue, gerechtere Ordnung errichten. Marx spielte darauf an, weil zur gleichen Zeit, nach der gescheiterten 1848er Revolution, in vielen Ländern Europas eine politische Phase der Restauration einsetzte. **123**

34 Marx bezieht sich auf Max Wirth: Grundzüge der National-Oekonomie. 3., verb. Aufl., Bd. 1.2., Bd. 1, Köln 1861. **124**

35 Protestantismus – die aus der kirchlichen Reformation gegen die römisch-katholische Kirche (16. Jahrhundert) hervorgegangene Glaubensbewegung mit verschiedenen evangelischen Kirchengemeinschaften. **127**

36 Deismus – Gottesauffassung, der zufolge Gott die Welt zwar geschaffen hat, aber keinen weiteren Einfluß auf sie ausübt. Sie ist während der Aufklärung im 17. und 18. Jahrhundert entstanden. **127**

37 altindische Gemeinde – bis Mitte des 1. Jahrtausends war das Handwerk stark in die landwirtschaftliche Produktion integriert – trotz Arbeitsteilung in den in indischen

Dorfgemeinden wurden die Produkte nicht zu Waren. Siehe MEGA² II/1.2, S. 380, 389–391 und 400 sowie MEGA² II/5, S. 291.4–36, 292.1–20 und 419. **127 | 190**

38 Als Intermundien der alten Welt bezeichnet der antike Philosoph Epikur die Räume zwischen den unendlich vielen Welten, die von den Göttern bewohnt werden. **127**

39 Marx meinte hier den Umstand, daß die polnischen Juden den Austausch mit dem Ausland organisierten. Die Formulierung tauchte bei Marx mehrmals auf (MEW, Bd. 42, S. 395, 746; MEGA² II/4.2, S. 403, MEW, Bd. 25, S. 342). »Die Juden waren nicht das einzige Handelsvolk, aber durch die Geschichte sind sie zu dem einzig identifizierbaren Handelsvolk geworden, das vom europäischen Mittelalter bis an die Schwelle der Emanzipationsepoche als identisches existiert.« (Detlev Clausen: Vom Judenhaß zum Antisemitismus. Materialien einer verleugneten Geschichte, München 1987, S. 29.) **127 | 166**

40 Marx' Plan war noch 1866, die drei Bücher des »Kapitals« (später Bände) und dann noch ein viertes Buch über die Geschichte der ökonomischen Theorie (seit Mitte des 17. Jahrhunderts) auszuarbeiten.[4] Die Bände sollten möglichst zusammen als »artistisches Ganzes« veröffentlicht werden, woran Marx zumindest für die ersten drei Bände noch bis 1867 festhielt (MEW, Bd. 31, S. 132, S. 296, 543). **128**

41 Marx bezieht sich auf den Schlußteil des Kapitels »XX. Value and riches, their distinctive properties« in Ricardos Werk »On the principles of political economy, and taxation«, 3. ed., London 1821. **49 | 128**

42 David Ricardo setzte sich in seinem Hauptwerk »Über die Grundsätze der Politischen Ökonomie und der Besteuerung« mit »Traité d'économie politique« von Jean-Baptiste Say auseinander, das 1803 auf Französisch und erst 1821 in englischer Übersetzung erschien. **128**

43 Kirchenväter – die frühesten Schriftsteller der christlichen Kirche vom 2. bis 6. Jahrhundert, die sich gegen Wissen und Verstand sowie das Heidentum und für den bedingungslosen Glauben aussprachen. **129**

44 Möglicherweise spielt Marx hier auf die Seiten 329–331 von Fréderic Bastiats Werk »Harmonies économiques«, 2. Éd., Paris 1851, an. **129 | 172**

45 Siehe die Abschnitte 3 bis 4 im ersten Buch von Aristoteles' Werk »Politica«. **129**

46 deutsch-amerikanisches Blatt – Quelle konnte nicht ermittelt werden. **129**

47 Katholizismus – Konfession des römisch-katholischen Christentums, mit dem zentralen Element, daß der Papst als Stellvertreter Christi auf Erden gilt. **129**

48 Römische Republik – politische Herrschaft in der klassischen Antike mit dem Zentrum Rom ab ca. 509 v. Chr. bis zur Gründung des Kaiserreichs am 13. Januar 27 v. Chr. **130**

49 In seinem Roman »Don Quixote« (1605/1615) parodierte Miguel de Cervantes Saavedra das überkommene spanische Rittertum. **130**

50 William Shakespeare: Viel Lärm um nichts, 3. Akt, 3. Szene. **131**

51 Während des Korrekturlesens der Druckbogen für den ersten Band des »Kapitals« in Hannover schlug Louis Kugelmann Marx vor, in einem Anhang übersichtlicher

die Entwicklung der Wertform nachzuzeichnen, ein Vorschlag für den sich Marx später bedankte. Auch Engels unterstützte die Idee und regte zudem an, den Teil stärker zu untergliedern sowie die Geldbildung historisch nachzuweisen (siehe Vorwort). In wenigen Tagen fertigte Marx eine Gliederung an, die er an Engels schickte (MEW, Bd. 31, S. 314–316). Während also »Das Kapital« bereits im Druck war, schrieb Marx neben dem Vorwort einen »zweiten Anfang«, der in der 1. Auflage als Anhang erschien. Am 16. August 1867 (2 Uhr nachts) teilte Marx Engels mit, er habe den letzten Bogen fertig korrigiert, den von Kugelmann eingeforderten Anhang – damit sei dieser Band endlich fertig. Das Werk sei bloß Engels zu verdanken, so Marx: »Ohne Deine Aufopferung für mich konnte ich unmöglich die ungeheuren Arbeiten zu den 3 Bänden machen. I embrace you, full of thanks!« [Ich umarme dich dankerfüllt!] (Ebenda, S. 323.) **132 | 214**

52 Ende 1871 schrieb der Verleger Otto Meissner, daß »Das Kapital« fast ausverkauft sei. Für die 2. Auflage wollte Marx die doppelte Darstellung der Wertform in Haupttext und Anhang beseitigen. Zwischen Dezember 1871 und Januar 1872 entstand ein Manuskript mit Ergänzungen und Veränderungen zum ersten Band des »Kapitals«. In wahrscheinlich drei Arbeitsphasen entstanden zu verschiedenen Passagen mehrere Entwürfe und Teilentwürfe, die Marx wiederum in sich überarbeitete und korrigierte. Im MEGA^2-Band II/6 wurden entsprechend der Gliederung des »Kapitals« sowohl die verschiedenen Entwürfe und deren jeweiligen Varianten aufbereitet (siehe Variantenverzeichnis). In der vorliegenden Edition ist es nicht möglich, den vollständigen Text in seiner Vielschichtigkeit darzustellen. Die vorliegende Edition beschränkt sich auf Teile der Entwürfe, die zur Wertform entstanden sind, ohne alle Varianten, d. h. verworfene Formulierungen, nachvollziehbar zu machen. Um die Lektüre zu erleichtern, wurden editorische Hinweise in den Text eingefügt.

Die 2. Auflage erschien 1872/73. Die sechs Kapitel der 1. Auflage wurden in sieben Abschnitten mit zusammen 25 Kapitel und Unterkapitel neu gegliedert. Vor allem das erste Kapitel über die Ware wurde erheblich überarbeitet. Das erste Mal unterschied Marx die Begriffe Tauschwert und Wert – ein Resultat seiner Auseinandersetzung mit Ricardo und Bailey. Zudem wurde der Fetischcharakter der Ware ausführlich in einem eigenen Unterkapitel diskutiert. Das war das Ergebnis der Entdeckung und ausführlicheren Behandlung der Eigentümlichkeiten der Äquivalentform im Anhang der 1. Auflage.

Als erste Übersetzung erschien 1872 die russische in St. Petersburg auf Grundlage der 1. Auflage (siehe MEW, Bd. 23, S. 22). Fast zeitgleich zur 2. Auflage erschien die französische Übersetzung (zunächst in Lieferungen, 1875 als Buch), die Marx zwar nicht besorgte, aber überarbeitete – vor allem im Abschnitt über die Akkumulation des Kapitals –, weshalb er im Nachwort zur französischen Ausgabe ihr einen »eigenen wissenschaftlichen Wert« zugestand (siehe ebenda, S. 32).

Die 3. Auflage und die englische Übersetzung erlebte Marx nicht mehr. Er starb 1883. Obwohl Marx plante, die Modifikationen der französischen Ausgabe zur Grundlage zu nehmen, übernahm Engels für die 3. Auflage und 4. Auflage nicht alle Veränderungen, die die französische Ausgabe gegenüber der 1. und 2. Auflage aufwies. Dem MEW-Band 23 liegt die 4. Auflage von 1890 zugrunde. **159**

53 Marx bezieht sich mit dem Ausdruck auf die Gestalt der Wirtin Quickly aus Shakespeares Drama »Richard IV« (Im 1. Teil, Akt 3, Szene 3), die Marx hier frei in Wittib Hurtig übersetzt. Wittib ist altdeutsch für Witwe. **161**

54 Galonieren – wenn beim Kürschnern die Fläche von Fellen vergrößert wird. **166**

55 »Paris ist eine Messe wert« soll Heinrich IV. 1593 gesagt haben, als er im Interesse einer nationalen Politik zum Katholizismus übertrat. **166**

56 Henry Dunning Macleod: The theory and practice of banking: with the elementary principles of currency; prices; credit; and exchanges, Vol. 1.2, Vol. 1, London 1855. **172 | 182**

57 Zu den modernen Freihandels-Commis Voyageurs oder Freihandelshausierer zählte Marx u. a. Frédéric Bastiat. Sie hielten Vorträge vor Arbeitern und wirkten zum Teil aktiv in den Arbeitervereinen, wo sie für ihre Ziele agitierten. **172 | 182**

58 »figuriert« bedeutet hier »auftritt«. **173**

59 In der Londoner Lombardstreet befanden sich die wichtigsten Banken und Handelsunternehmen. **182**

60 Als Marx von Wilhelm Liebknecht und Julius Vahlteich im Sommer 1875 gebeten wurde, die Broschüre von Johann Most »Kapital und Arbeit« zu überarbeiten, war er sich über den Umfang und die Art und Weise der Redaktion noch nicht klar. Vahlteich bat ihn jedoch am 5. Juli 1875, die »Noten« »recht schnell zu schreiben und nach Möglichkeit kurz« (MEGA[2] II/8, S. 1369). Allerdings schien dies nicht der richtige Weg und Marx erbat ein zweites Exemplar, was ihm Vahlteich mit der Bemerkung sandte: »Ich bin sehr zufrieden mit Ihrem veränderten Entschlusse, wir kommen so schneller zum Ziel und ich hoffe überdem ein besseres Resultat.« (20. Juli 1875, in: ebenda) Die Überarbeitung dauerte nicht länger als vier Wochen, denn bereits am 5. August 1875 teilte Vahlteich Marx mit, daß er die Manuskriptsendung erhalten hatte. Vereinbart wurde außerdem, daß Marx' Name im Zusammenhang mit der Broschüre nicht genannt wird. Noch später war Marx verärgert, daß der Druck sich verzögerte und die Broschüre erst im April 1876 erschien (siehe Marx an Friedrich Adolph Sorge, 27. September 1877, in: MEW, Bd. 34, S. 294). Trotzdem empfand Marx die Broschüre empfehlenswert, wenn sie auch »voll der abscheulichsten Druckfehler« war (ebenda). Die Broschüre wurde von Otto Weydemeyer ins Englische übersetzt und in den USA veröffentlicht (siehe Vorwort). **19 | 202 | 222**

61 Johann Most wurde in Augsburg geboren und kam als wandernder Buchbindergeselle über die Schweiz und Österreich nach Sachsen. In Chemnitz wurde er 1871 Mitglied der SDAP und Redakteur der »Chemnitzer Freien Presse«. Im Januar 1874

wurde Most in den Deutschen Reichstag gewählt und hielt sich in Berlin auf, wurde Redakteur der »Berliner Freien Presse«; war mehrmals wegen seiner politischen Tätigkeit inhaftiert. 1878 wurde er aus Berlin ausgewiesen und emigrierte zunächst nach London. 1880 wurde er auf dem Wydener Parteitag aus der Partei ausgeschlossen; 1883 übersiedelte er in die USA, wo er die Zeitung »Freiheit« herausgab, die zunehmend anarchistische Positionen einnahm. Er veröffentlichte selbst seine vier Bände umfassenden Memoiren (1903–1907). Er verstarb 1906 in Cincinnati. **19 | 202**

62 Produktenaustausch hier zu verstehen als Gegensatz und historische Vorgeschichte von Warenaustausch. **206**

63 Möglicherweise hat Marx hier das Buch »Reise um die Erde durch Nord-Asien und die beiden Oceane« (Berlin 1833, S. 295 ff.) von Georg Adolf Erman vor Augen, den er als Autor kannte. Ob er das Buch gelesen hat, ist nicht belegbar. **206**

64 Preiscurant – Warenpreisliste, in der die Preise bestimmter Waren für einen festgelegten Zeitraum dokumentiert werden. **207**

65 Der Absatz ist eine Zusammenfassung des 2. Kapitels von »Das Kapital«: Der Austauschprozeß. **208**

66 Scheidemünze – Münze, bei der der gesetzlich festgelegte, aufgeprägte Nominalwert höher ist als der tatsächliche Metallwert, ihr Realwert. **208**

67 Mit China hatte bereits das Römische Reich und Persien Handelsbeziehungen und Silber floß ins Land, das aufgrund einer nicht entwickelten Warenproduktion, die den Austausch einschloß, weder als Münze noch als Zirkulationsmittel eine Verwendung fand – es wurde deshalb vergraben. Bis heute werden etwa unter Bauernhöfen Silberschätze gefunden. **209**

68 Die letzten drei Absätze fassen das dritte Kapitel (»Das Geld oder die Warenzirkulation«) des »Kapitals« zusammen, das in drei Unterkapitel untergliedert ist, wo Marx u. a. den Umlauf des Geldes und die Münze sowie die Schatzbildung, das Zahlungsmittel und das Weltgeld diskutiert. **209**

Personenverzeichnis